新时代大学体育与健康教程

魏丽杰　王晓飞　主编

北京体育大学出版社

策划编辑：赵海宁
责任编辑：郝　彤
责任校对：孙麟龙
版式设计：李　鹤

图书在版编目（CIP）数据

新时代大学体育与健康教程 / 魏丽杰，王晓飞主编 . 北京 ：北京体育大学出版社，2025. 6. -- ISBN 978-7-5644-4292-7

Ⅰ. G807.4；G647.9

中国国家版本馆 CIP 数据核字第 2025EW5534 号

新时代大学体育与健康教程

XINSHIDAI DAXUE TIYU YU JIANKANG JIAOCHENG

魏丽杰　王晓飞　主编

出版发行：北京体育大学出版社
地　　址：北京市海淀区农大南路1号院2号楼2层办公B-212
邮　　编：100084
网　　址：http：//cbs.bsu.edu.cn
发 行 部：010-62989320
邮 购 部：北京体育大学出版社读者服务部 010-62989432
印　　刷：三河市龙大印装有限公司
开　　本：787mm × 1092mm　1/16
成品尺寸：185mm × 260mm
印　　张：24.75
字　　数：596千字
版　　次：2025年6月第1版
印　　次：2025年6月第1次印刷
定　　价：49.80元

（本书如有印装质量问题，请与出版社联系调换）

编委会

主　编：魏丽杰　王晓飞

副主编：王叶琼　郭　琪　夏金凤

编　委：（按姓氏笔画排序）

马　岚　马瑞静　王　硕　王大磊　王丽娜

叶　伟　申玉波　向　栩　刘　洋　刘　倩

刘　彬　刘青松　孙德宇　严杰星　苏　玥

苏增伟　李　益　李　潇　李云鹏　宋鑫平

张世博　陈南君　周梦莎　郝鑫鑫　贺红芳

徐卫伟　郭　旗　崔　琳　梁　宇　程志康

前言

新时代高校体育教育肩负着重要使命，不仅是落实立德树人根本任务的重要途径，更是实现“健康中国”战略的关键环节。党的二十大报告中指出，我们要坚持教育优先发展、科技自立自强、人才引领驱动，加快建设教育强国、科技强国、人才强国，坚持为党育人、为国育才，全面提高人才自主培养质量，着力造就拔尖创新人才，聚天下英才而用之。同时，党的二十大报告中明确指出，要全面贯彻党的教育方针，坚持“教育是国之大计、党之大计”，培养德智体美劳全面发展的社会主义建设者和接班人。本书正是在这一时代背景下编写而成的，旨在为大学生提供一套系统、科学、全面的体育与健康知识体系，引导学生树立正确的健康观和体育锻炼意识，掌握科学的健身方法，提高身体素质和运动技能，培养良好的体育道德和团队合作精神。

本书以“享受乐趣、增强体质、健全人格、锤炼意志”四位一体目标为指导思想，构建了系统完整的体育与健康知识体系，包括体育与健康概述、科学健身理论指导、体育课程的思想政治教育、奥林匹克运动、田径运动、球类运动、形体运动、游泳运动、武术运动和休闲运动十章内容。本书创新性地融入课程思政元素，配套数字教学资源，通过二维码链接专业技术动作示范视频，并设置“学习目标—知识拓展—技能测评”三阶训练体系，实现教、学、评一体化。本书具有以下几个特点。

第一，内容体系的完整性。本书采用“理论—实践”双轨并行的架构设计，不仅涵盖了体育课要求开设的运动项目，而且整合了科学健身理论指导、专项技能学习、竞赛组织编排等内容，构建了多维度的体育教学知识图谱。

第二，课程思政的有机融合。本书通过项目化教学设计，将爱国主义、集体主义等思政要素融入各运动单元的教学环节，形成“技能传授—价值引领”的双重教学目标，切实发挥体育课程的育人功能。

第三，教学互动的协同性。本书的设计充分体现“以教促学、以学定教”的现代教学理念，通过模块化的内容编排，既为教师提供系统的教学指导方案，又为学生创设自主探究的学习空间，实现师生教学相长、教学互动的协同性。

第四，编写方式的创新性。本书充分运用多媒体教学手段，并在编写中加入了大量的技术动作示范和项目介绍，由此使得本书理论内容丰富，技能教学化繁为简，身体素质练习针对性强。

本书适合作为普通高等学校公共体育课通用教材使用。

编者在编写本书的过程中，得到了北京体育大学出版社的大力支持，同时感谢高国颖、张子成、薛广一、朱贞锦、张海乐、郭志雄等学员参与素材拍摄，为本书的生动性和实用性提供了有力保障。由于编者水平有限，书中难免存在不完善之处，恳请广大读者提出宝贵意见。

编者

2025年6月5日

目 录

各项目技术动作

图例说明

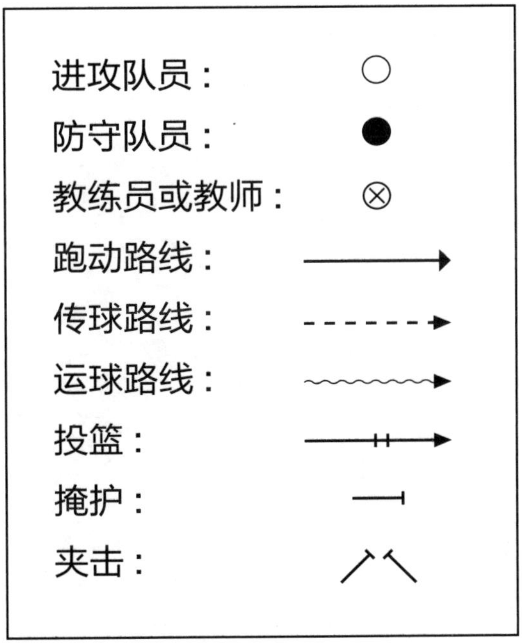

第一章

体育与健康概述

第一节　体育概述

一、体育的定义

体育是以运动为载体培养身心素质的教育活动。随着社会的进步和体育事业的不断发展，体育的概念也出现了“狭义”和“广义”的解释。

狭义的体育是指在规定场地、按照规则进行的有组织的、有竞争性的运动项目。这种定义下的体育更注重运动技能的传授和竞技水平的提高。

广义的体育是指以身体练习来增强体质、促进人的全面发展等有组织的社会活动。它不仅包括竞技性的运动项目，还涵盖了休闲娱乐、健身锻炼等多种形式。

二、体育的类型

（一）竞技体育

1. 定义

竞技体育是体育的重要组成部分，它的主要特征是竞赛，是以攀登运动技术高峰和创造优异运动成绩为主要目的的社会体育活动。

2. 赛事

(1) 重要赛事介绍。

奥林匹克运动会（Olympic Game）：奥林匹克运动会（以下简称“奥运会”）是国际奥

林匹克委员会（International Olympic Committee，IOC，以下简称“国际奥委会”）主办的世界规模最大的综合性运动会，每四年举办一届，会期不超过16日，是世界上影响力最大的体育盛会。

亚洲运动会（Asian Game）：亚洲运动会（以下简称“亚运会”）是亚洲规模最大的综合性运动会，由亚洲奥林匹克理事会的成员国轮流主办，每四年举办一届。

国际足联世界杯（FIFA World Cup）：国际足联世界杯（以下简称“世界杯”）是世界上最高荣誉、最高规格、最高竞技水平、最高知名度的足球比赛，与奥运会并称为全球体育两大顶级赛事，由国际足联联合会举办，每四年一届。

世界锦标赛（World Championships）：世界锦标赛（以下简称“世锦赛”）是世界单项体育组织的最高赛事，由各个国际单项体育组织定期举行。例如，由国际乒乓球联合会主办的世界乒乓球锦标赛，国际田径联合会主办的世界田径锦标赛等。

全国运动会（National Games）：全国运动会（以下简称“全运会”）是我国规模最大的综合性运动会，每四年举办一届。

（2）赛事分类。

①按赛事级别分类。国际赛事：由国际体育组织或机构主办的赛事，如奥运会、世界杯、世锦赛等。洲际赛事：由某个大洲的体育组织或机构主办的赛事，如亚运会、欧洲足球锦标赛等。这些赛事主要在本大洲内举行，代表了该大洲的最高竞技水平。全国性赛事：由某个国家的体育组织或机构主办的赛事，如全运会、全国锦标赛、中国男子篮球职业联赛（CBA）等。这些赛事旨在推动本国体育事业的发展，提高国民的身体素质和竞技水平。地方赛事：由地方体育组织或机构主办的赛事，如省运会、市运会等。这些赛事主要面向本地区的运动员，旨在促进地方体育文化的交流和发展。

②按项目设置分类。综合性体育赛事：包含多个项目的比赛，如奥运会、亚运会、全运会等。这些赛事通常规模较大，参赛运动员众多，比赛项目丰富多样，能够全面展示一个国家的体育实力。单项体育赛事：针对某一特定项目的比赛，如世界杯、美国职业篮球联赛（NBA）、世锦赛等。这些赛事通常更加专注于某一项目的竞技水平和发展，为运动员提供了更多的锻炼和展示机会。

3. 选材

（1）运动员选拔是运动训练的重要组成部分，只有挑选到具备某项运动潜质的苗子，教练员方能着手实施针对性的专业训练计划，为后续的系统化训练、激烈的竞赛挑战奠定坚实基础，确保运动训练目标的顺利达成，从而实现训练效果的最大化，达到事半功倍的效果。

（2）从运动员选材发展过程来看，分为自然选材阶段、经验选材阶段、科学选材阶段。只有挑选到具有从事某类运动项目的苗子，教练员才有可能对其进行一定目标下的专业训练，进而完成后续的一系列训练、竞赛任务。因此，运动员选材被视为运动训练的起始点。

（3）目前，跨项选材、大数据选材等新兴的选材方式逐渐成为运动员选材领域研究的

"新宠儿"，既符合选材的需求，又能够更有效地挖掘出运动员的潜力。

（二）群众体育

1. 定义

群众体育，又称大众体育，是指面向社会各阶层、各年龄段人群的，以增进身体健康、丰富文化生活为目的的体育活动。它不同于竞技体育，更注重普及性和参与性。

2. 发展

自20世纪以来，随着全民健康观念的普及和生活水平的提升，大众体育得到了迅速发展。政府及各级体育组织积极推动体育进入千家万户，使得体育活动逐渐成为人们日常生活的一部分。但社会体育整体的发展状况和预期的效果还有着较大差距，特别是在青少年和老年人群以及一些经济欠发达地区，这都需要在后续的实践中不断调整优化。在一些发达国家，如北欧诸国及德国，得益于强有力的政策扶持和社会文化的积极倡导，大众体育的参与度显著攀升，体育活动已深深植根于民众的日常生活方式之中，成为不可或缺的一部分。与之形成鲜明对比的是，发展中国家的大众体育普及情况则因经济条件制约、基础设施薄弱以及文化差异等多重因素的阻碍，而呈现出相对较低的水平。因此，从全球视角审视，大众体育的参与度呈现出一种不均衡、差异化的发展格局。

3. 不足及对策

（1）不足。

①民众对社会体育的认知存在偏差：部分民众对社会体育的价值认识不足，缺乏对其重要性的深刻理解，导致参与意愿不高。②社会体育服务专业性匮乏：专业的体育指导与服务是提升大众体育水平的关键，但当前社会体育服务领域专业人才短缺，服务质量参差不齐，难以满足民众日益增长的多元化需求。③社会体育赛事举办频次不足：体育赛事不仅是展示体育成果的平台，也是激发民众参与热情的重要途径。然而，当前社会体育赛事的举办数量和质量均有待提升，难以满足广大体育爱好者的需求。④社会体育场地器材资源匮乏：体育场地和器材是开展体育活动的基础，但许多地区仍面临场地不足、器材老旧等问题，严重制约了群众体育的发展。⑤地区间社会体育发展不平衡：受经济发展水平、地域文化等多种因素影响，不同地区间社会体育的发展水平存在显著差异，导致体育资源分配不均，影响了整体体育氛围的形成。

（2）对策。

①政府加大公共体育设施建设和维护的财政投入，建设多功能体育场馆、户外健身器材等，确保设施分布广泛、易于到达且费用合理，提升配套设施质量，增强便利性。②政府应鼓励企业实施弹性工作制度，保障员工带薪健身假期；要求建筑开发商在建筑物设计中考虑体育设施配套。③政府或社会体育组织应主办或资助多样体育比赛和活动，定期举办各级别体育赛事，提升公众兴趣和参与意识。④加强宣传引导，利用电视、网络、社交

媒体等渠道，提升大众对体育活动的社会认可度和健康意识。⑤通过学校教育和社区课程，培养大众的体育习惯，并提供专业知识和技能的学习机会。⑥将体育融入文化活动，使其成为生活的一部分。⑦优化培训市场，加强教练员和培训师队伍建设，提升专业水平；规范地方社会体育培训市场，提升服务质量。

（三）学校体育

1. 定义

学校体育是指在学校及社区等广泛领域内，旨在提高学生身体素质、增强健康水平的一系列体育活动。这些以在校学生为参与主体的体育活动不仅仅局限于传统的竞技比赛形式，而是涵盖了更为广泛的健身、休闲和娱乐项目。学生自愿参与这些活动，通过多样化的体育锻炼，不仅能够提升体能，还能在轻松愉快的氛围中享受运动的乐趣，促进身心健康发展。

2. 目标

习近平总书记在全国教育大会上提出，“要树立健康第一的教育理念，开齐开足体育课，帮助学生在体育锻炼中享受乐趣、增强体质、健全人格、锤炼意志”。这是学校体育改革发展的新坐标，是新时代学校体育事业的行动指南。

在学校里，体育既是一门学科，也是一种培养学生综合素质和促进个人全面发展的重要手段。所以学校体育的目标应有以下几个。

（1）重视基础体能素质的提升。在学校体育高质量发展中，要注重学生的力量、速度、耐力、柔韧性以及协调性等基础体能素质的提升，这样才能帮助学生打好身体基础，让学生拥有一个强健的体魄，日后才能更好地应对日常生活中的各种挑战。

（2）培养多样化的专项运动技能。在学校体育高质量发展中，针对不同学生的兴趣和特长，对应开展多样化的专项运动技能训练，这样学生就能够在掌握基本运动技能的基础上，进一步提升自己的运动水平，并体验到运动的乐趣和成就感。

（3）培养学生的团队合作精神及学生的社交能力。学校通过开展各式各样的体育活动，让学生参与其中，让他们不仅能够在共同的目标下学会相互协作、沟通协调，从而深化对团队合作重要性的理解与实践，还能在互动交流中锻炼沟通技巧，拓宽社交圈层，提升人际交往的质量与效率。

（4）培养学生的体育精神和竞技精神。在各种体育活动和比赛中，学生不仅需要学会如何去赢，还要学会如何面对失败。

将来无论学生是否选择从事体育职业，这些品质和精神的培养都会为学生未来在社会各个领域的发展打下坚实的基础。

3. 对学生的影响

（1）学校体育促进学生身体健康。通过有氧运动和力量训练，能够有效增强心肺功能和肌肉力量，有利于保持良好的体态。

（2）学校体育能够提升学生的心理韧性和应对压力的能力。学生通过参与多样化的体育活动，学会如何面对挑战、克服困难；在竞技比赛中，学会如何在压力下保持冷静、专注，并激发潜能等，这些都能帮助学生在心理上变得更加坚韧不拔。

（3）学校体育培养学生的团结协作能力和集体意识。在团体体育赛事中，学生需要相互协作、共同努力，以实现团队目标；同时，体育比赛中的胜负荣辱与团队紧密相连，使学生更加珍视集体荣誉，增强了对集体的归属感和责任感，从而让学生内心深处树立一种牢固的集体意识，为未来的社会生活和职业发展奠定了坚实的基础。

（4）学校的体育活动还促进了学生的自我认同，通过不断挑战和超越自我，增强了自信心。

第二节　健康概述

一、健康的定义

（一）世界卫生组织对于健康的定义

世界卫生组织（World Health Organization，WHO）对于健康的定义是：健康是身体上和精神上的完好状态，以及良好的社会适应能力，而不仅仅是没有疾病和衰弱的状态。

（二）WHO关于健康的十条标准

（1）精力充沛，能从容不迫地应对日常生活和工作，而不感到过分紧张。

（2）处事乐观，态度积极，乐于承担任务，不挑剔。

（3）善于休息，睡眠良好。

（4）应变能力强，能适应各种环境变化。

（5）对一般感冒和传染病有一定的抵抗力。

（6）体重适当，体态均匀，站立时头、肩、臀位置协调。

（7）眼睛明亮，反应敏锐，眼睑不发炎。

（8）牙齿洁白，无空洞，无痛感，齿龈颜色正常，无出血。

（9）头发光洁，无头屑。

（10）皮肤有弹性，走路轻松，有活力。

（三）亚健康

亚健康状态是相对于完全健康而提出的一个概念，是指机体在内外环境的不良刺激下引起心理、生理上发生异常变化，但未达到明显病理性反应的程度。亚健康是一种动态的变化状态，即处于健康与疾病之间的边缘状态，此时人体既可以向疾病状态转化，也有可能恢复为健康状态。但需要注意的是，长期处于亚健康状态可能会增加患肿瘤、心血管疾病、呼吸及消化系统疾病以及代谢性疾病等多种疾病的风险。

二、健康的类型

（一）身体健康

1. 身体素养

一个人具有身体素养是指人具备运动能力且对其能力充满自信，表现出良好的协调力和控制力，能对环境的持续变化作出反应。（表1–1–1）

表1–1–1　国内外对于体育素养的主要认知

国家	概念理解	测评维度	来源
英国	为了生活而重视并承担参与身体活动的责任所需要的动机、信心、身体能力及知识与理解	情感、身体、认知	M. Whitehead 教授
加拿大	个体具有参与有利于促进个人发展的不同身体活动的运动能力	动机和信心、身体能力、知识与理解、日常行为	Mandigo 教授
美国	身体活跃的生活所需要的能力、信心和意愿	能力、信心、意愿	阿斯彭研究所（The Aspen Institute）
澳大利亚	在运动和身体活动的环境中获得并终身学习和应用的素养，身体素养整合了身体、心理、认知和社交能力，从而促进个体健康成长	身体、心理、认知、社交能力	澳大利亚体育委员会（Australian Sport Commission）
中国	以自身认知观为指导，着眼于身体活动与积极生活的关系，立足于人的整体发展，在情感、认知和身体等相互关联的多种维度上，激发动机，培养能力，以促成终身参与身体活动的行为习惯（身体素养代表说）	情感、认知、身体	任海教授

资料来源：王立杰，朱建勇，王厚雷，等.身体素养：健康社会化进程中早期健康的关键来源[J].湖北体育科技，2024，43（5）：1–5.

2. 身体健康的维护

（1）定期进行身体清洁护理，特别是在运动后要及时清洗身体。除此之外，衣物尤其是贴身衣物的清洁显得尤为重要。每天更换内衣和袜子是保持身体清洁的重要步骤。

（2）保持均衡的饮食，尽量避免摄入高糖、高脂肪类的食品。均衡的饮食不仅能够满足身体生长的需要，还可以帮助维持皮肤的健康，增强免疫力；同时我们应保证每天有足够的饮水量，特别是在运动后或天气炎热时，需要注意额外补充水分。

(3) 保持良好的睡眠习惯。一般建议青少年每天保持7～9小时的睡眠，并形成规律的作息习惯，尽量在固定的时间段内睡觉、起床；同时在睡前应避免使用电子设备，否则可能干扰褪黑素的分泌，影响睡眠质量。

3. 运动与身体健康

对于青少年和儿童来说，积极的体育活动能够使他们拥有更高的心血管耐力、肌肉力量，更少的身体脂肪比重，降低发生心血管疾病和代谢疾病的风险，使得骨骼更加强壮，更好地促进身体综合指标处于合理范围。对于大学生而言，体育运动能够增强大学生的体质，为其提供健康的人格基础；不仅是身体上的锻炼，更是精神上和意志上的磨炼；可以帮助大学生调节心情，振奋精神，有利于不良情绪的宣泄。

总之，通过规律的体育运动，学生的身体素质能够得到加强。学生通过有氧运动能改善心肺功能，通过无氧运动能改善肌肉力量；同时通过运动学生能够增强免疫力，提升身体协调性，还有助于减少患病风险，提高日常生活的抗压能力。但是，也不是身体活动水平计量越多越好，体育运动过量同样会导致身体疾病，对机体造成严重的负面影响。

（二）心理健康

1. 定义

心理健康是一个涵盖认知、情绪、行为等多个方面的综合概念，不仅是指没有心理疾病，还包括个体积极对待生活的态度、良好的社会适应能力和充分的自我实现。认知健康涉及注意力、记忆力、思维能力等认知功能的正常运作。情绪健康包括对压力的耐受力、情绪调节能力，能够维持正向情绪并管理负向情绪。行为健康表现为个人的行为能否适应环境，能否有效应对压力和挑战。

2. 心理健康的维护

(1) 音乐在维护人的心理健康方面发挥着极其重要的作用。健康悦耳的音乐能引起有机体视觉、味觉、嗅觉乃至触觉等感知系统一系列良性的心理反应。

(2) 与家人和朋友进行沟通交流，能够有效缓解并释放内心深处的困扰与烦恼，减轻心理压力。

(3) 除此之外，通过运动、冥想、深呼吸等方式也可以有效地放松身心，给心理减负。

3. 运动与心理健康

体育运动在提升学生心理健康方面展现了多重正向作用。

(1) 规律的体育运动可以显著缓解压力和焦虑。因为运动能使身体释放内啡肽，带来愉悦感。体育运动为学生提供了一个释放压力的平台。

(2) 运动增强学生的自我效能感，提升自信心和成就感。通过设定和实现运动目标，学生在不断挑战自我中获得成就感和自我效能感，从而提升自信心。

(3) 对认知功能也有积极影响。学生参与体育运动可以增加大脑血流量和氧供应，促进神经元的生成和连接，从而提高注意力、记忆力和执行功能。

（4）长时间的体育锻炼使得学生更能保持冷静，减少情绪波动，提高情绪稳定性。

（5）学生通过参加团队运动和集体活动能够建立丰富的社会支持网络，减轻孤独感和社交压力，有利于心理健康。

（三）社交健康

1. 定义

社交健康是指个人在社交环境中形成和维持健康关系的能力，也可指个人周围的社会支持网络和结构，即一个人的人脉、人际关系和周围的人。有意义的人际关系和人可以分散个人的注意力，改变他们的视角，或让他们感觉更快乐。

2. 社交健康的维护

（1）建立牢固的人际关系。在困难时期，那些拥有亲密朋友或健康关系的人，有可以信任的人依靠和倾诉。研究表明，他们更有可能拥有良好的社会健康。

（2）设立健康的界限。了解自己的底线和舒适区，建立自己的界限，学会在必要时说“不”。

（3）平衡独处和社交的时间。确保自己的社交活动不会过于繁重，给自己留出一些独处和放松的时间。而判断一个人需要多少独处时间，取决于他是内向型还是外向型。

（4）参与社区活动。在社区做志愿者、参加邻里活动和社区体育运动，有利于良好人际关系的建立。

（5）培养兴趣。学生可以参加感兴趣的活动或社团，这有助于遇到志同道合的人。

3. 运动与社交健康

运动有利于社交健康的建立与维护。

（1）运动促进社交互动增多。团队运动或健身俱乐部等活动，为学生提供了走出家门、与他人面对面交流的机会。当学生参与到这些活动中时，自然会增加与他人的接触和交流，促进了社交互动的增多。

（2）运动能拓宽人际交友圈子。运动场合是结识新朋友、拓宽社交圈的理想场所。无论是健身房的偶遇，还是俱乐部的定期活动，都能让人有机会遇到志同道合的人，从而建立起新的友谊。这种基于共同兴趣的爱好往往能促使关系更加稳固和持久。

（3）运动有助于培养积极的生活方式。学生参与运动有助于改善不良的生活方式，如长时间久坐、过度依赖电子产品等，转而追求更加健康、有活力的生活方式。这种积极的生活态度也会影响到个体的社交行为，使其更倾向于参与有益身心的社交活动。

（4）运动能够增强社交自信心。通过运动获得的身体改善，如体重控制、体态优化等，能够显著提升个体的自我形象和自我效能感。这种自信心的增强会使人在社交场合中表现得更加从容不迫，敢于表达自我，更容易赢得他人的尊重和喜爱。

第二章

科学健身理论指导

第一节　科学健身概述

一、科学健身的概念

科学健身是指在科学理论的指导下，根据个人身体状况、年龄、性别、健康目标和运动能力等因素，选择合理的运动类型、强度、频率和持续时间，以达到增强身体机能、改善人体功能状态、提高健康水平和生活质量的目的。

近年来，人民群众对科学健身的需求不断提升，科学健身需要制订科学的健身计划，计划的主要内容包括运动项目、运动频率、运动强度、运动总量和单次运动时间。不同人群的科学健身计划不同，制订健身计划前应进行全面的体质评估，然后遵循循序渐进的原则制订健身计划。

二、科学健身的作用

（一）改善身体素质，提高心肺功能

长期科学健身会提高心脏收缩能力和肺活量，增强心脏肌肉，从而改善心血管系统的功能；增强肌肉的力量和耐力，从而改善身体素质。

（二）增强免疫力，降低患病风险

科学健身可以提高细胞的免疫功能，从而提高机体的免疫力，并显著降低患心脏病、

糖尿病等多种慢性疾病的风险。

（三）提高认知能力

科学健身可以改善人体大脑的功能，促进大脑发育，通过记忆动作、要领，增强记忆力和学习能力，提高认知能力。

（四）提升心理健康

科学健身不仅可以调节情绪，在运动过程中会分泌多种激素，提高神经系统的兴奋性，使情绪变得愉悦，还可以转移注意力，缓解生活中的压力和焦虑，增强自信心。

三、科学健身的基本原则

（一）个体化原则

个体之间存在差异，每个人的身体状况和运动能力都不同，因此应根据个体差异制订科学的健身计划。从年龄、性别、身体素质、健康状况、运动经验、兴趣爱好等多个因素进行全面评估，制订科学合理的健身计划，选择适合自身的运动项目。

（二）安全有效原则

科学健身的首要前提是确保自身安全和环境安全，若超出安全界限，则可能发生危险。同时在制订科学健身计划时要科学合理地安排各项内容，保证按质、按量进行，以期达到最佳锻炼效果。

（三）全面锻炼原则

科学健身应追求身心全面和谐发展，不仅锻炼身体、提高身体机能，也要提高心理健康水平，注意维持人体生理和心理的平衡，从而达到全面身心健康的目的。

（四）多样化原则

科学健身强调在运动中采取多样化的锻炼方式和方法，通过多样化的训练，可以促进身体的全面发展，从而避免单一的训练所带来的局限性。

（五）饮食与营养均衡原则

均衡膳食对于支持有效的锻炼至关重要，应确保摄入足够的蛋白质、碳水化合物、脂肪以及维生素和矿物质，根据个人活动量调整热量摄入量，保持能量平衡。

四、科学健身的方法

（一）重复锻炼法

重复锻炼法是指在相对固定的条件下按一定负荷标准多次重复同一练习的方法，这种方法对于锻炼的间歇时间没有严格的要求，每一次练习都要在完全恢复的条件下进行。

重复锻炼法主要内容包括重复练习的次数、单次练习的强度、单次练习的间隔时间和单次练习的时间。要注意设置合理的锻炼强度和次数，从自身的身体素质和健康状况出发，多种方法结合锻炼。

重复锻炼法的主要作用是通过反复练习提高人体耐力水平，锻炼心血管系统和呼吸系统的功能，培养意志品质。

（二）变换锻炼法

变换锻炼法是在锻炼过程中，不断变换条件、变换要求进行锻炼。变换锻炼法被广泛运用于各种运动项目，锻炼过程中常采用的变换条件有负荷、频率、时间、内容、环境等各种要素。变换锻炼法要注意有针对性地安排变换，一切从实际出发，以提高人体的适应能力。

（三）间歇锻炼法

间歇锻炼法是指在锻炼的过程中，通过严格控制间歇时间和强度，使机体处于不完全恢复状态下反复进行锻炼的方法。该种方法给机体带来的负荷较大，因此需要有一定的锻炼基础。

间歇锻炼法分为快速间歇锻炼法和慢速间歇锻炼法。快速间歇锻炼法是指休息时间与练习时间的比例大于1的锻炼方法，侧重于速度的持续性；慢速间歇锻炼法是指休息时间与练习时间的比例小于1的锻炼方法，侧重于耐力的锻炼。

（四）循环锻炼法

循环锻炼法是指选择不同的练习项目组合成练习组合，按照一定的顺序进行反复循环锻炼的方法。其主要内容包括练习内容、练习强度、练习负荷和每组练习的间歇时间。循环锻炼法可预先制定练习内容。

第二节　科学健身的内容选择、注意事项及普及和推广

一、科学健身的内容选择

美国运动医学学会（American College of Sports Medicine，ACSM）和美国心脏协会（American Heart Association，AHA）更新了体力活动和健康的建议："所有18～65岁的健康成年人至少需要每天30分钟，每周5天中等强度有氧运动，或每天20分钟较大强度活动，每周3天。每个成年人应该每周至少2天进行维持或增加肌肉力量和耐力的运动。"科学健身强调锻炼内容的多样化，可以把热身和拉伸、有氧运动、力量训练、柔韧性训练以及平衡训练等结合起来锻炼。

（一）有氧运动

有氧运动是指以增强心肺功能和提高身体耐力为主要目的的运动方式，通过持续的、节奏性的活动使身体在充足氧气供应下进行能量代谢的运动。有氧运动的特点是强度低且持续时间较长。

有氧运动不仅可以改善心肺功能，有效提高身体素质，提高机体免疫力，降低患病风险，还可以促进身心健康，改善睡眠质量。

有氧运动是一种适合所有年龄段人群的健康锻炼方式，可以通过调整运动的强度和持续时间来达到个人的健身目的。有氧运动的类型多样，主要包括健步走、慢跑、长距离慢速游泳、骑自行车和各种舞蹈等。

（二）力量训练

力量训练也称为抗阻训练，是一种通过对抗外界阻力以提升肌肉力量和质量的运动方式。这种训练方式的核心是使肌肉在克服外界阻力的过程中产生力量。训练内容包括等张训练、等长训练和等速训练。

等张训练一般分为向心收缩和离心收缩两种类型。向心收缩是指肌肉在发力时被缩短，如做哑铃屈肘弯举时，肱二头肌进行向心收缩；离心收缩是指肌肉在发力时被拉长，如下蹲时股四头肌进行离心收缩。（图2–2–1、图2–2–2）

图2-2-1　哑铃屈肘弯举

图2-2-2　下蹲

等长训练是指肌肉在不改变长度的情况下进行静态收缩，如平板支撑。（图2-2-3）

图2-2-3　平板支撑

等速训练是指通过特定的设备控制肌肉的收缩速度，常用于康复训练。

（三）柔韧性训练

柔韧性训练是一种通过拉伸和伸展肌肉、肌腱及韧带等软组织，以提高关节活动范围和身体灵活性的锻炼方式。柔韧性训练可以提高身体的柔软度和伸展能力，对于维持日常生活的舒适性和预防运动损伤有重要作用。

柔韧性训练包括静态拉伸和动态拉伸两种形式。静态拉伸是将肌肉、肌腱、韧带等软组织缓慢稳定地拉伸到一定幅度并保持一段时间。动态拉伸是通过活动来伸展和加强肌肉和关节，这类训练形式的特点是快速而有节奏，不持续过久。

常见的柔韧性训练包括坐姿前屈、跪姿伸展、压腿（图2-2-4）、压肩（图2-2-5）等，针对不同的身体部位有专门的训练动作。

图2-2-4 压腿

图2-2-5 压肩

（四）平衡训练

平衡训练是指一种专门用于提高身体稳定性和协调性的锻炼方式，通过特定的运动和练习来增强肌肉的控制能力，改善身体平衡的训练。

平衡训练的主要目的是增强身体的核心力量、提高神经肌肉控制能力、预防跌倒以及改善运动表现。平衡训练通常涉及使用不稳定的表面来进行练习，如平衡垫、瑞士球等，创造一个不稳定平面，使身体不断调整以维持稳定，从而提高整体的稳定性和协调性。

平衡训练可分为静态平衡训练和动态平衡训练。静态平衡训练是指在静止状态下保持平衡，如单腿站立；动态平衡训练则是在调整中控制身体姿势以保持平衡，如站或坐等各种姿势间的转换运动。（图2-2-6）

图2-2-6 站—坐重心转移训练

二、科学健身的注意事项

（一）充分热身

在开始锻炼之前，进行至少5 ~ 10分钟的热身活动，如慢跑、跳绳或动态拉伸，以提高肌肉温度和血液循环，减少受伤风险。

（二）注意技术正确性

使用正确的姿势和技术进行锻炼，避免因错误的动作导致受伤。如果不确定如何正确进行某项训练，可以寻求专业教练员的指导。

（三）适量运动

控制每次训练的时间长度和强度，避免过度训练导致身体疲劳或受伤。初练者应从低强度开始，逐渐增加难度和持续时间。

（四）心理健康调适

保持积极的心态，设定实际可达的目标，避免因期望过高而产生挫败感。学会应对压力的方法，如冥想、深呼吸等放松技巧。

（五）定期评估与调整

定期检查自己的进展，并根据需要调整训练计划。如果遇到困难或伤病等问题，及时寻求专业人士的帮助。

三、科学健身的普及和推广

（一）科学健身的普及和推广的重要性

健身是体育强国的基石，普及和推广科学的健身知识和方法，对广大人民群众的身心健康、全民素质和生活质量的提高，以及实现国家体育强国的目标起着重要作用。

(1) 科学健身的普及和推广，可以帮助广大人民群众正确地了解健身动作、呼吸方式和节奏，提高体育锻炼的有效性，减少在运动过程中存在的健康风险。

(2) 通过学习和了解科学健身的知识和方法，增强了广大人民群众对体育锻炼的理解和认识，从而提高了全民的体育文化素质，推进国家体育事业的发展。

（二）科学健身的普及和推广面临的问题

(1) 群众健康意识不足。群众对科学健身的重要性认识不够，缺乏主动参与体育锻炼的动力。对于如何正确进行锻炼和保持健康生活方式的知识了解有限。

(2) 信息获取渠道不畅。虽然互联网提供了大量关于健身的信息，但信息的质量和准确性参差不齐，容易误导群众；同时缺乏权威、系统的科学健身指导资源，使得许多人难以找到适合自己的锻炼方案。

(3) 专业指导人才短缺。合格的健身指导人员数量有限，水平参差不齐，部分指导人员缺乏必要的专业知识和实践经验。

(4) 政策支持力度不够。政府在推广科学健身方面的投入和支持相对有限，包括资金、政策制定等方面；缺乏有效的激励机制鼓励个人和企业投资与健身相关的活动和服务。

第三节　运动损伤的预防与急救

一、常见的运动损伤

近年来，随着人们的生活水平不断提高，体育事业也在蓬勃发展，人们参与体育活动的热情持续高涨，频次持续提升，与此同时，运动损伤发生的概率也大大增加。

运动损伤是指在体育运动过程中发生的损伤。研究发现，普通人群发生运动损伤的原因主要是自身力量不足和准备活动不足。损伤的部位大多数集中在肩部、腰背部、膝部、踝部等部位。

运动损伤按照损伤的病程可以分为急性损伤和慢性损伤，按照损伤发生的时间可以分新伤和旧伤，按照损伤的性质可以分为开放性损伤和闭合性损伤，按照损伤的严重程度可以分为轻度损伤、中度损伤和重度损伤。

常见的运动损伤包括皮肤损伤、骨骼与关节损伤、肌肉韧带等软组织损伤以及脏器损伤，不同年龄阶段的人群易发生的损伤类型不同。

（一）软组织损伤

软组织损伤是指由直接或间接暴力所引起的骨骼、肌肉等软组织的一系列损伤。近年来，软组织损伤发生概率不断提高，通常涉及肌肉、肌腱和韧带，根据皮肤是否完整分为开放性软组织损伤和闭合性软组织损伤两类。损伤类型不同，临床症状的表现也不同，但都会伴有皮肤受损、疼痛、渗血、局部肿胀等症状，如果得不到及时的处理，则会诱发一系列的并发症。在软组织损伤发生后，正确及时的现场处理和科学合理的康复方法有助于减少损伤恢复的时间，并明显降低发生二次损伤的风险。

1. 开放性软组织损伤

开放性软组织损伤主要是指由暴力外伤或锐器伤导致的一种软组织损伤类型，伤口与外界相通，易引发出血和感染，严重情况下可能在短时间内大量失血，出现休克甚至死亡。

开放性软组织损伤后，创面愈合的病理变化过程主要分为：组织损伤及出血，反应性炎症及肿胀，肉芽组织增生和瘢痕形成。

运动损伤中常见的开放性软组织损伤包括擦伤、撕裂伤、切伤和刺伤。不同的损伤类型对应不同的处理方法，但都应第一时间予以处理，如果处理不当，则会引发严重后果。下面具体介绍擦伤和撕裂伤的病因和处理等。

（1）擦伤。

擦伤，即皮肤表面与粗糙的物体发生快速摩擦所引起的表层损伤，是开放性软组织损伤中最常见、最轻的一类损伤，不具有传染性。虽然擦伤是较轻微的开放伤，但是重度擦伤可伴有肌肉、神经、骨组织等损伤及外露，如果处理不当，伤口可能会出现化脓、溃烂，继而导致破伤风感染等严重后果，甚至危及生命。

擦伤常常由外力摩擦引起，手掌、面部、肘部和膝部易造成擦伤。擦伤的形态不一，大多数呈条状、片状、梳状或点状，伤口的大小不等。有学者根据皮肤的损伤程度和时间将擦伤分为四度。

Ⅰ度：损伤发生在皮肤表层，并伴有真皮浅层的损伤，表现为渗血瘀血、肿胀、疼痛等。

Ⅱ度：损伤发生在皮肤表皮及真皮各层，有明显的不规则损坏甚至坏死、缺血，与Ⅰ度同样表现为渗血瘀血、肿胀、疼痛等。

Ⅲ度：损伤涉及皮肤全层，深达皮下脂肪层，表现为局部有皮肤软组织的损坏及出血瘀血、肿胀、疼痛等。

Ⅳ度：损伤伴有神经、大血管、肌腱、肌肉、骨组织等的损伤及外露，局部表现为出血瘀血、肿胀和疼痛。

由于皮肤具有自愈能力，因此轻度擦伤在一般情况下可自愈，伤口自愈的过程分为四个阶段。

①结痂。皮肤表皮擦伤后，伤口伴有少量渗血，一段时间后皮肤上会出现一层凝结的深红色固体，即伤口结成的痂。②脱痂。伤口结痂后，表层的皮肤会与皮下组织分离，出现脱痂现象。在脱痂阶段要注意伤口避免沾水，防止伤口感染。③组织增生。随着时间推移，新生的血管和肉芽组织逐渐形成，伤口处表皮细胞从底层向上生长，覆盖伤口表面，重新形成新的上皮层。④伤口愈合。伤口处的肉芽组织增生，修复伤口，促进伤口愈合。若皮肤擦伤较严重，如伤口较大较深，持续不断出血或其他较重的损伤时，需要立即前往医院就医。一般情况下，应采取如下步骤：

第一步，伤口清创。清创是防止伤口感染的重要步骤，目的是除去伤口表面的异物。清创时应严格遵循无菌原则，一般采用碘伏和生理盐水进行清洗，程度较深则需在麻醉状态下采用双氧水清洗创面。

第二步，消毒、涂药。可以选用碘伏、医用酒精和（或）双氧水对伤口进行消毒，由于碘伏的刺激性较小，可作为首选消毒药物。采用抗菌软膏涂抹伤口，注意保持伤口处的卫生，避免继发感染。

第三步，包扎。处理好伤口后，可以用消毒纱布对伤口进行包扎，若伤口处没有渗血，愈合情况较好，可以2～3天更换一次纱布，保持伤口处干燥清洁，避免感染。

（2）撕裂伤。

撕裂伤是指在暴力作用下，由于急剧牵拉或扭转，引起皮肤和皮下组织撕开和断裂。由于牵拉的方向不同，伤口所呈现出来的形态各异，如平行方向的牵拉，伤口多呈现为线状；斜向牵拉的伤口多呈现为瓣状；多个方向的牵拉则多呈现为星状。

撕裂伤主要表现为皮肤撕裂、出血和疼痛，开放性的撕裂伤易引发感染，因此应及时采取措施，处理伤口。创面较小的伤口，一般消毒后用创口贴黏合即可，而创面较大、较严重的伤口，在清洁和消毒后需进行缝合。

2. 闭合性软组织损伤

闭合性软组织损伤是指软组织或骨骼肌肉受到直接或间接暴力引起的一类损伤，损伤部位的皮肤和黏膜完整，伤口不与外界相通。闭合性软组织损伤分为急性损伤和慢性损伤，急性损伤是指在一次较大的暴力作用下引发的损伤，损伤部位常表现为组织肿胀、出血、疼痛等；慢性损伤是指由于长期的负荷累积所引起的劳损。

闭合性软组织损伤的初期可以采取热敷或冷敷法，损伤时间在24小时内选择冷敷，超过24小时后进行热敷；还可以采取超短波治疗法。后期可采取理疗和康复训练，恢复损伤部位的基本功能。

（1）肌肉拉伤。

肌肉是有收缩能力的、柔软的、有弹性的组织。肌肉拉伤是指在运动过程中肌肉急剧收缩或受到过度牵拉所引起的损伤，主要表现为局部肿胀、充血甚至出血，运动功能明显受限。根据肌肉拉伤的严重程度其可分为如下三级。

一级：轻度拉伤，只有少数肌纤维损伤，损伤结构很小，伴有轻微疼痛，肌肉内有少量积液，功能几乎不受影响。

二级：中度拉伤，肌肉损伤范围更大，肌肉未完全断裂，表现为局部疼痛，伴有瘀血和肿胀，功能受限。

三级：重度拉伤，肌肉肌腱完全断裂，表现为严重疼痛，伴有明显的肿胀和瘀血，功能几乎完全丧失。（图2–3–1）

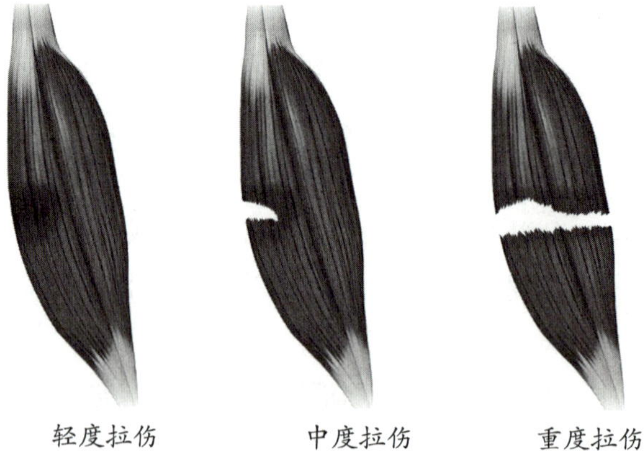

图2–3–1　肌肉拉伤的分级

造成肌肉拉伤的原因有许多种，主要原因是运动前准备活动不充分，肌肉和韧带并未充分伸展，或肌肉疲劳，运动过程中肌肉处于持续紧张状态，反应能力和承受能力下降。

（2）关节扭伤。

关节扭伤是指关节或软组织在外力作用下，过度活动所引起的损伤，无皮肤破损，损伤部位主要集中在腕关节、肘关节、膝关节和踝关节，其中踝关节是最常见的损伤部位。

关节扭伤常伴有疼痛、瘀血和肿胀，关节功能受限。以踝关节扭伤为例，根据扭伤的严重程度其可以分为如下三级。

一级：轻度扭伤，肌肉韧带有轻微的拉伤，无明显撕裂，局部肿胀和疼痛较轻。

二级：中度扭伤，肌肉韧带部分断裂，踝关节活动受限，伴有明显肿胀和疼痛。

三级：重度扭伤，肌肉韧带完全断裂，踝关节失去稳定性，伴有严重瘀血、肿胀和疼痛，无法负重行走。

（二）骨折

骨骼是人体坚硬的组织，起着支撑和保护的作用。骨折是指骨骼在直接或间接暴力作用下骨结构的连续性完全或部分断裂。骨折部位通常表现为肿胀，可能伴有淤血、弯曲或变形，也可能引起皮肤、神经、血管等损伤。

1. 骨折的检查

骨折的严重程度不同，所采取的治疗方法也不同。骨折后通常先进行体格检查，观察骨折部位是否有明显变形，按压骨折处是否有明显疼痛，有时可以听到骨擦音，以及骨折的移位情况。

X射线检查作为基础性影像学检查，可以清楚地显示骨折的位置和程度，是最常用的检查手段。对于较复杂的骨折，还可以采用CT扫描，以更加准确地判断骨折的类型和损伤情况。

2. 骨折的分类

（1）根据骨折部位皮肤或黏膜的完整性可分为以下两种。

开放性骨折：骨折处皮肤或黏膜破裂，骨折端与外界相通。

闭合性骨折：骨折处皮肤或黏膜完整，骨折端不与外界相通。

（2）根据骨折的程度可分为以下两种。

完全骨折：指骨的完整性和连续性完全中断。

不完全骨折：指骨的完整性和连续性部分中断。

（3）根据骨折线的方向可分为青枝骨折、横形骨折、斜形骨折、螺旋形骨折、粉碎性骨折、压缩骨折等。（图2–3–2）

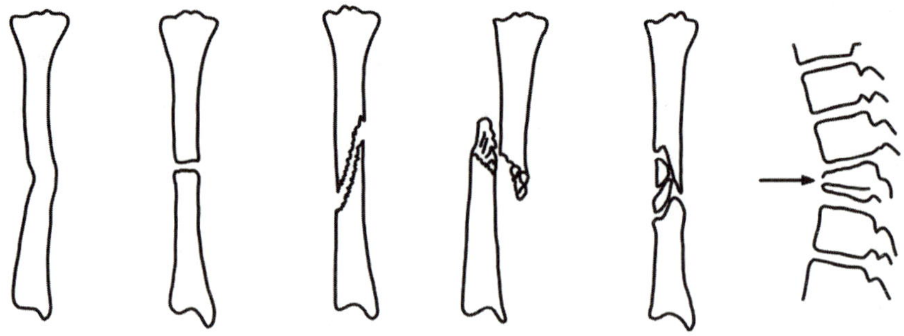

图2-3-2　骨折的分类

3. 骨折的愈合

骨折后大多数组织出现明显损伤，常以瘢痕组织代替受损组织进行修复重建。骨折的愈合通常分为三个时期。

（1）炎症期，即血肿形成期。在这个阶段，骨髓腔内、骨膜下和周围软组织内出血，进而形成血肿。免疫细胞会移动到损伤部位清除损伤的组织、碎片以及渗出的血液。在此期间，骨折部位通常需要固定。

（2）修复期。在这个阶段会形成新的骨痂。骨痂是在骨折端形成的新的骨组织，分为软骨痂和硬骨痂两个阶段，在修复期软骨痂会逐渐转化为硬骨痂，使骨折端重新连接并修复骨的结构。

（3）重塑期。新生的骨组织逐渐代替原始骨痂，骨骼重建并恢复正常功能。

4. 骨折的治疗

骨折的治疗分为手术治疗和保守治疗，手术治疗包括内固定手术和外固定手术，保守治疗包括手法复位、牵引和患肢抬高固定，两种治疗方法都包括复位、固定和康复三个阶段。

（三）关节脱位

关节脱位是指构成关节的两个骨关节面失去正常的对合关系，发生了错位。肩、肘、手指关节易发生关节脱位，其中，肩关节脱位最为常见，约占全身关节脱位的50%。关节脱位大部分为暴力因素所致，关节受到暴力作用而产生剧烈疼痛，软组织出血、组织液渗出形成肿胀，关节结构改变导致关节畸形。

关节脱位一般分为全脱位或半脱位。全脱位是指关节面完全分开，关节面不再接触，如肩关节脱位、肘关节脱位、髋关节脱位，一般都属于全脱位；半脱位是指关节不完全分开，部分关节面接触，如寰枢椎半脱位、颞下颌关节半脱位等。

关节脱位后一般采取手法复位[图2-3-3（a）]，使关节重新恢复正确的对合关系，复位越早，效果越好。如果无法手法复位，则采取手术复位。复位后固定脱位的关节，使损伤的软组织得以修复。后期配合康复训练，使关节彻底复位，恢复正常功能。[图2-3-3（b）]

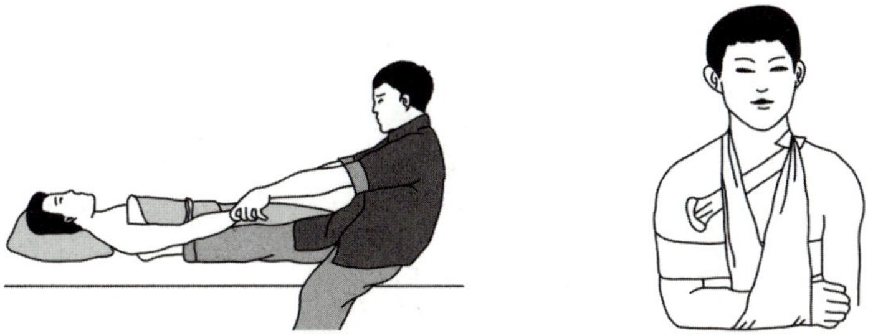

（a）手法复位　　（b）复位后固定

图2-3-3　手法复位和固定

二、运动损伤的原因及预防

（一）运动损伤的原因

1. 准备活动不充分

准备活动不充分或不做准备活动、准备活动时间过长均有可能导致运动损伤的发生，身体各部分没有得到充分的动员和激发，运动系统和神经系统的功能未达到适宜水平，肌肉的力量、弹性和伸展性不够，动作不协调，易造成损伤。

2. 不正确的姿势和技术

不规范的姿势和技术会使运动损伤的风险增加。长期保持不良姿势会增加肌肉的负担，可能导致肌肉疲劳、僵硬和疼痛，关节灵活性下降，还可能影响心脏和血管的健康。

3. 运动负荷不合理

运动负荷不合理不仅无法提高训练水平，还易造成运动损伤。局部运动负荷长期过大，一次运动量过大或连续的大运动负荷训练，超出了人体所能承受的最大能力，会大量消耗体力，容易造成过度疲劳甚至出现运动损伤。

4. 运动装备不适配

运动装备不适配容易造成运动损伤，如不合适的跑鞋会导致脚部出现不适，鞋的支撑作用不足则容易发生扭伤；缓冲较差的跑鞋会增加膝关节的冲击力，导致膝关节受损，还会增加关节软骨磨损的风险。

5. 场地设施不完善

运动前没有认真检查场地设施是否完善，可能存在设施陈旧、数量不足、维护不善等问题，容易发生运动损伤。

（二）运动损伤的预防

1. 进行充分的准备活动

准备活动是进行各项体育运动前的“铺垫”，可以帮助机体由相对安静的状态逐渐过渡到相对紧张的状态。科学有效的准备活动有助于运动成绩的提高，降低肌肉韧带的黏滞性，增强肌肉的弹性和伸展性，克服内脏器官的惰性。

2. 选择适合自身的运动方式

选择适合自身的运动方式需要从多个方面考虑，在选择运动方式之前要充分了解自身情况，包括身体状况和运动习惯。根据健康目标进行选择，不同的健康目标对应不同的运动方式。还可以结合个人兴趣和爱好选择自己喜欢的运动。

3. 选择合适的运动装备

运动装备是进行锻炼的重要辅助工具，选择合适的运动装备不仅可以提高运动表现，还可以降低受伤的风险。在选择运动装备时要充分考虑合身性和舒适性，避免装备不贴合带来的不适；同时要考虑运动装备的功能性，不同的运动类型需要不同功能的运动装备。

4. 保证运动场所场地安全

运动场所的场地安全是保证运动安全的基础，不同的运动需要选择不同类型的场地。在选择运动场地时，要注意场地的安全性，确保场地平整、无障碍物、不存在明显的安全隐患，以避免因场地问题而发生运动损伤。

三、运动损伤的现场急救

现场急救是指在突发事件现场对伤病员采取及时、紧急、有效、适当的救治措施。现场急救的目的是维持、抢救伤病员的生命；改善病情，减轻病员痛苦；尽可能防治并发症和后遗症。

（一）现场急救的原则

1. 先复后固

遇到心跳和呼吸骤停者，应第一时间采取心肺复苏（CPR）使患者心肺和大脑复苏，恢复呼吸和心跳。

2. 先止后包

遇到大出血和有创口者，应立即止血，再消毒，最后包扎创口。

3. 先重后轻

面对不同受伤程度的伤员，应优先抢救垂危者。

4. 先救后运

发现伤员后应先救后运，在送往医院的途中不断采取救治措施，观察病情变化。

（二）现场急救的步骤

1. 现场评估与环境安全确认

急救人员需要第一时间确认现场安全，确保伤员安全。如果周围环境存在危险因素，应立即把伤员转移至安全地带。（图2-3-4）

图2-3-4　确认周围环境安全

2. 确认伤员状态

发现伤员的第一时间要确认伤员的呼吸状态和意识，轻拍伤员，观察伤员胸部和腹部是否有起伏。（图2-3-5）

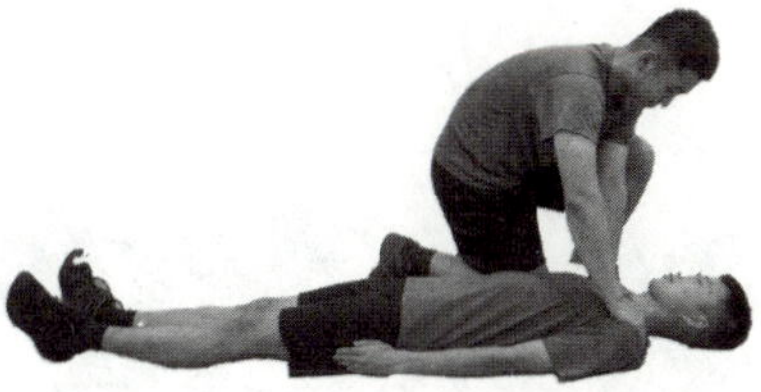

图2-3-5　判断伤员状态

3. 拨打急救电话

确认完伤员的状态后，第一时间拨打急救电话，简要描述伤员状况及现场位置，通知医护人员前来救治。

4. 心肺复苏

如果伤员呼吸、心脏骤停，应立即采取心肺复苏，包括胸外按压和人工呼吸，重复进行直至伤员恢复呼吸和心跳。（图2-3-6）

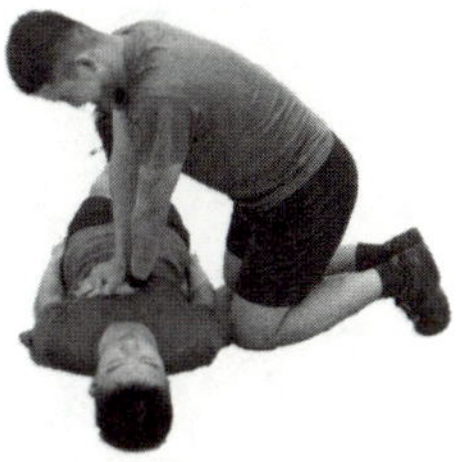

图2-3-6　心肺复苏

5. 持续监测和等待救援

在救治伤员的过程中，持续监测伤员的生命体征，保持与医护人员的联系，及时报备伤员的情况，等待救援人员到来。

（三）现场急救的方法

1. 制动

损伤发生后应第一时间停止活动，保护伤员，避免损伤加剧。可以用支具固定住受伤部位，限制活动。

2. 冰敷

冰敷是通过低温作用于皮肤和深层组织，收缩局部血管，降低毛细血管通透性，从而达到止痛、消肿、消炎的效果，适用于急性期的红肿热痛。冰敷应在受伤之后尽可能短的时间内进行，最佳时间是在48小时内，每隔2～3小时进行一次，每次冰敷时间控制在10～15分钟为宜，因人而异。

3. 加压包扎

加压包扎一般在受伤后24～48小时内进行，用以限制受伤部位的活动，并控制肿胀。可以使用弹性绷带对受伤部位进行加压包扎，注意包扎不要过紧，时刻观察受伤部位的情况。（图2–3–7）

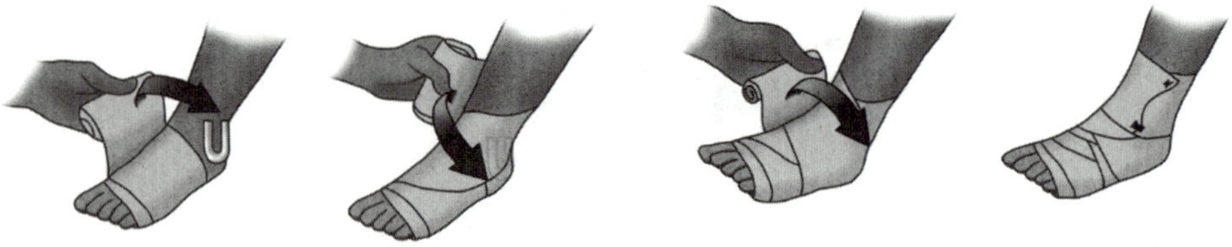

图2–3–7　加压包扎

第三章

体育课程的思想政治教育

第一节　体育课程与思想政治教育的融合

一、思想政治教育的内涵

从本质上看，思想政治教育是一种社会实践活动。这种实践活动不仅仅是简单的知识传授或观念灌输，而是一种深刻的、有意识的、有计划的、有组织的影响过程。这种本质属性贯穿于一切思想政治教育活动之中，无论是宏观的社会层面还是微观的个体层面。

从内容上看，思想政治教育涵盖了多个方面。它不仅包括政治教育，即对党的理论和路线方针政策的教育，还包括思想教育、道德教育和心理教育等多个方面。这些内容相互交织、相互渗透，共同构成了思想政治教育的丰富内涵。同时，思想政治教育还注重培养受教育者的综合素质，包括政治素质、道德素质、心理素质等，以促进其全面发展。

从价值上看，思想政治教育具有重要的社会价值和个人价值。在社会层面，它是维护社会稳定、促进社会和谐的重要手段；在个人层面，它是提升个人思想政治素质、促进个人全面发展的重要途径。通过思想政治教育，可以引导人们树立正确的世界观、人生观和价值观，增强社会责任感和历史使命感，从而更好地推动社会和国家的发展。

二、体育课程融入思想政治教育的方法

（一）发掘课程蕴含的思想政治元素

课程中的思想政治元素的挖掘并不是凭空捏造，而是遵照一定的逻辑和原则，通过思政元素融入体育课程以实现思想政治教育与体育教育的有效衔接。在当前形势下，深入挖掘高校体育的思想政治教育元素，主动发挥和释放高校体育蕴含的思想政治教育功能，实现思政工作在体育课程的教育中贯彻落实，是推进新时代学生思想政治工作创新的重要方面。

（二）重视以学生为载体

体育课程融入思想政治教育并重视以学生为载体是一种富有成效的教育模式。它不仅能够提升学生的身体素质和体育技能，还能够在潜移默化中培养学生的道德品质和价值观念。通过完善课程设置、创新教学方法、加强多方联动以及注重实践体验等措施的实施，可推动体育课程思政建设的深入发展，并为培养新时代的优秀人才贡献更大的力量。要注重调动学生的参与热情，在实践互动中深化学生对体育文化、中华体育精神内核的理解和认同。依托奥运会、世界杯等国际赛事举办的契机，引导学生积极参与课外体育活动，组织学生参加各类体验式的体育实践活动；同时，可以利用现代信息技术开展沉浸式的体育实践活动，满足学生参与虚拟体育实践的需求。

（三）重视课程评估的引导

（1）为了确保体育课程思政的有效实施，需要建立一套科学的评估体系。这套体系应包括对学生学习成果的评估、对教师教学效果的评估以及对课程整体质量的评估。通过定期评估，可以及时发现问题并进行调整和改进。

（2）除了最终结果的评价外，还应注重过程评价。过程评价可以帮助教师及时了解学生的学习进展和存在的问题，从而提供有针对性的指导和支持。

（3）评估的结果应及时反馈给学生和教师，以便他们根据反馈进行改进。评估不仅是为了发现问题，更重要的是为了促进持续改进。通过不断评估和反馈，可以逐步提高体育课程思政的教学质量和效果，使其更好地服务于学生的全面发展和社会需求。

（四）拓宽思想政治教育在体育课程中的应用

要充分利用学校内外的各种资源，形成合力推进体育课程思政建设。在现有的基础上进一步拓展体育课程的教学内容和形式，加强学生的课外实践活动。

三、体育课程与思想政治教育融合的意义

（一）全面推广素质教育的必然要求

素质教育强调全面发展，注重学生身心和谐发展。体育课程作为学校教育的重要组成部分，不仅能够锻炼学生的身体素质，还能够培养学生的团队精神、竞争意识、坚韧不拔的意志等非智力因素。思想政治教育则注重培养学生的道德品质、价值观念和社会责任感。两者的融合有助于实现学生德智体美劳全面发展的教育目标。

体育活动具有很强的集体性和竞争性，通过体育活动可以有效地培养学生的集体荣誉感、合作精神和公平竞争意识；同时，体育活动也是传播社会主义核心价值观的重要途径。

（二）深化大学体育发展的必然结果

随着社会的发展和教育的进步，单一的体育教学已经无法满足现代高等教育的需求。将思想政治教育融入体育课程是教育理念更新的体现，旨在通过体育活动实现知识传授、能力培养与价值引领的有机统一。这种融合不仅关注学生的身体健康，更注重学生的全面发展，包括道德素质、心理素质和社会适应能力。

（三）实现思想政治教育目标的关键途径和重要载体

体育课程与思想政治教育融合是实现思想政治教育目标的关键途径和重要载体。在新时代高校体育课程中融入思政元素，是提升课程思想深度和增强学生思想政治觉悟的关键举措。将社会主义核心价值观、中华优秀传统文化和革命精神等思想政治元素有机地融入体育课程，能够实现体育教学与思想政治教育的深度融合，从而达到立德树人的目标。

体育教育作为学校教育体系中不可或缺的一环，其不仅是培养学生身体素质和运动技能的重要环节，更是塑造学生成长为德智体美劳全面发展的社会主义建设者和接班人的关键组成部分。

第二节　体育课程对大学生体育精神的培养

一、什么是体育精神

体育精神是一种在体育活动中体现出来的以健康快乐、挑战征服、公平竞争、团结协作为主要价值标准的意识。它不仅关乎运动员在比赛中的表现，更是一种文化现象，影响着社会的道德风尚和行为模式。

体育精神的核心在于公平竞争和尊重规则。在体育竞技中，无论胜负，运动员都应遵守比赛规则，展现诚实守信的风貌。这种精神延伸到日常生活中就是倡导正直和公正的社会风气。

体育精神还强调团队合作与个人奋斗的结合。团队项目中，每个成员的默契配合和共同努力是取得胜利的关键；而个人项目则更多地体现了运动员自我挑战、不断超越的精神。

（一）奥林匹克精神

奥林匹克精神的源头是古代希腊文明，其始于公元前776年的古希腊奥林匹亚，现代奥运会则由法国教育家顾拜旦于19世纪末重新倡导复兴。

奥林匹克精神作为现代国际体育运动的核心理念，倡导“更快、更高、更强——更团结”的追求和“卓越、尊重、友谊”的价值观，是一种追求卓越、尊重和友谊的全球性理念。《奥林匹克宪章》赋予奥林匹克精神的内容是“相互理解、友谊长久、团结一致和公平竞争”。如何践行奥林匹克精神，具体如下。

（1）通过体育活动促进不同国家和文化之间的交流与理解，增进友谊和团结。在体育领域内倡导和平、公平和正义，反对任何形式的歧视和暴力行为。

（2）通过体育活动促进人类社会的进步和发展，包括教育、健康、环保等方面。在国际体育赛事中，各国应加强合作，共同应对挑战，实现共赢。

（3）通过教育和宣传，让更多人了解奥林匹克运动的历史、宗旨和价值观，提高公众对奥林匹克精神的认识和认同。

（二）中华体育精神

1. 增强民族凝聚力

中华体育精神是以“为国争光、无私奉献、科学求实、遵纪守法、团结协作、顽强拼搏”为主要内容，是中国精神的重要组成部分。中华体育精神蕴含着丰富的中国传统文化，这些价值观的传承对于维护民族文化的连续性和稳定性具有重要意义。

2. 提升国民素质

中华体育精神鼓励人们参与体育锻炼，倡导健康的生活方式，这对于提高国民的身体素质和生活质量具有积极作用。体育运动中的创新技术和战术运用，能够激发人们的创造力和探索精神，这对于推动社会科技进步和文化创新具有重要影响。

3. 推动国家发展

我国体育健儿在国际赛场上的优异表现，展示了我国的实力和风采，提升了国家的国际形象和影响力。体育产业的发展不仅能够带动相关产业链的增长，还能够吸引国内外投资，促进经济的多元化发展。体育精神的传播和实践，有助于提升国家的文化软实力，增强国民的文化自信和国家认同。

（三）女排精神

女排精神正式提出是在1981年中国女排获得第三届世界杯排球赛冠军后，基本与中国改革开放同步。中国女排是中国体育对外展示的一面鲜明的旗帜，女排精神的内涵是“祖国至上、团结协作、顽强拼搏、永不言败”。

1. 祖国至上

女排精神的核心是祖国至上，体现了运动员对国家荣誉的高度重视，表达了运动员的爱国主义精神。

2. 团结协作

团结协作体现了集体主义精神，强调在体育活动中团队成员之间的相互支持和合作。这种精神有助于形成团队凝聚力，促进团队成员共同为实现目标而努力。

3. 顽强拼搏

顽强拼搏是女排精神的重要体现，它激励运动员在面对困难和挑战时不放弃，坚持到底，展现出坚韧不拔的意志和毅力，体现了运动员自强不息的奋斗精神。

4. 永不言败

女排精神的魅力不仅仅是取得荣誉，更是不抛弃、不放弃。在起伏中前行，于坎坷中奋进，这种愈挫愈勇的坚强铸就了中国女排的精神气质，体现了运动员更加彻底的拼搏精神。

（四）北京冬奥精神

2022年4月8日，习近平总书记在北京冬奥会、冬残奥会总结表彰大会上的讲话中指出，北京冬奥精神是以“胸怀大局、自信开放、迎难而上、追求卓越、共创未来”为核心，强调冰雪运动员之间的友谊、尊重和合作精神。北京冬奥精神是中华体育精神的传承，是我国在筹备和举办北京冬奥会过程中所展现出的精神面貌和价值追求。

1. 胸怀大局

胸怀大局就是心系祖国、志存高远，把筹办举办北京冬奥会、冬残奥会作为“国之大者”，以为国争光为己任，以为国建功为光荣，勇于承担使命责任，为了祖国和人民团结一心、奋力拼搏。

2. 自信开放

自信开放就是雍容大度、开放包容，坚持中国特色社会主义道路自信、理论自信、制度自信、文化自信，以创造性转化、创新性发展传递深厚文化底蕴，以大道至简彰显悠久文明理念，以热情好客展现中国人民的真诚友善，以文明交流促进世界各国人民相互理解和友谊。

3. 迎难而上

迎难而上就是苦干实干、坚韧不拔，保持知重负重、直面挑战的昂扬斗志，百折不挠克服困难、战胜风险，为了胜利勇往直前。

4. 追求卓越

追求卓越就是执着专注、一丝不苟，坚持最高标准、最严要求，精心规划设计，精心雕琢打磨，精心磨合演练，不断突破和创造奇迹。

5. 共创未来

共创未来就是协同联动、紧密携手，坚持“一起向未来”和“更团结”相互呼应，面朝中国发展未来，面向人类发展未来，向世界发出携手构建人类命运共同体的热情呼唤。北京冬奥会冠军语录见表3-2-1。

表3-2-1　北京冬奥会冠军语录

人物	获奖项目	冠军语录	体育精神体现
谷爱凌	自由式滑雪女子大跳台	我参加比赛不只是为了击败别人，更要挑战自己，向全世界展现自己的能力	敢于拼搏，超越自我
武大靖	短道速滑混合接力	在决赛场上，我想做好自己，想要拼尽全力，因为不想给对手留下任何机会	锤炼本领，追求卓越
苏翊鸣	单板滑雪男子大跳台	努力永远不会欺骗人	志存高远，不负青春
刘梦涛	男子中距离坐姿、男子长距离坐姿项目	我想为国争光，想让国旗（在颁奖时）在最高处	怀抱理想，坚定信念
郭雨洁	冬季两项女子短距离站姿	我没有辜负大家的期望，这枚金牌是最好的生日礼物	为了梦想，全力以赴

资料来源：胡黎香，何红娟.关于陕西省大学生体育精神培养路径的研究[J].国际公关，2024（8）：173-175.

二、培养大学生体育精神的必要性

（一）人体自身发展需要

（1）体育锻炼不仅能够有效提高身体素质，增强免疫力，预防疾病，还有助于缓解压力，改善心情，对于心理健康具有积极作用；同时体育运动中的艰苦训练能够锻炼人的意志力，培养坚韧不拔的品质。

（2）体育精神的培养有助于大学生树立正确的人生观和价值观，弘扬积极健康向上的奋斗精神。体育活动中的公平竞争原则有助于提升大学生的诚信意识，树立正确的做事原则。团队运动中的合作与竞争能够增强大学生的责任感和使命感。

（3）体育运动鼓励大学生不断挑战自我极限，激发潜能。面对比赛中的各种情况，大学生需要灵活应对，这有助于培养解决问题的能力。不仅如此，体育活动还为大学生提供了展示个性和才能的机会，有助于个性的全面发展。

（二）社会发展需要

（1）现代社会竞争激烈，体育精神中的拼搏精神和竞争意识对于学生未来的发展至关重要。体育活动能够帮助学生提高适应社会变化的能力，为未来的职业生涯打下基础。

（2）随着我国经济的快速发展，人民的生产、生活方式都发生了较大变化，由于生活压力不断增加以及工作节奏的逐步加快，致使大部分人身体呈现亚健康状态，培养大学生体育精神还有助于提升国民体质，大学生作为国家的未来，其体质的强弱直接关系到国民整体的健康水平。

（3）大学生体育精神的培养有助于推动体育产业的发展，为国家和社会经济发展作出贡献。

三、培养大学生体育精神的目的

（一）实现体育少教多学模式的开展

体育课程对大学生体育精神的培养，可以通过少教多学的模式来实现。这种模式不仅有助于提高大学生的体育素养和身体素质，还能培养他们的自主学习能力和终身体育意识，为他们的全面发展奠定坚实基础。

通过引入现代大学生喜欢的体育项目，可以激发大学生的学习兴趣，使他们更加主动地参与到体育活动中来。通过组织各种体育实践活动，如院系比赛、校际比赛等，让大学生在实践中学习和体验体育精神，培养他们的团队协作能力和竞争意识。将中华体育精神融入体育课程，通过丰富的课程类型、多元的方式方法、层次递进的课程体系，实现政治功能与育人功能相统一。

（二）促使大学生产生积极的体育思想

大学体育课程通常涵盖了多种运动项目，这些多样化的体育活动不仅满足了大学生的兴趣爱好，还激发了他们参与体育运动的热情。通过体验不同的运动项目，大学生能够发现适合自己的运动方式，从而培养持续参与体育锻炼的兴趣和习惯。

体育课程中的团体运动项目要求大学生之间进行密切的配合和协作。这种合作过程不仅锻炼了大学生的团队协作能力，还培养了他们的集体荣誉感和责任感；同时，体育竞赛中的公平竞争原则也让大学生学会了尊重对手、遵守规则，形成了良好的竞争意识。

体育运动往往伴随着挑战和困难，但正是这些挑战促使大学生不断突破自我，超越极限。在体育课程中，大学生通过不断练习和比赛，逐渐提高自己的技能水平，体验到成功的喜悦和成就感。这种经历有助于培养大学生的自信心和坚韧不拔的体育精神。

第四章

奥林匹克运动

第一节　奥林匹克运动的起源与发展

奥林匹克运动是一项在奥林匹克主义指导下的全球性文化活动，通过体育运动与文化的结合，在全世界普及奥林匹克理想，促进人的身心和谐发展，增强多元文化之间的理解与沟通，维护世界和平。

奥林匹克运动以奥林匹克主义为核心，强调通过体育运动促进人的全面发展和社会道德的提升。它倡导“更快、更高、更强——更团结”的格言，以及“重在参与”的理念，鼓励人们追求卓越和公平竞争。

奥林匹克运动由国际奥委会、国际单项体育联合会和国家或地区奥委会构成。国际奥委会是奥林匹克运动的最高权力机构，负责领导和协调全球的奥林匹克活动。

自1896年举办首届现代奥运会以来，奥林匹克运动已经成为全球最具影响力的体育文化现象之一。它不仅推动了体育运动的发展，还促进了国际社会的和平和进步。

一、奥林匹克运动的起源

奥林匹克运动是一项在奥林匹克主义指导下，以体育运动和四年一届的奥林匹克庆典为主要活动内容的全球性体育盛会。

奥林匹克运动会最早起源于古希腊的奥林匹亚，是古希腊时期在奥林匹亚举行的对天神宙斯的祭祖活动，每四年举办一届。

奥运会分为夏季奥运会、冬季奥运会等多个类别，每个类别下又包括残疾人奥运会、青年奥运会等不同形式的赛事。

二、奥林匹克运动的发展

奥林匹克运动的发展过程经历了多个阶段，每个阶段都有其独特的历史背景和重要事件。

（一）艰难探索（1894—1914）

现代奥林匹克运动在这一时期开始萌芽并逐渐形成。1894年6月23日，皮埃尔·德·顾拜旦与12个国家的79名代表决定成立国际奥委会，开创了现代奥林匹克运动。首届现代奥运会于1896年在希腊雅典举行。这一阶段，奥林匹克运动面临着诸多挑战，如资金短缺、组织不完善等，但正是这些困难促使奥林匹克运动不断探索和完善自身。（图4-1-1）

图4-1-1　雅典奥运会

（二）初具形态（两次世界大战之间）

随着时间的推移，奥林匹克运动逐渐发展壮大，并在两次世界大战之间初具规模。这一时期，奥运会的比赛项目逐渐增加，参与国家和地区也日益增多。同时，奥林匹克精神得到了广泛传播，成为连接世界各国人民的重要纽带。然而，战争的阴影也给奥林匹克运动带来了不小的冲击，但奥林匹克运动始终坚守和平、友谊、进步的宗旨。

（三）发展与危机（1945—1980）

随着冷战的爆发，政治因素开始介入奥林匹克运动，导致一些国家抵制奥运会或拒绝参加某些项目的比赛。此外，药物问题也开始困扰奥林匹克运动，部分运动员为了追求更好的成绩而使用兴奋剂等违禁药物。尽管如此，奥林匹克运动仍然坚持其核心价值观和宗旨，努力克服各种困难和挑战。

（四）改革与创新（1980—2000）

进入20世纪80年代后，奥林匹克运动开始进行一系列改革和创新。国际奥委会加强了对奥运会的组织和管理，提高了比赛的透明度和公正性。同时，奥林匹克运动也更加注重环保和可持续的发展理念，由此推动奥运会举办城市采取更加环保的措施办赛。此外，女子项目的增加也是这一时期的重要变化之一，越来越多的女性运动员参与到奥运会中来并展现出了卓越的竞技水平。

（五）21世纪的展望

进入21世纪后，奥林匹克运动继续蓬勃发展并呈现出多元化的趋势。随着全球化的加速和科技的进步，奥林匹克运动不仅在比赛项目上不断创新和拓展，还在传播方式和影响力上实现了质的飞跃。同时，奥林匹克运动也更加注重与各国政府、企业和社会组织的合作与交流，共同推动全球体育事业的发展和进步。

第二节　奥林匹克运动的贡献与文化理念

顾拜旦是现代奥林匹克运动的创始人，他致力于将一种充满活力的新教育体系介绍给祖国。通过对古奥运会的考察，顾拜旦认识到，古希腊人组织竞赛活动，不仅是为了锻炼体格和显示一种壮观场面，更是为了教育人。他认为，体育竞赛活动既能磨炼人的意志，培养人的个性，同时又能锻炼身体。因此，他决心把盎格鲁撒克逊人的运动功利主义同古希腊流传下来的高尚、强烈的观念结合起来，开辟奥林匹克新时代。（图4–2–1）

图4–2–1　顾拜旦

一、奥林匹克运动的贡献

（一）奥林匹克运动对我国的贡献

我国通过参与和举办奥运会，加强了与世界各国的体育交流与合作，增进了相互了解和友谊。特别是北京2008年夏季奥运会和2022年冬季奥运会，使我国成为全球瞩目的焦点，提升了我国的国际形象和影响力。

奥运会的举办极大地推动了我国体育事业的发展，不仅提高了竞技体育的水平，还促进了群众体育的普及和发展。例如，“带动三亿人参与冰雪运动”的目标极大推动了冬季运动的普及和发展。

奥运会的举办为我国带来了巨大的经济效益和社会效益，它不仅直接促进了体育产业的发展，还带动了旅游、交通、建筑等相关行业的繁荣，为我国经济注入了新的活力。

我国在参与和举办奥运会的过程中积极弘扬奥林匹克精神，强调对“更快、更高、更强——更团结”的追求，以及“重在参与”的理念。这种精神的传播对于提升国民素质、增强民族凝聚力具有重要意义。

奥运会的举办往往伴随着大规模的城市建设和基础设施改善。例如，北京2008年奥运会期间的“鸟巢”“水立方”等标志性建筑的建设，不仅提升了城市的现代化水平，还成了城市的文化符号。

通过成功举办奥运会，我国展示了其组织大型国际活动的能力，增强了国家的软实力；同时，奥运会也成为我国文化对外传播的重要平台，让世界更加认识和了解中国。

（二）奥林匹克运动对世界的贡献

奥林匹克运动提供了一个全球性的平台，让不同国家的人能够聚集在一起，通过体育比赛增进相互了解和友谊。这种跨文化的交流有助于减少误解和冲突，促进世界和平。奥运会的举办极大地推动了东道主国家的体育事业发展，为体育运动的普及和发展作出了巨大贡献；同时，奥运会也促进了体育设施的建设和完善，提高了竞技体育的水平。奥运会期间，各国文化汇聚一堂，通过艺术展览、文化表演等形式进行交流。这不仅丰富了赛事内容，也促进了不同文化之间的理解和融合，推动了全球文化的多样性和包容性。

二、奥林匹克运动的文化理念

（一）奥林匹克价值观

奥林匹克价值观提倡通过体育运动促进个人的身心和谐发展。它强调卓越、尊重和友谊，鼓励运动员在追求卓越的同时，保持对他人和社会的尊重，建立深厚的友谊关系。

奥林匹克运动不仅关注个体的发展，还注重社会和谐。通过体育赛事，促进不同民族和文化之间的理解与合作，推动社会的和平与团结，减少冲突和矛盾。奥林匹克价值观认为个人的进步是社会进步的基础。通过体育活动，激发人的潜力和创造力，培养坚韧不拔的精神，从而推动社会的整体发展和进步。

奥林匹克价值观对奥林匹克运动具有导向性、基础性和整合性的重要作用。它决定着奥林匹克知识的探求方向、组织制度设置的准则及奥林匹克运动在实践中的应用范围与对象。(图4-2-2)

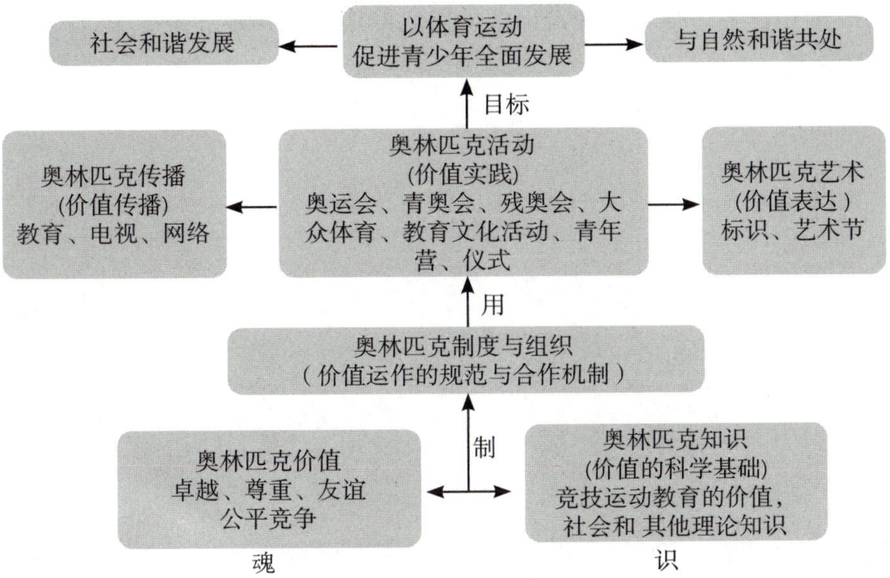

图4-2-2 奥林匹克价值观体系

资料来源：任海.奥林匹克运动的文化价值理念[J].青少年体育，2022（9）：26-27.

奥林匹克价值观渗透并体现在奥林匹克运动中的方方面面，使得奥林匹克运动的文化元素无所不在。从开幕式到各项比赛，从运动员的表现到观众的反应，奥林匹克运动处处体现着其独特的文化魅力和价值理念。

（二）中华传统体育文化与奥林匹克精神

中华传统体育文化与奥林匹克精神的交融，共同绘就了一幅充满深意的文化交流壮丽图景。中华传统体育文化与奥林匹克精神都强调和谐、团结和公平竞争。这种共同的价值观使得两者能够相互认同和尊重，从而在更广泛的层面上进行交流与合作。这种交流不仅增进了不同文化之间的理解，也促进了全球范围内的和平与团结。

中华传统体育文化中的“和合”思想强调的是内外和谐、身心合一，这与奥林匹克精神中的“更快、更高、更强——更团结”相辅相成。两者的结合不仅丰富了奥林匹克运动的文化内涵，也为世界体育的发展提供了新的视角和动力。通过这种互补与融合，奥林匹克精神得以在全球范围内更加广泛地传播和实践。

随着全球化的深入发展，各国之间的联系日益紧密。中华传统体育文化与奥林匹克精神的交融有助于推动不同文化之间的相互理解和尊重，促进世界的和平与发展。这种共同发展的理念不仅体现在体育领域，也延伸到经济、社会等多个方面，为构建人类命运共同体提供了坚实的基础。

对于我国来说，将中华传统体育文化与奥林匹克精神相结合不仅有助于传承和弘扬中华文化，还可以增强国民的文化自信。这种自信不仅是对自身文化的认同和自豪，也是对其他文化的尊重和包容。有了这种自信，可以更好地参与到国际事务中，为世界和平与发展作出更大的贡献。

第五章

田径运动

○ 思政小课堂

刘翔在2004年雅典奥运会男子110m栏比赛中，斩获中国田径史上短跨项目首枚金牌。随后，刘翔不断改进技术，将8步攻栏法改为7步攻栏法，仅仅在更改技术三个月后就一举夺得了国际田联钻石联赛上海站男子110米栏冠军。教师应以高水平运动员重新学习技术为切入点，激励学生应该以积极的态度面对生活、学习和训练中的挑战，克服困难、不断突破自我，取得最终成功。

第一节　田径运动的起源与发展

一、田径运动的起源

远在上古时代，人们为了获得生活资料，在与大自然及禽兽的斗争中，不得不走或跑相当的距离，跳过各种障碍，投掷石块和使用各种捕猎工具。为了社会的发展，人类把这些劳动技能和原始斗争的手段一代一代传授下去，从而出现了以掌握这些技能的教育和发展这些技能的走、跑、跳跃和投掷等基本练习，后来发展到在收获庆典或祭扫活动中展现这些技能的表演和比赛，这些基础运动就是田径运动的雏形。

公元前776年，在古希腊奥林匹克村举行了第1届古奥运会，田径运动成为正式比赛项目之一，但当时的项目只有一个——短距离赛跑跑道为一条直道，长为一个“斯泰德”（192.27米）。即便如此，也标志着田径运动从原始的自然的运动形式发展成为竞技运动项目和人类体育文化。到公元前708年的第10届奥运会上，正式列入了跳远、铁饼、标枪等田赛项目。

伴随着人类社会的进步，田径逐渐发展起来。1894年，现代奥运会组织在法国巴黎成立。1896年在希腊举行了第1届现代奥运会，在这届奥运会上田径的走、跑、跳跃、投掷等项目，被列为大会主要项目。

二、田径运动的发展

（一）运动项目逐渐多样化

田径运动的项目设置经历了由单一到多样的演变。现代田径运动包括男女竞走、跑步、跳跃、投掷的40多个单项，以及由跑步、跳跃、投掷部分项目组成的全能运动，满足了不同运动员的需求和观众的观赏需求。

（二）各国越来越重视田径运动

因为田径运动在体育方面有着重要的作用，而一个国家田径运动开展得好，普及水平高，就会有更多的身体素质较强的人才流向其他体育项目，从而带动其他体育项目的发展和提高。因此，各个国家和地区都在大力发展田径运动。在现代社会，田径运动水平与一个国家和地区的竞技体育地位有着非常密切的关系，体育界流传着“得田径者得天下”的说法。

（三）田径运动的竞技水平不断提高

在奥运会的推动下，各国运动员通过刻苦训练，不断刷新世界纪录。例如，1968年，美国人吉姆·海因斯成为历史上首位100米跑进10秒大关的运动员；2009年，在柏林田径世锦赛上，博尔特跑出9秒58的成绩，成为人类首个百米跑进9秒6大关的人。中国田径运动员也在国际赛场上屡创佳绩，如王军霞在世界田径锦标赛上以30分49秒30的成绩摘得10000米项目的金牌，创造了世锦赛纪录；刘翔则成为中国体育田径史上，也是亚洲田径史上第一个集奥运会、室内室外世锦赛、国际田联大奖赛总决赛冠军和世界纪录保持者多项荣誉于一身的运动员。

（四）科技手段应用日益广泛

随着科技的发展，人们发现运动能力与遗传有较重要的关系，越来越注意科学选材。另外，人们用全自动电子计时系统进行比赛成绩的判定，使得结果更加精确；运用数字跑道、起跑器、力量监测仪以及分段计时系统等数字化设备对体能和专项训练的刺激负荷进行量化，提高了训练的针对性和效率。此外，视频解析系统、机能监控设备、肌骨超声、

TECAR治疗仪、激光治疗仪等医疗康复设备，也为运动员的训练和恢复提供了有力支持。

三、赛事介绍

田径或称田径运动，是径赛、田赛和全能比赛的统称。以时间计算成绩的项目叫径赛；以高度或远度计算成绩的项目叫田赛；全能运动项目则是以各单项成绩按《田径运动评分表》换算分数计算成绩的。世界田径比赛的项目见表5-1-1。

表5-1-1　世界田径比赛的项目

项目	男子		女子
竞走	场地赛5公里、10公里，公路赛20公里、50公里		
跑	短距离跑	100米、200米、400米	100米、200米、400米
	中距离跑	800米、1500米、3000米	800米、1500米
	长距离跑	5000米、10000米	5000米、10000米
	跨栏跑	110米栏、400米栏	100米栏、400米栏
	障碍跑	3000米	
	马拉松	42.195公里	
	接力跑	4×100米、4×400米	
跳跃	跳高、撑竿跳高、跳远、三级跳远		
投掷	铅球	7.26千克	4千克
	标枪	800克	600克
	铁饼	2千克	1.5千克
	链球	7.26千克	4千克
全能	十项全能：第一天：100米、跳远、铅球、跳高、400米；第二天：110米栏、铁饼、撑竿跳高、标枪、1500米		七项全能：第一天：100米栏、铅球、跳高、200米；第二天：跳远、标枪、800米

资料来源：中国田径协会.田径运动介绍[EB/OL].（2004-02-23）[2025-05-06].https：//www.athletics.org.cn/culture/xmjs/2004/0223/350409.html.

第二节　走、跑、跳、投运动概述

一、走——竞走

1. 介绍

竞走是在普通走的基础上发展起来的，但竞走与普通走不同的是竞走要求队员在行进时始终保持至少一只脚与地面接触，不得双脚同时离地。故竞走时队员需两腿交互迈步前进，与地面保持不间断的接触，任何时候两脚都不能同时离地出现“腾空”状态。

练习竞走能锻炼腿部肌肉力量及增强髋关节的灵活性，改善血液循环系统和呼吸系统的机能，能够增强体质，促进健康。

2. 技术动作

（1）后蹬阶段。

阶段：自身体垂直支撑时起，到支撑腿蹬离地面时止。

任务与动作特点：获得推动身体向前的支撑反作用力。蹬地腿伸展蹬地，摆动腿积极前摆，带动身体前移，骨盆沿垂直轴转动，带动髋向前送出。（图5-2-1）

目的与作用：获得主要的加速度，获得水平前移的动力。

图5-2-1　后蹬阶段

（2）双支撑阶段。

阶段：自前脚着地起，到后脚离地面时止。

任务与动作特点：保持合理的竞走技术特征，获得有效的步长。

目的与作用：以最小的水平速度损失完成双腿支撑阶段。（图5-2-2）

图5-2-2　双支撑阶段

（3）前支撑阶段。

阶段：自前腿的脚跟着地支撑瞬间起，到支撑腿位于身体重心下方的垂直支撑时止。

任务与动作特点：减少着地时的制动和由此而造成的水平速度损耗，保持合理的竞走技术特征，获得有效的步长。

目的与作用：在保证腿完全伸直的前提下，脚跟柔和着地。脚沿脚外侧向前滚动，防止动作的过分紧张。在后脚蹬离地面前瞬间前脚已着地，形成短暂的双脚支撑技术动作。以最小的水平速度损失完成双腿支撑阶段。根据规则要求，不出现腾空现象。（图 5–2–3）

图5–2–3　前支撑阶段

（4）前摆阶段。

阶段：自摆动腿的垂直位置起，到脚着地支撑瞬间止。

任务与动作特点：防止步长过大，出现身体重心过低，从而导致动作的过分紧张和体能消耗的增加。

目的与作用：摆动腿继续摆腿向前，脚准备着地，膝关节轻微上抬；前摆时，大腿适度上抬以便小腿低而快地向前摆出；腿前摆至脚后跟在身体重心的最远处着地；摆动腿在此阶段保持放松。（图 5–2–4）

图5–2–4　前摆阶段

（5）后摆阶段。

阶段：自后腿的脚尖蹬离地面瞬间开始到腿前摆至垂直支撑位置止。

任务与动作特点：摆动腿向前摆动准备下一步；腿应顺惯性前摆，脚接近地面。以便获得放松和恢复。

目的与作用：短暂的单腿支撑阶段，蹬离地面后，小腿拖动着放松前摆，且脚后跟不能上抬。支撑腿的蹬伸带动髋关节最大限度地伸展。此阶段摆动腿保持放松。（图5-2-5）

图5-2-5　后摆阶段

（6）其他注意事项。

①头部和躯干动作。头部保持正直姿势，颈部放松，双眼平视前方。躯干保持正直，在后蹬阶段，躯干可前倾约2°～3°，正确的躯干前倾可以适度协助后蹬和减少身体垂直方向的波动。

②手臂和肩动作。两臂的有力摆动和肩部运动有利于协调身体运动，维持平衡。手臂在肘部弯曲90°，沿身体的两侧做前后有力而放松的摆动。前摆时不要超过身体中线。为了保持身体平衡，左右臂摆动要一致，前摆手摆到下颌，后摆时，肘部稍向外，上臂接近水平。（图5-2-6）

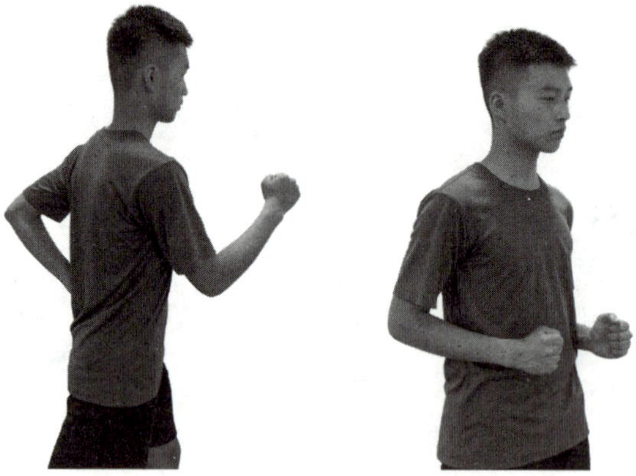

图5-2-6　头和躯干动作

资料来源：王林. 田径技术图解与练习要点③竞走技术动作分析及技术练习要点[J]. 中国学校体育，2007（4）：40-41.

二、跑

（一）短跑

1. 介绍

短跑是用最快的速度在田径跑道上跑完规定的距离，并以最先跑完者为获胜者的项目。通常包括60米（少年项目）、100米、200米和400米。

2. 技术动作

短跑技术动作以蹲踞式起跑动作为例说明。蹲踞式起跑动作如图5-2-7所示。

（1）起跑时队员手指成拱形撑于起跑线前，手臂伸直，身体重量均匀落于两臂与前腿之间。

（2）在“预备”口令发出后，队员臀部逐渐抬起，身体重心前移至两臂与两腿之间，形成“压紧弹簧”的状态，同时注意保持身体平衡，避免过早抬起臀部导致起跑时失去爆发力。

（3）当听到“跑”或鸣枪时，队员迅速蹬离起跑器，手臂快速前后摆动以带动身体向前；同时身体迅速抬起，向前冲出。

图5-2-7 蹲踞式起跑

（4）在加速跑的阶段，可以采用步法较宽的摇摆型步态模式来获得更大加速度，此时身体前倾幅度很大，随着速度增加重心逐步抬高，头部缓慢抬起，脚着地点轨迹逐渐成一条直线。

（5）在途中跑阶段后，改用步宽小的直线型步态来降低两侧反力量的损失。此时要充分利用腿部力量，脚掌应充分扒地，后腿蹬伸，前腿快速前摆，形成强有力的推进力。

（6）终点跑应尽可能保持途中跑的最高速度，同时确保跑步的正确姿势技术。

（二）中长跑

1. 介绍

中长跑是中距离跑和长距离跑的合称。中距离跑项目有男子800米、1500米、3000米和女子800米、1500米。长距离跑项目有男子5000米、10000米和女子3000米、5000米、10000米。少年的中、长距离跑项目有男子800米、1500米、3000米，女子400米、800米、1500米、3000米。

2. 技术动作

（1）起跑姿势有半蹲式和站立式。（图5-2-8）

（a）

（b）

图5-2-8 起跑姿势

资料来源：尹军，武文强.高职体育与健康：微课+AR演示[M].北京：人民体育出版社，2022：21.

（2）在起跑时为减少着地的阻力，可采取扒地式的方式，前脚掌着地时膝关节应稍稍弯曲，使脚跟和膝关节在一条直线上。

（3）途中跑要求上体保持正直或稍向前倾。在摆臂时，要求双手握拳，以肩关节为轴前后摆动，肩带的肌肉要尽量保持放松，前后摆动时摆动的幅度控制在90°。在途中跑缓冲时迅速屈膝、屈髋，后腿往后蹬，前腿仍然保持向前摆动的动作，这时前腿的膝关节要迅速有力地向前上方摆出，而后腿应迅速伸展，使各个关节得到舒展，然后快速蹬离地面，使两腿达到协调。后蹬结束后，后蹬腿膝关节幅度控制在160°，后蹬腿在离开地面时大腿要快速地向前，小腿应自然快速地摆起，此时身体腾空，大腿继续向前摆动，摆动到最高处然后再往下压，小腿则快速向前摆，使大小腿充分地折叠，降低摆动率径，节省大腿向前摆动的力气。在途中跑整个过程中要保持轻松，尽量不要让肌肉处于紧张疲劳状态。

（4）终点跑时队员可在最后阶段突然加速，加大摆臂，加快步频。

（三）接力跑

1. 介绍

接力跑是由几个人组成接力队，每人跑完一定的距离，用接力棒或接力带进行传递，相互配合跑完全程的集体径赛项目。正式比赛的接力跑有男、女4×100米，男、女4×400米，有时还有女子4×200米。

2. 技术动作

(1) 第一棒队员持棒起跑，技术类似短跑起跑，但接力还需握棒。队员可用右手的食指握住棒的后部，拇指与其他三指分开撑地，但接力棒不得触及或超过起跑线。第二、三、四棒接棒队员通常采用站立式或半蹲踞式起跑。

(2) 传接棒方法。

传接棒方法有以下两种。

上挑式：接棒人手臂自然向后伸出，掌心向后，虎口张开朝下，传棒人将棒由下向上挑，送入接棒人手中。优点是接棒人向后伸手的动作比较自然，容易掌握；缺点是接棒后手已握在接力棒的中部，等第三棒传给第四棒时，只能握住棒的前部，容易造成掉棒和影响持棒快跑的动作。

下压式：接棒人的手臂后伸，掌心向上，虎口张开朝后，拇指向内，其余四指并拢向外，传棒人将棒的前端由上向前下压，放入接棒人手中。优点是每一棒次的接棒都能握住棒的一端，便于持棒快跑；缺点是接棒时接棒人的手臂紧张不自然。

(3) 传接棒时机与位置。

传接棒动作必须在接力区完成，否则视为犯规。接棒队员站在预跑区内或接力区后端，待看到传棒人跑到标志线时便迅速起跑，同时将手臂后伸；当传棒人与接棒人距离接近2米时，传棒人发出“接”的口令，并在看准接棒人的手臂后置时递棒。

3. 比赛规则

接力跑的比赛规则因项目而异，但通常包括以下几点。

(1) 接力棒传递。

接力棒必须在规定的接力区内传递，否则视为犯规。接力区通常是一个20米的区域，接棒人可以在接力区前10米内预跑，但传接棒动作必须在接力区内完成。

(2) 跑道与抢道。

在4×100米接力中，各棒次队员在自己的跑道内完成比赛，不得抢道。而在4×400米接力中，第一棒全程及第二棒第一弯道为分道跑，之后队员可以抢道。

(3) 犯规与处罚。

如果队员在比赛中犯规，如未在接力区内传递接力棒、抢道犯规等，将受到相应的处罚，如取消比赛资格等。

三、跳

（一）跳高

1. 介绍

跳高是一种由有节奏的助跑、单脚起跳、越过横杆及落地等动作组成的比赛项目，包括助跑、起跳、过杆和落地四个环节。在队员成功地越过横杆上缘且不使横杆掉落的情况下，越过横杆的高度即为队员的成绩。

2. 技术动作

跳高主要有两种技术：背越式跳高和跨越式跳高。

（1）背越式跳高。

①助跑。通常采用弧线形式助跑，这种助跑方式能够使队员在起跳时获得更大的离心力，为身体的腾空提供更强的动力。助跑距离：根据队员的个人特点和跳高横杆的高度来确定，助跑距离应适中。若助跑距离过长可能导致队员在起跳前体力消耗过大，而过短则可能无法为起跳提供足够的动能。助跑速度：助跑速度应逐渐加快，最后几步达到最快速度。

②起跳。起跳腿为离杆较远的外侧腿。起跳时，髋关节要大幅度前送，起跳腿充分后蹬，使蹬伸方向在身体重心外侧，从而得到过杆所需的旋转冲力。起跳过程中摆动腿和两臂应协调配合，快速摆腿、摆臂、提肩、拔腰。

③过杆。空中姿势：过杆时头部和躯干需充分伸展开，并通过“甩小腿”的动作使两腿积极向上翻起。这有助于增加过杆的高度和稳定性。身体重心：在过杆过程中，队员应通过摆臂使身体重心处于高位置，以减少过杆时的阻力。同时，需注意控制身体的平衡和稳定。

④落地。身体过杆后注意低头和含胸。落地时，队员既可选择肩背着垫，屈髋伸膝，也可接一个后滚翻平稳泄力；同时保持身体的放松和稳定，避免因为紧张或僵硬而导致受伤。（图5-2-9）

图5-2-9　背越式跳高

（2）跨越式跳高。

①助跑。基本上采用直线助跑路线，助跑角度与横杆成30°～60°。助跑距离应适中，根据队员的个人特点和跳高横杆的高度来确定。助跑速度应逐渐加快，最后几步达到最快速度。

②起跳。应用远离横杆的腿作为起跳脚。起跳时，大腿带动小腿迅速向前伸出，用脚跟先着地并迅速过渡到全脚掌。起跳过程中摆动腿和两臂应协调配合，快速摆腿、摆臂、提肩、拔腰。

③过杆。空中姿势：当身体腾空越过横杆时，摆动腿先越过横杆，然后起跳腿迅速上摆，使两腿依次跨过横杆。身体重心：在过杆过程中，队员应通过摆臂使身体重心处于高位置，以减少过杆时的阻力；同时，需注意控制身体的平衡和稳定。

④落地。过杆后，队员的身体侧对横杆，首先用摆动腿落地，随后起跳腿落地，并稍屈膝缓冲，以减小对身体的冲击。（图5–2–10）

图5–2–10　跨越式跳高

（二）跳远

1. 介绍

跳远，又名急行跳远。队员沿直线助跑，在起跳板前沿线后用单足起跳，经腾空阶段，然后在沙坑落地。比赛时以跳的远度决定名次。

2. 技术动作

（1）助跑。

①助跑方法。原地起动助跑：在起跑点从静止姿势开始助跑。这种助跑方法的助跑步幅比较稳定，速度变化较小，有利于保证助跑准确性。行进间起动助跑：通过走几步、跑几步或走跳结合踏上起跑点后开始起动加速。这种助跑方法的助跑自然放松，但助跑速度不易控制，踏板的准确性不好掌握。

②助跑方式。平稳加速方式：开始阶段步频较慢，在逐渐加大步长或保持步长的基础上提高步频。这种加速方式的加速过程均匀、平稳，助跑动作轻松、自然，但加速时间较长。积极加速方式：开始几步步长较短，步频较快，上体前倾较大。过程中步频始终保持在较高水平。这种加速方式能够较早地摆脱静止状态并获得较高的助跑速度，适合绝对速

度比较快的队员。

③助跑距离。一般男子助跑距离为35～45米，跑18～24步；女子助跑距离为30～40米，跑16～22步。队员应根据自己的加速方式和跑动能力确定合适的助跑距离，并根据外界条件（风力、风向、气温、跑道质地等）的变化适时、适度地调整助跑距离。

④最后几步助跑技术。在步长相对稳定的情况下加快步频。最后几步的步长要体现队员的特点。

（2）起跳。

起跳时，队员应充分蹬伸，使身体获得向上的动力。

起跳阶段：起跳腿的大腿应积极前摆，并在起跳前保持较低的位置。起跳脚着地时，脚掌与脚跟几乎同时接触起跳板，同时摆动腿已开始折叠并迅速前摆跟上起跳腿。

缓冲阶段：起跳脚着地至膝关节弯曲程度最大时为缓冲阶段。缓冲时，膝关节弯曲角度要适宜，一般为135°～145°。上体要保持正直，身体重心处于相对较高的位置，两臂配合腿的动作继续摆动。

蹬伸阶段：蹬伸阶段从起跳腿膝关节最大弯曲时起，至起跳腿蹬离地面瞬间止。蹬伸时起跳腿的髋、膝、踝三个关节充分蹬直，躯干和头部保持正直。蹬伸动作应做到快速、积极、充分、有力。摆动腿大腿接近抬平，小腿自然下垂，两臂摆至体侧上方。

（3）腾空。

腾空是跳远过程中的关键环节之一，它要求队员在空中保持平衡，充分伸展身体，以获得最大的飞行距离。

蹲踞式腾空：队员在起跳后，上体保持正直，摆动腿的大腿部分继续向上摆动，起跳腿开始屈膝前摆。逐步靠拢摆动腿，逐渐在空中形成蹲踞式；同时要控制好身体的平衡和姿态，避免过早落地。

挺身式腾空：在起跳后，队员的身体在空中形成挺身姿势。起跳腿蹬伸后留在身体后面，挺胸抬头，上体保持正直。摆腿高抬，大腿摆至水平位置，小腿自然下垂。两臂的摆动是助跑摆臂的延伸动作。

走步式腾空：队员在空中形成类似走步的姿势，双腿交替向前摆动。

（4）落地。

落地时，尽量让身体保持正面朝前，脚掌先着地，屈膝缓冲，保持身体的稳定，避免受伤。（图5–2–11）

图5-2-11　跳远

（三）三级跳远

1. 介绍

三级跳远是一项队员于规定区域内，助跑后沿直线连续完成单脚跳、跨步跳和跳跃三次跳跃，以最远的落地点为成绩依据的运动，是一项技术性强、对队员身体素质要求较高的竞技项目。

2. 技术动作

一般来说，三级跳远的腾起角为：单脚跳时16° ~ 18°，跨步跳时12° ~ 15°，跳跃时16° ~ 20°。三跳的长度比例是单脚跳最长，跨步跳最短，跳跃次长。

（1）助跑。三级跳助跑方式和跳远基本相同。

（2）第一跳（单足跳）。

以右脚起跳为例。起跳时，两臂快速向前上方摆动，同时两腿迅速用力蹬地。蹬离地面时，蹬地角在50°～60°之间为宜，身体腾起角为16°～18°。离地后，在保持一段“腾空步”后，左腿开始向下、向后摆动，同时右腿迅速向前上抬起，小腿自然下垂，完成换步动作。

落地前，两臂自然摆至体后，右腿积极下压并以“扒”地的方式着地，着地支撑时，髋、膝、踝、关节应适度缓冲。

第一跳通过有力的摆臂和摆腿使身体腾空，并为整个过程提供一定的速度。在整个动作过程中，身体要保持协调。

（3）第二跳（跨步跳）。

第一跳起跳结束着地后，身体重心移到脚面正上方稍前位置，然后积极蹬伸踝、膝、髋三个关节起跳；同时，两臂快速向前上摆，提肩拔腰，身体向上伸展。此时身体腾起角应在12°～15°。

当左屈膝提拉式前摆至大腿接近水平时，髋关节积极前送。蹬地结束后，摆臂、摆腿要有瞬间的突停动作，然后保持腾空步姿势向前行（这时在空中要有短暂的放松动作）。

当左大腿一抬至水平面时，即顺势打开膝关节，大腿发力做下压鞭打和扒地动作。

落地支撑时，应先用全脚着地并迅速过渡到前脚掌。

（4）第三跳。

第二跳落地后，左腿成为起跳腿并支撑缓冲，身体重心积极前移。然后两臂和右腿向前上方用力摆动，同时左腿快速用力蹬伸。起跳时要注意用力伸髋和伸背，使上体前倾。最后用跳远的“蹲踞式”或“挺身式”空中姿势完成第三跳。

（5）落地。

双脚积极前伸，身体前倾。落入沙坑时，双腿屈膝缓冲，身体向前或向两侧倒地，尽量避免臀部后坐。（图5-2-12）

图5-2-12　三级跳远

四、投

（一）标枪

1. 介绍

标枪是古代劳动人民为了求得生存，在与大自然作斗争中为获取必需的生活资料而创造的一种原始投掷工具。后来，标枪逐渐发展成为作战武器。

在古希腊奥运会上，标枪被列为比赛项目。现代标枪运动始于19世纪的瑞典、希腊、匈牙利和芬兰等欧洲国家。标枪是一个比较复杂的多轴性旋转项目。它的完整技术是由肩上持枪经过一段预先助跑连接投掷步获得动量，通过爆发式的最后用力作用于标枪的纵轴上，将标枪经肩上投出去。

2. 技术动作

以下动作以右手投掷为例。

（1）准备姿势。

握枪：标枪应斜躺在手中，手掌向上，握枪手放松。常用的握法有拇指和食指握法、拇指和中指握法、食指和中指握法等，即右手贴着枪把下推，在绳结处用拇指和食指扣住或用拇指和中指扣住或用食指和中指扣住，其余三指自然握住，如图5-2-13所示。

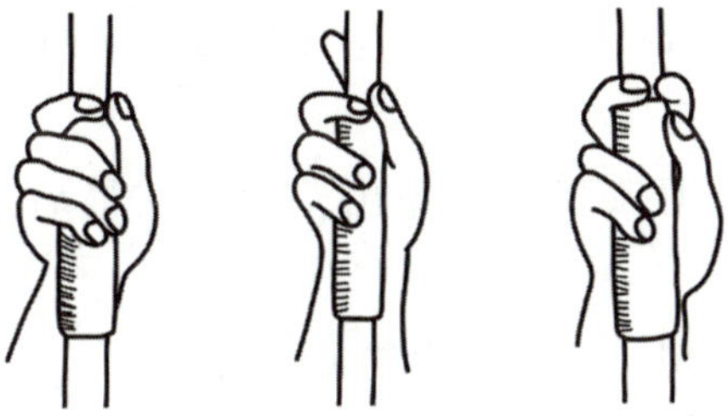

图5-2-13　握枪

持枪：双手持枪，手指位于枪管上端。持枪时，标枪可置于肩上或肩下，具体取决于队员的个人习惯和投掷策略。肩上持枪时，枪应稍高于头，枪头稍低于枪尾；肩下持枪时，枪尾朝后，枪尖朝前，便于前段助跑发挥速度。

（2）助跑。

预助跑：从第一标志线开始到第二标志线结束，要求自然放松，上体保持正直，跑的动作要有弹性和节奏性，同时需注意直线性。

投掷步：通常4～6步。始于左脚踏上助跑道第二标志线，随后右脚迈出，右肩转向后引枪，左肩靠近标枪。第二步左脚离地前迈，髋轴右转，右肩继续引枪，上体侧对投掷方向。第三步为交叉步，右腿前迈，左腿猛蹬，形成“满弓”姿势，需注意两脚落地时不应在同一水平线上，应在前后方，此时投掷臂伸直后引。第四步为衔接步，左脚掌内侧落地，右腿蹬地转髋，肩轴转向投掷方向，投掷臂上翻至肩上，左肩内收。

（3）最后用力与出手。

最后用力：最后用力阶段，右脚落下与地面形成锐角。此时腿部已超越躯干，肩轴、枪轴和髋轴平行。投掷臂保持伸展，左脚下落，做积极、稳固的支撑。

出手："背弓姿势"时，身体正面的肌肉被充分拉长。投掷肩向前推动，投掷肘内旋，手掌保持向上。右肘靠近头部向前上方拉动，投掷臂在出手瞬间尽可能接近垂直部位。手腕和手指做积极有力的甩腕动作，使飞进的标枪沿纵轴按顺时针方向自转。（图5-2-14）

图5-2-14　最后用力与出手

（4）注意事项。

保持平衡：在整个投掷过程中，队员需要保持身体平衡，避免因失去平衡而影响投掷效果。

控制力量：队员需要合理控制力量输出，确保在最后用力阶段能够充分发挥全身力量。

时机：投掷时要掌握好时机，确保标枪的飞行路径最佳。

（二）铅球

1. 介绍

铅球是田径运动的投掷项目之一，最早起源于古代人类用石块猎取禽兽或防御攻击的活动，后来逐渐演变成一项运动项目。

铅球比赛最初是在一条线后进行，可以采用原地和助跑投掷，后来为了限制助跑距离，比赛规则逐步演变为在一个方形区域内进行投掷，后又改为在直径2.135米的圆圈内进行，并要求铅球落在规定的投掷区内。投掷区的角度最初设定为90°，历经数次调整，最终确定为现今的40°角。

2. 技术动作

铅球的技术动作主要包括握持铅球、预备姿势、滑步或旋转以及最后用力与出手等关键步骤。下面以右手推铅球为例，对铅球技术动作进行详细解析。

（1）握持铅球。

握法：五指自然分开，将铅球放在食指、中指和无名指的指根处，大拇指和小指则扶在球的两侧。如果手腕和手指力量较强，可以将铅球的重心放在第一指关节；若力量较弱，则放在指根处。掌心要空出，不要触球。

（2）预备姿势。

右手持球放在肩上锁骨窝处时，使铅球贴紧颈部。背对投掷方向，两脚前后开立，比肩稍宽，左脚脚尖和右脚脚跟在同一水平线上。上体俯身转向右侧，右肘关节自然下垂，接近膝关节外侧。左臂自然前伸于头的左侧。左腿自然弯曲，用脚尖点地，使背部肌肉拉紧，眼看下方。

（3）滑步（以背向滑步为例）。

预摆动作：在做好预备姿势后，以稍微弯曲的左腿向投掷方向摆起，同时伸直右腿提踵，上体稍抬起。

滑步过程：当摆动腿摆到最高点时，右腿迅速弯曲下蹲，左腿屈膝回摆靠近右腿，使背部肌肉拉紧。紧接着迅速向投掷方向摆出左腿，右腿用力蹬地，并迅速伸直，推动身体重心很快地向投掷方向移动。当左腿即将回摆时，右小腿应快速收回。当右腿停止滑动的一刹那，左腿也迅速以脚掌内缘落地，左脚尖与右脚跟约在一条直线上。

注意事项：滑步要有直线性，身体重心起伏不宜过大。滑步结束时，要使身体形成较好的超越器械姿势，为最后用力做好准备。

（4）最后用力与出手。

用力过程：当滑步结束左脚接触地面的一刹那，右腿迅速蹬地，使身体重心继续向投掷方向移动。推动髋关节向左侧挺出，左腿用力支撑，造成快速有力的伸髋和抬体。右腿和髋关节做边蹬边转动作（逆时针）。

出手动作：当抬体将达到最高点时，左臂仍伸向头前，继续保持身体左侧和背部肌肉拉紧状态。直到身体重心移至支撑腿的上方时，右腿及时进行有力地蹬转，左臂迅速移到左肩左侧，自然弯曲，手心向外，使左侧形成支撑轴。随着右腿的蹬转，髋关节、上体和头部也迅速向投掷方向转动，同时进行以胸带肩、带臂，将铅球从指根滚向指尖，用手指向投掷方向猛力推出。

注意事项：在铅球离手的一瞬间，肘要抬平，支撑腿伸直，右肩稍高于左肩，出球的角度约为40°。

（5）维持平衡。

动作要求：铅球出手后，为了维持身体平衡，队员应迅速变换两腿位置，增强抵制能力，同时屈膝降低身体重心。背向滑步推铅球技术动作如图5–2–15所示。

图5-2-15　背向滑步推铅球技术动作

（三）铁饼

1. 介绍

铁饼是一项古老的体育运动，在古希腊的奥林匹克运动会上已被列为比赛项目。最初的铁饼是一个圆盘形的石头，后来逐渐演变为用铁或青铜等制成的铁饼，队员在石头台座上正面站立进行投掷。随着实践经验的积累和器械、场地、规则等方面的改变以及科学的不断发展，铁饼的技术有了很大的改进，由过去的正面站立、侧向站立和换步旋转投掷等方式，发展成为背向旋转投掷的技术，现在又出现了宽站立、低姿势、背向大幅度旋转投掷的技术。

2. 技术动作

（1）握饼。

五指自然分开，大拇指和手掌平靠住铁饼，其余四指的末节指头贴着铁饼边沿。在能控制住铁饼的原则下，四指末节扣铁饼略少为好。持铁饼臂自然放松下垂于体侧。

（2）预备姿势与预摆。

背对投掷方向，两脚左右开立约一肩半的距离，膝关节稍微弯曲。体重落在双脚脚前掌，铁饼向后摆动至左脚跟的垂直投影线上，躯干同时旋转，两臂保持在接近肩部的高度。

（3）旋转。

重心降低，持铁饼做两次预摆后旋转。

单腿支撑：左膝、左臂和左脚脚前掌向投掷方向同时积极转动。身体重量移过弯曲的左腿，投掷臂一侧的肩落在身体后面，右腿低平而大幅度地摆过投掷圈。

无支撑：当左脚趾指向投掷方向时，左脚向前蹬离。蹬离腿不完全伸展，保持低平跳跃。投掷臂高于髋部并落后于身体，右脚脚前掌向内侧积极落地。左臂向后折叠于胸前，左腿掠过右膝至投掷圈前部。

脚的位置：双脚间距大于肩宽，左脚脚前掌向左侧转动。右腿经过投掷圈外向投掷圈中央摆动，右脚脚前掌内侧落在投掷圈中央，左脚紧接着右脚迅速落地。

（4）最后用力。

过渡：右腿弯曲，右脚跟向投掷方向立即转动。左臂指向投掷圈后部，铁饼与头部同高，左脚紧接着右脚着地。

发力姿势：弯曲的右腿支撑身体重量，肩轴在右脚上方，铁饼在身体后面能够被看到（从侧面）。

加速过程：右腿爆发性蹬转，右髋向投掷圈前部转动，由于左腿伸展以及弯曲的左肘靠近躯干的制动作用，身体左侧突停。身体重量从右腿转移到左腿，在双脚同地面牢固支撑以及髋部完成转动动作后，投掷臂迅速挥动，铁饼以肩高或稍低于肩高的位置出手（双肩平行）。

（5）维持身体平衡。

铁饼出手后，降低身体重心，双腿迅速交换，右腿弯曲，身体上部下降，左腿向后摆动。利用惯性转体维持平衡。

铁饼技术动作如图5-2-16所示。

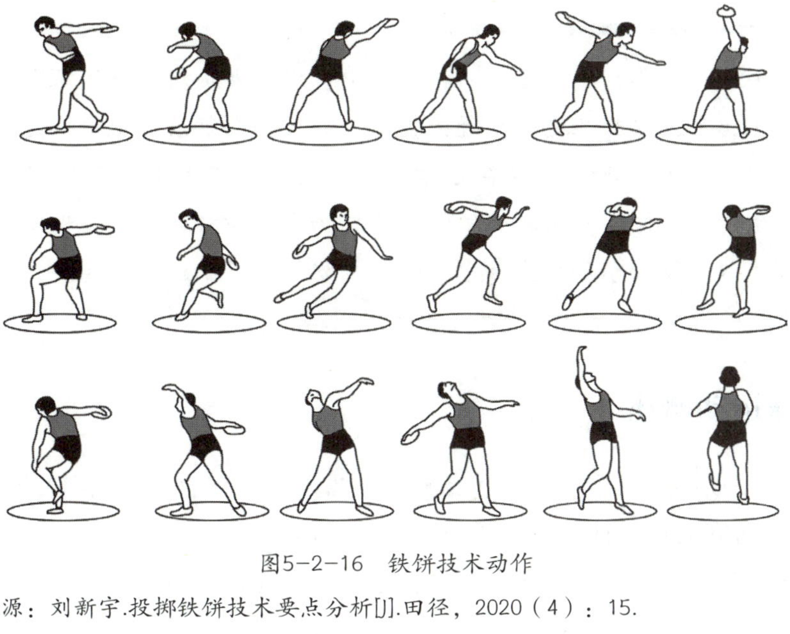

图5-2-16　铁饼技术动作

资料来源：刘新宇.投掷铁饼技术要点分析[J].田径，2020（4）：15.

第六章

球类运动

第一节　足球运动

○ 思政小课堂

在2022年2月6日举行的女足亚洲杯决赛中，中国女足对阵韩国队，在落后两球的局势下绝地反击，以3∶2逆转夺冠，重回亚洲之巅。落后、扳平、绝杀！完美诠释了女足精神，为祖国和人民赢得了崇高的荣誉。这充分展现了铿锵玫瑰的骄人风采，为学生树立了榜样，同时勉励学生要发扬奥运精神，学会整理心情、调整状态，以积极的心态投入学习和生活中。学生应积极学习中国女足精神，坚持不懈，永不言败，站在新起点，开启新征程，一起向未来。

一、足球运动概述

足球运动是一项以脚为主，控制和支配球，两支球队按照一定规则在同一块长方形球场上互相进攻、防守对抗的体育运动项目。因足球运动具有对抗性强、战术多变、参与人数多等特点，被称为“世界第一运动”。古代足球运动起源于中国的游戏“蹴鞠”，后经阿拉伯人传至欧洲，逐渐演变为现代足球运动。现代足球运动始于英国。1848年，足球运动历史上第一部文字形式的足球规则《剑桥规则》诞生。1863年10月26日，英格兰成立了世界上第一个足球协会——英格兰足球总会（FA），并统一了足球运动的竞赛规则。1872年，英格兰与苏格兰举行了足球史上第一次协会间的正式比赛。1900年，在第2届夏季奥林匹克运动会中，男子足球被列为正式比赛项目。足球在全球被广泛译为“football”，只有在美国等级少数国家被译为“soccer”，而“football”在美国、加拿大被译为“美式橄榄球”。20世纪五六十年代，我国的足球运动水平有了大幅度的提高，并在亚洲处于领先地位，与欧美强国具有一定的抗衡能力。1994年的中国足球职业联赛共有23支俱乐部球队参加，实行升降级制度，从此我国的足球运动步入职业化道路，更好地与国际足球运动接轨。

足球运动不仅具有增进健康，提高身体素质，增强心血管系统、呼吸系统等功能，还可以培养人的意志力、自制力、责任感及勇敢顽强、机智果断、团结协作等品质。现代足球运动已渗透到社会的很多领域，对振奋民族精神、弘扬民族文化具有重要作用。

二、足球基本技术

（一）运球

1. 脚背正面运球

运球时，身体自然放松，上体稍前倾，步幅稍小，两臂屈肘自然摆动。在运球脚提起时，膝关节微屈，脚跟提起，脚背绷紧，脚尖向下，在迈步前伸着地前，用脚背正面推拨球前进。(图6–1–1)

2. 脚内侧运球

运球时，支撑脚稍向前跨，踏在球的前侧方，膝关节稍弯曲，上体稍前倾。随着身体向前移动，运球脚提起，用脚内侧推球的侧后中部。(图6–1–2)

3. 脚背外侧运球

运球时，身体自然放松，上体稍前倾，两臂屈肘自然摆动，步幅稍小。运球脚提起，膝关节微屈，脚跟提起，脚尖稍内转。在迈步前伸着地前，用脚背外侧推拨球。(图6–1–3)

图6–1–1 脚背正面运球

图6–1–2 脚内侧运球

图6–1–3 脚背外侧运球

（二）运球过人

1. 拨球

拨球是用脚踝的拨动动作，以脚背内侧或脚背外侧触球，使球向侧方或侧前方滚动。用脚背内侧拨球的动作叫“里拨”(图6–1–4)，用脚背外侧拨球的动作叫“外拨”。(图6–1–5)

图6-1-4　拨球（里拨）

图6-1-5　拨球（外拨）

2. 扣球

扣球是指在球行进的过程中，以脚背内侧或脚背外侧触球，使球向侧后方停下或改变运行方向。用脚背内侧扣球的动作叫“里扣”，用脚背外侧扣球的动作叫“外扣”。（图6-1-6）

图6-1-6　扣球

3. 拉球

拉球是指用脚掌将球向前、向后或向左、向右做拖拉动作的运球方法。（图6-1-7）

图6-1-7　拉球

图6-1-7 拉球（续）

4. 挑球

挑球一般是指用脚背部位与脚尖翘起上挑的动作或用脚背上撩的动作，使球向上改变方向，从对手身侧或头上越过。（图6-1-8）

图6-1-8 挑球

（三）踢球

1. 脚内侧踢球

（1）脚内侧踢定位球。

直线助跑，支撑脚踏在球侧，膝关节微屈，脚趾指向出球方向。踢球腿以髋关节为轴由后向前摆动，膝、踝关节外旋，脚尖稍翘，以脚内侧对准球，当膝关节摆至接近球体上方时，小腿加速前摆。击球刹那，脚跟前顶，脚型固定，用脚内侧击球的中后部。（图6-1-9）

图6-1-9 脚内侧踢定位球

（2）脚内侧踢地滚球。

踢地滚球时，动作同脚内侧踢定位球，但要考虑来球的速度、方向及摆腿的时间，以调整支撑脚的选位，保证踢球腿能顺利摆踢发力。（图6–1–10）

图6–1–10　脚内侧踢地滚球

（3）脚内侧踢弧线球。

小腿略成弧线摆击，用脚内侧蹭踢球的侧面，使球侧旋运行。（图6–1–11）

图6–1–11　脚内侧踢弧线球

（4）脚内侧踢空中球。

大腿要抬起，小腿应拖后，利用小腿加速前摆击球，抬腿的高度和摆腿的时间应与来球速度相对应，并根据出球的目标调整击球部位。（图6–1–12）

图6–1–12　脚内侧踢空中球

图6-1-12　脚内侧踢空中球（续）

（5）脚内侧踢反弹球。

根据来球落点，及时移动到位，支撑脚的站位与落点应保持在踢定位球时支撑脚与球的相对位置。踢球腿摆动与踢定位球时相同。在球着地后刚弹离地面的瞬间用脚内侧击球的中后部。（图6-1-13）

图6-1-13　脚内侧踢反弹球

2. 脚背正面踢球

（1）脚背正面踢定位球。

直线助跑，支撑脚踏在球侧，脚趾指向出球方向，膝关节微屈。在支撑脚前跨的同时，踢球腿大腿顺势后摆，小腿后屈。踢球腿前摆时，大腿以髋关节为轴带动小腿前摆，当膝关节摆至接近球体上方时，小腿加速前摆，脚背绷直，脚趾扣紧，以脚背正面击球的中后部。击球后，踢球腿顺势前摆落地。（图6-1-14）

图6-1-14　脚背正面踢定位球

图6-1-14 脚背正面踢定位球（续）

（2）脚背正面踢反弹球。

准确判断来球落点、反弹时间和角度，选好支撑脚的位置，在球落地的刹那，踢球腿小腿加速前摆抢点击球，在球反弹离地时用脚背正面击球的中后部。（图6-1-15）

图6-1-15 脚背正面踢反弹球

（3）脚背正面踢地滚球。

支撑脚判断选位，踢两侧滚动来球时，脚趾对准出球的方向，击球部位应准确，以保证击球能发上力。对速度较快的来球，要通过摆踢力量和方向的调整，消除其初速度对出球方向的影响。（图6-1-16）

图6-1-16 脚背正面踢地滚球

（4）脚背正面踢空中球。

支撑脚的选位要稍远，以使踢球腿能顺利摆踢发力为原则，并可根据来球高度和出球目标选用抽击、弹击或摆击等踢球方法，踢球脚的大腿带动小腿急速向出球方向挥摆，用脚背正面踢球的后中部。（图6–1–17）

图6–1–17 脚背正面踢空中球

3. 脚背内侧踢球

（1）脚背内侧踢定位球。

斜线助跑，助跑方向与出球方向约成45°角，支撑脚踏在球侧后方，脚趾指向出球方向，膝关节微屈，眼睛看球，重心稍倾向支撑脚一侧。在支撑脚踏地的同时，踢球腿以髋关节为轴，大腿带动小腿由外向前略成弧线摆动，膝、踝关节稍外旋。当膝关节摆至接近球体的内侧上方时，小腿加速前摆。击球时，膝关节向前顶送，脚背绷直，脚趾扣紧指向斜下方，以脚背内侧击球的后中下部。击球后，踢球腿顺势前摆落地。（图6–1–18）

图6–1–18 脚背内侧踢定位球

（2）脚背内侧踢地滚球。

要考虑来球的速度、方向及摆腿的时间，调整支撑腿的选位，保证踢球腿能顺利地摆踢发力；斜线助跑，助跑方向与出球方向约成45°角，支撑脚踏在球的侧后方20 ~ 25厘米处，支撑脚脚尖指向出球方向，以便踢球腿的摆踢发力。在前摆过程中，脚尖要稍微翘起，以脚背内侧对准来球；保持脚掌与地面平行，以大腿带动小腿快摆击球；击球刹那，脚跟前倾，脚型固定，用脚背内侧击球的后中部。（图6–1–19）

图6-1-19　脚背内侧踢地滚球

（3）脚背内侧转身踢球。

助跑最后一步略带跨跳动作，支撑脚的脚趾和膝关节尽可能转向出球方向，击球点应在球的侧后部，并利用腰的扭转协助完成摆踢动作。以髋关节为轴大腿带动小腿由后向前摆动，当大腿摆至与支撑腿接近同一平面时，小腿做爆发式摆动，此时脚外转、脚背绷直，以脚背内侧部位触击球。（图6-1-20）

图6-1-20　脚背内侧转身踢球

4. 脚背外侧踢球

（1）脚背外侧踢定位球。

脚背外侧踢定位球动作方法类似于脚背正面踢定位球，只是摆踢时，脚背绷直，脚趾向内扣紧并指向斜下方，用脚背外侧击球的中后部。击球后，踢球腿顺势前摆着地。（图6-1-21）

图6-1-21 脚背外侧踢定位球

(2) 脚背外侧踢地滚球。

对踢球腿同侧的来球多用直线助跑，对踢球腿异侧的来球则多用斜线助跑，支撑脚要适当提前选位着地，其他动作则类似于踢定位球。(图6-1-22)

图6-1-22 脚背外侧踢地滚球

(3) 脚背外侧踢外弧线球。

支撑脚踏在球侧后方，踢球腿略成弧形摆踢，作用力方向与出球方向约成45°角，击球点在球内侧后部，脚型同踢定位球。击球后，踢球脚向支撑脚侧斜摆，以加大球的外旋力量。(图6-1-23)

图6-1-23 脚背外侧踢外弧线球

（四）接球

1. 胸部接球

（1）挺胸式接球。

挺胸式接球是一种主动迎球的接球方式，适用于接有一定高度的球。挺胸式接球首先要判断来球的落点，选择适当的接球位置。接球时，身体正对来球，两腿自然开立，膝微屈，两臂自然张开，上体稍后仰与来球形成一定的角度。触球的刹那，胸部主动挺送，使球触胸后向前上方弹起落于体前。

挺胸式接球的形式还有跳起、蹲跪和挺胸式接传球。跳起和蹲跪的技术要领同挺胸式接球一样，只是在接球前做跳起或蹲跪的动作，而挺胸式接传球是在其原有的基础上，在胸部触球刹那，突然改变挺送的方向，将球顺势传给自己的同伴。（图6–1–24）

图6–1–24　挺胸式接球

（2）缩胸式接球。

适用于接齐胸的平直球。缩胸式接球与挺胸式接球的动作差异在于触球刹那的动作。当球接近时，手臂向后放并张开胸部。当球触胸瞬间，迅速收腹、缩胸，缓冲来球的力量，使球落于体前。

胸部接球的触球点高，接球后下落反弹。因此，做完胸部动作后，需及时将球控制在脚下。如果要将球接向身体两侧时，在触球的刹那要突然转动身体，带动球变向。（图6–1–25）

图6–1–25　缩胸式接球

2. 脚部接球

（1）脚内侧接球。

脚内侧接球是一种常见的足球技术，可以帮助队员在比赛中更好地控制球，并传递给同伴或射门。

①脚内侧接地滚球。判断来球的速度和方向，及时调整身体正对来球，观察周围的情况，选好支撑脚的位置，膝关节微屈。接球脚根据来球的状态相应提起，膝、踝关节外展，

脚尖稍翘，用脚内侧对准来球方向并主动前迎。触球的刹那，接球部位做相应的引撤或变向接球，将球控制在所需要的位置上。（图6–1–26）

图6–1–26 脚内侧接地滚球

②脚内侧接反弹球。选择最佳支撑脚的位置，同时身体要跟上，接球腿小腿与地面形成一定的夹角，向下做压推动作时，膝关节要领先，小腿留在后面。（图6–1–27）

图6–1–27 脚内侧接反弹球

③脚内侧接空中球。选择最佳支撑脚的位置，根据来球确定接球的方向，接球腿要屈膝抬起，可根据需要采取引撤或切挡动作，接球落地后，应随即将球在地面控制住或控制在下一个动作的准备中。（图6–1–28）

图6–1–28 脚内侧接空中球

（2）脚背正面接球。

根据球的落点，及时移动到位，身体正对来球，判断来球路线和速度，支撑脚稳固支撑，接球腿屈膝提起，以脚背正面上迎下落的球，触球的刹那，接球脚引撤下放，膝、踝关节相应放松，以增强缓冲效果。（图6–1–29）

图6–1–29　脚背正面接球

（3）脚掌接球。

判断来球路线或落点，选好接球位置并稳固支撑，接球腿屈膝提起，脚尖勾翘，使脚掌和地面形成一定的仰角，球临近或落地的刹那，接球腿有控制地下放，用脚前掌部位触压球的中后部，将球接停在所需要的位置。

当采用脚掌接球时，为便于完成下一个动作，通常在脚掌触压球后连带一个拉引或推送动作，使球处在需要的位置上。欲将球接向身后，多用拉引动作。（图6–1–30）

图6–1–30　脚掌接球

（4）脚背外侧接球。

①脚背外侧接地滚球。在判断来球状况的同时，观察周围的情况，选好支撑脚的位置，运用合理的假动作或转体动作接球，接球腿屈膝提起，踝关节内翻，以脚背外侧对准来球。当球临近时，接球脚以脚背外侧推拨球的相应部位，将球控制在所需要的位置。（图6–1–31）

图6-1-31 脚背外侧接地滚球

②脚背外侧接反弹球。接反弹球时，要判断好球的落点，抢占有利的接球位置，或运用假动作和转体动作欺骗对手，接球腿小腿应与地面形成一定的夹角，以膝关节领先做扣压动作，防止球的反弹。（图6-1-32）

图6-1-32 脚背外侧接反弹球

3. 大腿接球

（1）接下落高球。

身体正对来球，选好支撑脚位置并稳固支撑，接球腿屈膝上抬，以大腿中前部对准来球。触球瞬间，接球腿积极引撤下放，接球部位的肌肉相应放松，以加强缓冲的效果，使球触腿后落于体前。接力量较小的来球，还可采用大腿垫接的方法，即接球腿屈膝上抬迎球接球，接球的刹那，大腿相对稳定，接球部位肌肉适度紧张，将球向上垫起。用大腿接球，既可在球落地前处理球，也可待球落地后将球控制在脚下。（图6-1-33）

图6-1-33 接下落高球

（2）接平直空中球。

球的高度不过腰间。身体正对来球，支撑脚向前跨出屈膝，接球腿膝关节向下，大腿与地面垂直或小于90°。在触球的刹那，接球腿积极引撤，接球部位的肌肉也相应放松，以加强缓冲的效果，使球触腿后落于体前。（图6–1–34）

图6–1–34　接平直空中球

4. 头部接球

身体正对来球，选好支撑脚位置并稳固支撑。当球接近时，身体不要向后倾斜过多，维持身体姿势保持平衡，用前额部位对准来球，接球瞬间，稍屈膝下蹲，颈部适当放松，缓冲来球力量，使球触头后落于体前。接力量较小的来球，还可采用头垫接的方法，即接球时头部、肩部有缓冲动作即可。用此方法接球，既可在球落地前处理球，也可待球落地后将球控在脚下。（图6–1–35）

图6–1–35　头部接球

（五）头顶球

头顶球是指队员用头的某一部位原地或跳起顶击球的技术，分为前额正面顶球和前额侧面顶球两种。

1. 前额正面顶球

（1）前额正面原地顶球。

身体正对来球，两脚前后站立或左右站立，膝关节微屈，两眼注视来球，上体稍后仰，两臂自然张开，挺胸展腹，下颌收紧。顶球时，蹬地、收腹、摆体、顶送发力，当头摆至身体垂直部位时，用前额正面顶击球的中后部，顶击球的瞬间，颈部肌肉保持紧张，顶球后继续前送，以便控制出球的方向。（图6–1–36）

图6–1–36　前额正面原地顶球

（2）前额正面转身顶球。

身体稍侧对来球，出球方向一侧的支撑脚靠前站立，以便转体发力。击球的刹那，后脚用力向出球方向蹬转带动身体转动。当身体转向出球方向时加速摆体，用前额部顶击球。（图6–1–37）

图6–1–37　前额正面转身顶球

（3）前额正面跳起顶球。

跳起顶球一般使用单腿起跳。选好起跳位置，两脚前后站立，维持身体平衡，掌握好起跳时机，起跳脚积极蹬跳发力，手臂协调向上提摆，以加强跳起力量。起跳后，挺胸展腹，形成背弓，两眼始终注视来球。跳至最高点时，迅速收腹摆体，下颌收紧，前额积极

迎球顶送发力，顶球后屈膝缓冲落地时，看清球的飞行路线，以便进行下一步动作。(图6–1–38)

图6–1–38　前额正面跳起顶球

(4) 鱼跃顶球。

准确判断来球，掌握好起跳的时机和击球点，利用积极后蹬使身体向前水平跃出，两臂微屈前伸，眼睛注视来球，利用身体的水平冲力将球顶出。击球后，两臂屈肘伸手撑地，随后胸、腹和大腿依次缓冲着地。

2. 前额侧面顶球

(1) 前额侧面原地顶球。

选择好击球的方向，身体稍侧对来球，两脚自然前后站立，击球一侧的支撑腿在前，身体稍向侧后微屈，重心落在后腿上，两臂自然张开，眼睛注视来球。顶击球时，后脚向击球方向猛力蹬伸，身体随之向出球方向转动侧摆，同时颈部侧甩发力，用额头侧部将球顶出。(图6–1–39)

图6–1–39　前额侧面原地顶球

(2) 前额侧面跳起顶球。

动作类似前额正面的跳起顶球，但在起跳上升阶段，上体应向出球的相反方向侧屈转体。跳至最高点时，上体向出球一侧加速转动，摆体侧甩，可利用脚向侧下方蹬地的力，提高侧摆速度，用前额侧面将球顶出。（图6–1–40）

图6–1–40 前额侧面跳起顶球

三、足球基本战术

（一）局部战术

1. 局部进攻战术

局部进攻战术是指进攻中两名或两名以上队员之间的配合方法，它是集体配合的基础。局部进攻战术的基本配合形式有传切配合、交叉掩护配合和二过一配合。

（1）传切配合。

传切配合是指控球队员将球传给切入的进攻队员的配合方法，是局部进攻战术中运用最多的方法。传切配合的形式有局部传切配合和长传转移切入。（图6–1–41）

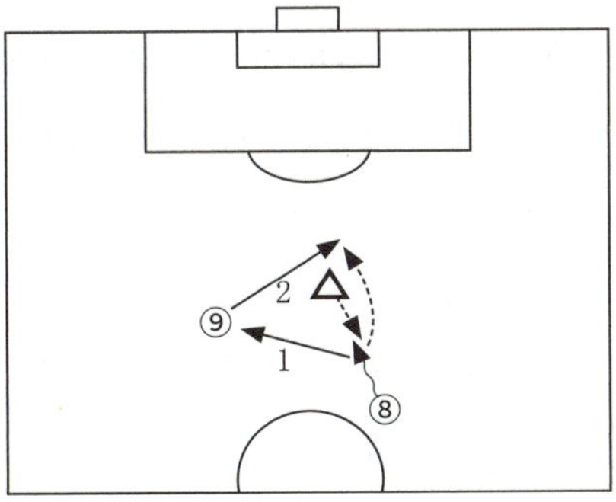

图6–1–41 传切配合

①局部传切配合。按传切的线路可分为直传斜切、斜传直切。

②长传转移切入。一侧进攻受阻，长传转移到另一侧，切入队员得球后展开进攻。

（2）交叉掩护配合。

交叉掩护配合是指在局部场区两名进攻队员在运球交叉换位时，以自己的身体掩护同

伴越过防守队员的配合方法。(图6-1-42)

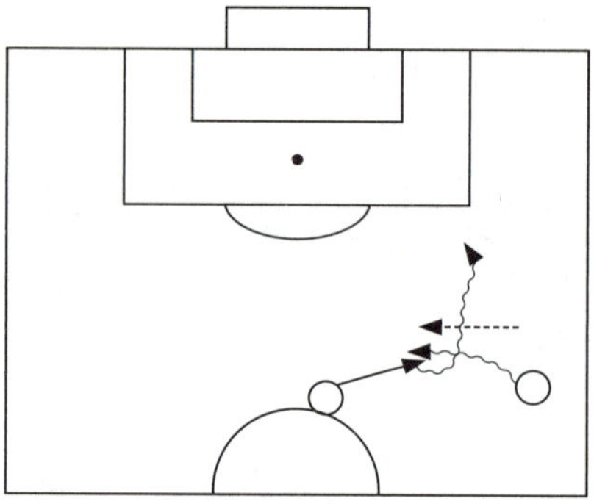

图6-1-42　交叉掩护配合

(3) 二过一配合。

二过一配合是指在局部场区两名进攻队员通过两次连续传球配合，越过一名防守队员的配合方法。根据传球和跑位的路线，二过一配合的形式有斜传直插二过一配合、直传斜插二过一配合、踢墙式二过一配合和回传反切二过一配合。

①斜传直插二过一配合。当防守队员身后有一定空当，防守队员距插入队员较近时，采用此配合效果较好。(图6-1-43)

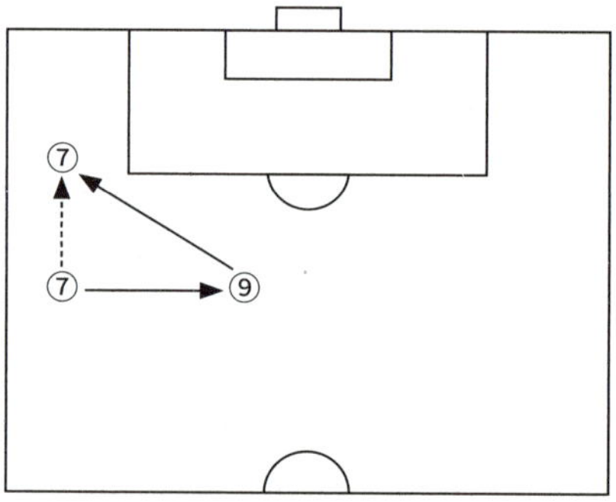

图6-1-43　斜传直插二过一配合

②直传斜插二过一配合。当防守队员身后有较大空当或防守队员移向接应队员时，采用此配合效果较好。需注意直传球力量要适当。(图6-1-44)

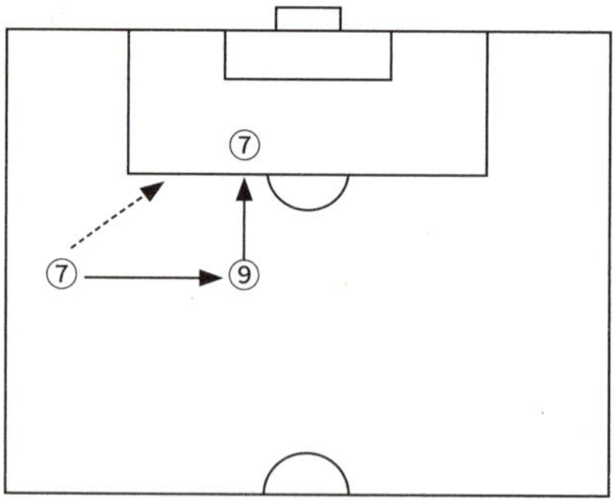

图6-1-44　直传斜插二过一配合

③踢墙式二过一配合。当防守队员身后有较大空当或防守队员移向接应队员时，采用

此配合效果较好。需注意直传球力量要适当。(图6–1–45)

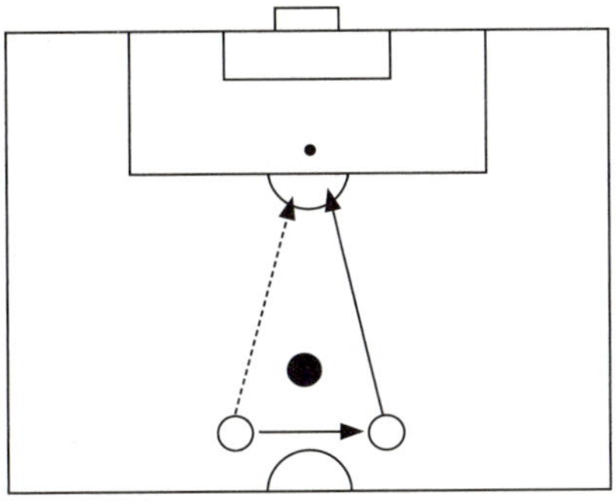

图 6–1–45 踢墙式二过一配合

④回传反切二过一配合。当接应队员与控球队员有一定的纵深距离，而且防守队员贴身逼抢时，可主动向后扯动，拉出空当，采用此配合。(图6–1–46)

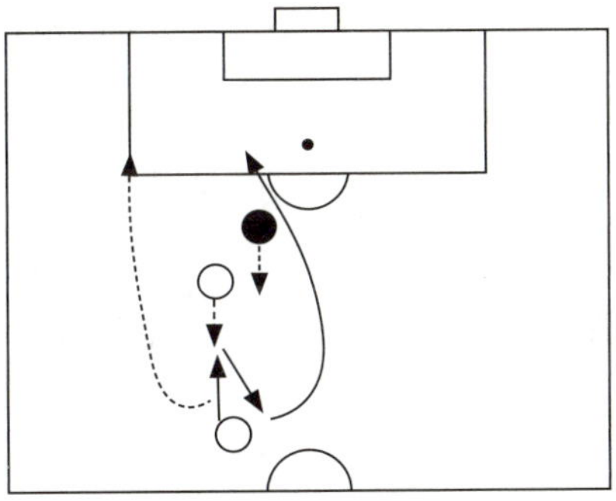

图6–1–46 回传反切二过一配合

2. 局部防守战术

(1) 保护。

保护是指给逼抢持球队员的同伴心理和行动上的支持，使其无后顾之忧，全力以赴紧逼对手。一旦被持球队员突破，保护队员可及时补防，堵住进攻路线或夺回控球权。如果逼抢队员夺得了控球权，保护队员可以及时接应发动进攻。保护时需注意以下几点。

①保护队员与逼抢队员的距离是动态变化的，根据不同场区应有所不同：后场3 ~ 5米，中前场4 ~ 8米。根据持球队员的不同特点也应有所变化，对技术型队员距离应近些，对速度型队员距离应稍远些。

②保护队员需根据临场具体情况随时调整角度。如果同伴堵内放外，保护队员选位角度应偏向外线；如果同伴堵外放内，保护队员选位角度应偏向内侧，配合同伴形成夹击之势。

③保护队员选位时还应考虑双方人数的对比。二防一时，全力保护、夹击；二防二时，既要保护同伴防突破，又要兼顾自己应盯防的对方接应队员；二防三时，主要是延缓对方的进攻速度，为其他队员争取回防的时间。

④保护队员还要通过语言指挥同伴抢截和选位，同时让同伴知道自己的保护位置，使防守配合更加协调、有效。

（2）补位。

补位是指防守队员为弥补同伴在防守中出现的漏洞而采取的相互协助的战术配合。在比赛中，通过同伴间的相互补位，使防守保持较多的层次，以有效地遏制和破坏对方的进攻行动，变被动为主动。补位的形式包括以下几种。

①当前卫或后卫队员插上进攻造成退守不及时，邻近的队员应暂时弥补其空位，以防对方利用这一空当进行快速反击。

②当同伴被突破后，保护队员要及时补位防守，将球夺回来或阻断其进攻路线。被突破的队员应立即后撤，选择适当位置转为保护队员。

③守门员出击时，后卫队员要及时回撤到球门线附近，弥补守门员的位置，防止守门员出击失误，对方突然射空门。

（3）围抢

围抢是指两名以上的防守队员从多方位夹击对方的控球队员，把球抢夺回来或破坏掉的战术配合。围抢时需注意以下几点。

①在围抢的局部地点，守方人数占有优势，而且距离较近，思想统一。

②被围抢的队员尚未控制好球时，其附近又没有接应队员或传球路线时应及时围抢。

③在边、角场区，对方观察角度较差或在守方门前接球、运球、射门时，应坚决展开围抢封堵。

（二）整体战术

1. 整体进攻战术

整体进攻战术是指为了完成进攻战术任务所采用的全局性的进攻配合方法。依据进攻的方向可分为边路进攻、中路进攻和转移进攻，还包括快速反击、层次进攻和破密集防守的进攻。

（1）边路进攻。

边路进攻一般是指进攻的最后阶段发生在前场罚球区线以外靠近边线区域的进攻。边路进攻的发起、推进通常有两种渠道：一是进攻过程始终沿边路而行；二是通过中路转移至边路。（图6-1-47）

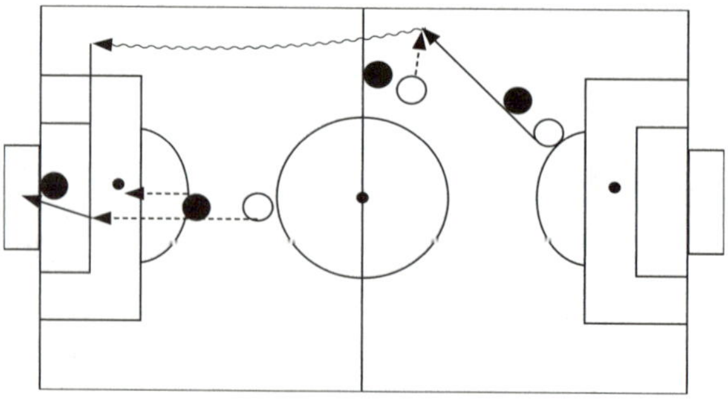

图6-1-47　边路进攻

①边路进攻的方式。采用边路进攻打法，主要目的在于充分利用“宽度”原则，拉开防守面，削弱中路的防守力量，创造中路破门得分的有利战机。边路进攻方式有边路运球突破、边锋与中锋或前卫二过一配合、边锋与中锋交叉换位配合、前卫套边配合、后卫插上配合等。

②边路进攻传中的方式。边路进攻传中的方式有外围传中、边路传中、下底回扣传中和两肋切进传切配合等。

外围传中是指在与球门线平行的罚球区线以外的边路进行传中。采用外围传中有两种情况：一是对方来不及组织防守，与攻方队员同时面向球门跑动时，应在外围及时传中，创造中路射门机会；二是边路进攻受阻，中路有头球较好的高大中锋，可在外围利用中锋头球射门或头球摆渡，制造射门机会。

边路传中是指在平行于边线的罚球区线外侧的边路进行传中。如对方已在罚球区前沿组织好防线，此时可以利用边路突破横向扯动对方的防线，利用边路传中制造射门机会。

下底回扣传中是指边路突破后沿球门线切进罚球区内，在中卫封堵之前采用低球回扣传中，由同伴在中路抢点射门。

两肋切进传切配合是指从罚球区前角，由边路走内线，或由中路分球边路时，从后卫与中后卫接合部位切进去，与中锋和前卫传切配合，突破后直接射门。遇到拖后中卫封堵时，可用隐蔽性回传球，创造射门机会。

（2）中路进攻。

中路进攻通常是指进攻最后阶段发生在前场中间区域的配合。中路进攻一般来自中路直向推进和边中转移两种形式。中路进攻一般说来比边路进攻更具有威胁性和直接性。由于中路防守人员密集，所以进攻的难度很大，但若成功，则威胁也很大。（图6–1–48）

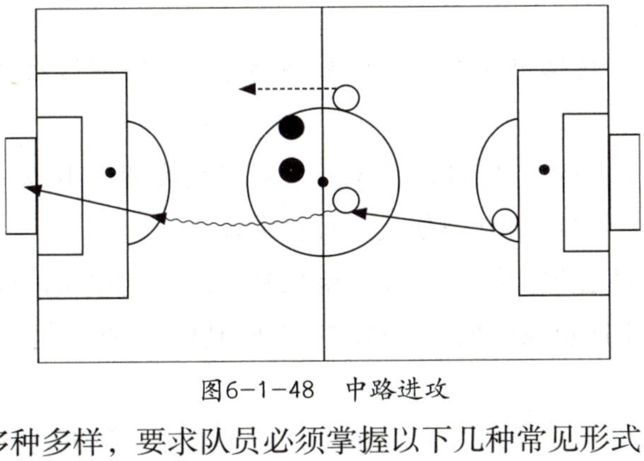

图6–1–48　中路进攻

中路进攻的方式多种多样，要求队员必须掌握以下几种常见形式。

①运球突破中远距离施射，或利用个人娴熟控运技术突破后冷静射门。

②中场突破空间小、时间短，在对方人缝中利用二过一配合或传切配合突破防守并射门。

③中锋与前卫或边锋利用斜向运球交叉换位，掩护同伴突破防守并射门。

④中锋回撤将对方中卫拉出来再反切接球突破射门。

⑤横扯插上配合。由中锋跑位扯动，拉开防守队员，制造出第二空当，前卫队员突然插上射门。

⑥头球摆渡配合。当地面配合难以突破对方防守时，可运用外线吊球，利用中路攻击队员的身高和头球优势争顶摆渡，边锋或前卫队员插上射门。

⑦任意球战术配合，有声东击西、假装内讧、快发任意球、跪在人墙面前等方法。

（3）转移进攻。

转移进攻是指由一个区域转向另一个区域的进攻配合，一般有中路进攻受阻时转移到边路组织进攻，或边路进攻受阻时转移到中路组织进攻，或由一侧边路转移到另一侧边路的进攻。转移进攻的特点是：充分利用场地的空间和足球比赛进攻没有时间和传球次数限制的规则，及时转移攻击点，迫使对方防线横向扯动，出现空当，从而成功地突破防线。(图6–1–49）

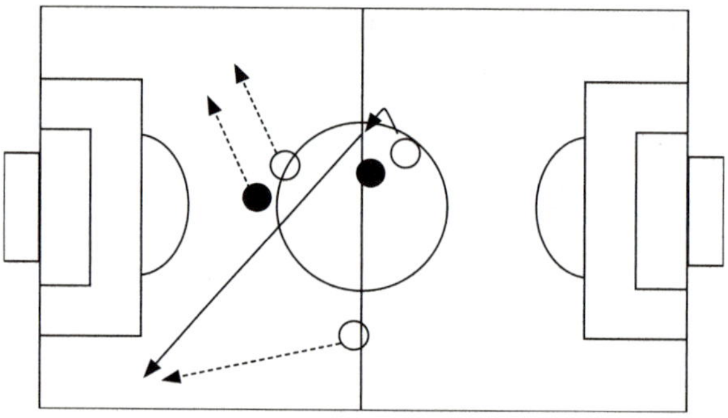

图6–1–49　转移进攻

转移进攻应做到以下几点。

①进攻受阻的明显标志是防守局部人数明显超过进攻局部人数，而且防守能力很强，此时应及时转移进攻方向。

②队员的视野要广，转移进攻点的意识和观察分析、审时度势的能力要强，这样才能及时把握转移的时机。

③转移进攻最好有组织者和信号，组织者一般应是突前前卫或拖后前卫。进攻受阻时应及时回传给他（这就是信号），并由他及时转移进攻点。

④转移进攻时，全队思想要统一，行动要积极。由一侧边路进攻转移到另一侧边路进攻时，只有前卫、边后卫队员及时插上，进攻才会收到较好的效果。

（4）快速反击。

快速反击是指防守方在获得球权后，在对方尚未形成稳固防守态势时，队员通过直传冲吊或快速转移进攻场区，从而创造射门机会的配合。(图6–1–50）

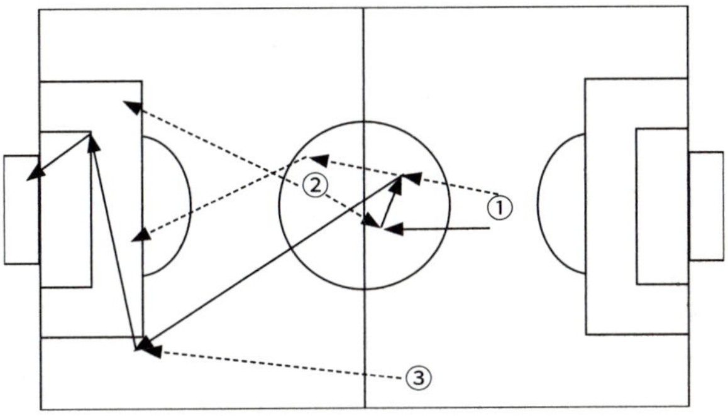

图6-1-50　快速反击

快速反击的发动时机包括以下几个。

①抢截到对方的传球后。

②抢到对方脚下控制的球后。

③对方进攻中犯规而被判罚任意球时。

上述机会是否能被充分利用，最为关键的因素在于能否合理运用“快”和“准”。据统计，每支球队每场比赛快速反击的次数虽然仅占总进攻次数的15%左右，但快速反击进球数却占总进球数的50%左右。因此，快速反击越来越受到重视。

（5）层次进攻。

层次进攻是指有组织、有步骤、层层推进的一种进攻方式。它一般发生在对方已组织好防守的情况下。层次进攻是一种比快速反击更慎重的进攻打法。如果速度和冒险是快速反击的特点，那么准确和稳妥则是层次进攻的特征。层次进攻对进攻方运用场地的宽度、渗透的原则和控制比赛节奏的意识与能力以及跑位和传球配合的要求较高。（图6-1-51）

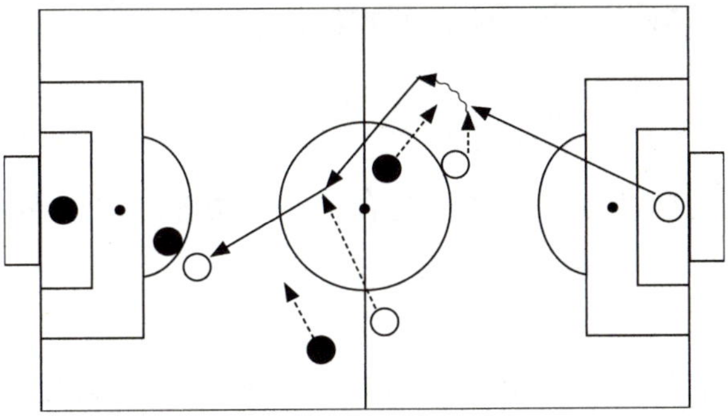
图6-1-51　层次进攻

（6）破密集防守的进攻。

破密集防守的进攻是指针对对方全队收缩在后场、防守人员密集情况下的进攻配合。（图6-1-52）

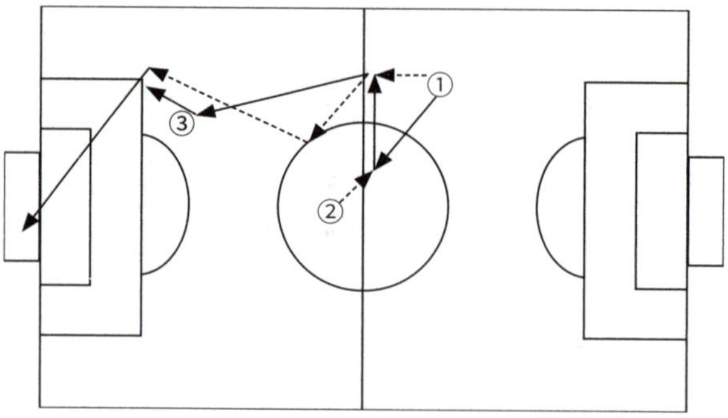

图6-1-52 破密集防守的进攻

破密集防守的进攻方法包括以下几种。

①拉开进攻的宽度。横向扯动拉开对方的防线，使中路出现空当，然后传中创造射门机会。

②传切配合。进攻队员要连续地进行无球穿插跑位。防守队员有时只注意看球，容易暴露防守漏洞，这时进攻队员要不失时机地从防守队员身后切入，并及时向切入同伴的跑动路线上传球，创造射门机会。

③运球突破。要敢于运球突破对方防线，果断射门或突破后为同伴创造射门机会。

④二过一配合。进行小范围内连续、快速、多变的直接二过一配合。

⑤外围高球吊中。在场上配合受阻的情况下，采用外围高球吊中，利用内线队员交叉跑位和高大中锋头球直接射门或摆渡创造射门机会。

⑥插上远射。外线队员利用内线队员拉出的空当及时插上，直接远射，内线队员多点包抄或补射。

⑦任意球配合射门。制造罚球区附近的直接任意球机会。组织简捷、有效的任意球配合已成为破密集防守的重要手段。

2. 整体防守战术

整体防守战术是指全队所采取的防守配合。整体防守战术按形式分为人盯人防守、区域盯人防守和混合防守。

（1）人盯人防守。

人盯人防守是指一种除自由防守队员以外，其他队员都有固定盯人对象的防守形式。这种打法突出的特点是：在全场攻守的每一个时间和空间，两两对垒的情况总是使每名进攻队员始终处于压力之中。人盯人防守时应做到下列要求。

①每名队员必须具有较强的个人作战能力。

②同伴之间相互协作。当同伴盯人失误时，邻近队员要根据场上情况，进行迅速、灵活的补位，以保全整体人盯人防守的严密性。

③每名防守队员必须有较好的体能。因为在全场范围内，防守队员需始终不停地奔跑和逼抢。

（2）区域盯人防守。

区域盯人防守是指每名防守队员占据一定的活动区域，当进攻队员进入该防区时，区域防守队员实施严密盯人，以控制进攻队员在此区域的一切有效行动。区域盯人防守规定了每名防守队员的明确任务，但同伴之间仍需必要的协作，当某一区域盯人防守失败时，邻近队员应及时补位，被突破防守队员应及时地与他换位，以求整体防守的有效性。区域盯人防守要特别注意各区域间交界处的防守，因为这些交界处常常由于防守职责不明确而给对方进攻队员带来可乘之机。

（3）混合防守。

混合防守是人盯人防守和区域盯人防守两种形式交织在一起的防守打法。其最大特点是能根据对手的情况，灵活地将人盯人防守和区域盯人防守的优点充分运用，以提高全队防守的效率。混合防守通常是选择体力好、作战能力强的队员以人盯人防守的方式盯住对方的核心队员，其他队员采用区域盯人防守的方式。例如，对对方中场组织者和前场得分手实施人盯人防守，对其他队员采取区域盯人防守。

常用的防守打法有以下几种。

①向前逼压式打法。向前逼压式打法是指丢失控球权后，不是回撤消极防守，而是立即对球、对空间进行逼压，降低对方的进攻速度，迫使对手犯错误，将球破坏或夺回来。

在一场高水平的足球比赛中，双方攻守转换的次数为300次左右，但只有15% ~ 20%是死球转让，80% ~ 85%的控球权都是经过激烈争夺而获得的。52.5%的进球来自前场重新夺球，29.7%的进球来自中场重新夺球。另外，前场夺球进球的可能性是后场的7倍。采用向前逼压式打法及时将球夺回来，组织二次进攻，此时是对方防守队员思想最麻痹、防守行动最迟缓的时刻，反击的成功率也最高。

这种打法有如下要求。

A.由攻转守时，即使中、前场队员在体能消耗很大的情况下，也要立即就地逼抢，必须具备全攻全守的战略意识。

B.保持紧密队形。本队进攻时，前卫、后卫及时压上，这是逼压式打法的基础。只有这样，丢球后才能立即形成有效的防守队形。

C.具备良好的体能和顽强的意志。尤其是速度和耐力更为重要，只有具备了良好的速度和耐力素质，才能在攻守快速、频繁的转换中全身心地投入攻守活动的全过程。

②层次回撤式打法。层次回撤式打法既不同于消极回撤防守，又不同于向前逼压式打法，而是分层次、有步骤、有组织的防守打法。第一层次是在丢球后，离球最近的队员立即逼抢，附近队员堵截传球路线，延缓进攻，争取回防时间；第二层次是其他队员迅速回位，既要选位盯人，又要以球为中心，按场区分主次，组成相互支持和保护的纵深防守队形及体系；第三层次是在稳固防守的基础上，变被动防守为主动争夺球权，即变防守为进攻。

③快速密集式防守。快速密集式防守是一种缩小防范区域、集中防守主要力量于门前危险地带，仅留1～2名队员于中场附近的防守形式。其主要特点是防守人数多，可乘空隙小，渗透性进攻配合较难。因此，进攻方破门的难度也相对较大。但此种防守方法会影响由守转攻时的反击速度。所以，一般而言，这种防守打法更多地用于对付明显强于自己的对手。一旦转守为攻，尽量运用长传反击，少运用横传和回传。

这种打法有如下要求。

由攻转守时，密集防守的队员必须迅速回撤，站好各自的位置。

由守转攻时，拿球队员应尽可能通过长传为前场队员传球，力求形成出其不意、攻其不备、以快制胜的战术效果。

四、足球比赛规则简介

（一）比赛场地

边线必须长于球门线。长度（边线）：最短90米，最长120米；长度（球门线）：最短45米，最长90米。

国际比赛场地尺寸为长度（边线）：最短100米，最长110米；长度（球门线）：最短64米，最长75米。

两根球门柱内侧之间的距离为7.32米，从横梁下沿至地面的距离为2.44米。（图6–1–53）

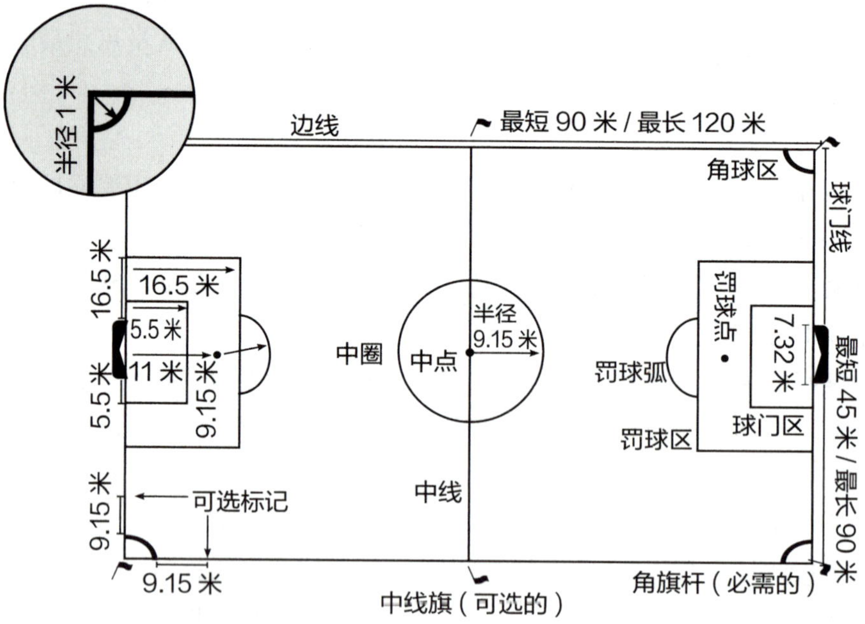

图6–1–53　足球比赛场地示意图

（二）比赛规则

1. 比赛时间

一场比赛分为两个45分钟相同时长的半场。队员享有中场休息的权利，休息时间不得超过15分钟。

2. 场上队员人数与替换人数

一场比赛由两队参加，每队最多可有11名上场队员，其中1名必须为守门员。如果任何一队场上队员人数少于7人，则比赛不得开始或继续。

国际足联、各洲际联合会或各国足球协会可决定在其正式赛事中可使用的替补队员人数，但最多不能超过5人次替换。涉及顶级联赛球队一队或成年国家队A队的男子、女子赛事，如果竞赛规程允许最多使用5名替补队员，则每队最多可执行3次替换程序，在中场休息阶段可执行额外的替换程序。

3. 比赛判罚

只有在比赛进行中犯规或违规，才可判罚直接或间接任意球，以及罚球点球。

如果裁判员认为，一名场上队员草率地、鲁莽地或使用过分力量对对方队员实施如下犯规，则判罚直接任意球：冲撞、跳向、踢或企图踢、推搡、打或企图打（包括用头顶撞）、用脚或其他部位抢截、绊或企图绊。

如果一名场上队员犯有如下行为时，则判罚间接任意球：以危险方式进行比赛；在没有身体接触的情况下阻碍对方行进；以语言表示不满，使用攻击性、侮辱性或辱骂性的语言和/或行为，或其他口头的违规行为等。

在比赛恢复前，所有对方队员必须距球至少9.15米，除非已经处在本方球门柱之间的球门线上；守方队员在本方罚球区内罚任意球时，处在罚球区外。

罚任意球时，如果对方队员距离球不足规定的距离，除非可掌握有利，否则应重罚任意球。如果队员快速罚出任意球，随后距球不足9.15米的对方队员将球截获，裁判员允许比赛继续。然而，故意阻止对方快速发球的队员必须以延误比赛恢复为由予以警告。

当任意球踢出时，一名进攻队员距离防守方3人或3人以上组成的“人墙”不足1米，将被判罚间接任意球。

4. 掷界外球

当球的整体从地面或空中越过边线时，由最后触球队员的对方掷界外球。界外球不能直接掷进球门得分：如果球直接掷入对方球门，判踢球门球；如果球直接掷入本方球门，判踢角球。在掷出球的瞬间，掷球队员必须：站立面向比赛场地；任何一只脚的一部分在边线上或在边线外的地面上；在球离开比赛场地的地点，用双手将球从头后经头顶掷出。所有对方队员必须站在距离应掷球的地点所对应的边线上的至少2米的位置。掷球队员在其他队员触及球前不得再次触球。

5. 越位

（1）越位位置。

①处于越位位置并不意味着构成越位犯规。

②队员处于越位位置，如果其：头、躯干或脚的任何部分处在对方半场（不包含中线），且头、躯干或脚的任何部分较球和对方倒数第二名队员更接近于对方球门线。

③队员不处于越位位置，如果其：与对方倒数第二名队员齐平或与对方最后两名队员齐平。

（2）越位犯规。

一名队员在同队队员传球或触球的一瞬间处于越位位置，该队员随后以如下方式参与了实际比赛，才被判罚越位犯规。

①在同队队员传球或触球后得球或触及球，从而干扰了比赛。

②干扰对方队员，包括通过明显阻碍对方队员视线，以妨碍对方队员处理球，或影响其处理球的能力，或与对方队员争抢球，或有明显的试图触及近处的来球的举动，且该举动影响了对方队员，或做出影响对方队员处理球能力的明显举动。

③在如下情况发生后触球或干扰对方队员，从而获得利益：球从球门柱、横梁、比赛官员或对方队员处反弹或折射过来；球从任一对方队员有意救球后而来。

6. 比赛进行与停止

①比赛进行。所有其他时间，如果球接触了比赛官员，或从球门柱、横梁、角旗杆弹回并且仍在比赛场地内，均为比赛进行中。

②比赛停止。当出现如下情况时，比赛即为停止：球的整体从地面或空中越过球门线或边线；裁判员停止了比赛；球接触了比赛官员后仍在比赛场地内，并且任一队开始了一次有希望的进攻，或直接进入了球门，或控球球队发生了转换。在上述情况下，比赛以坠球恢复。

7. 确定比赛结果

①进球得分。当球的整体从球门柱之间及横梁下方越过球门线，且进球队未犯规或违规时，即为进球得分。

②获胜队。进球数较多的队伍为获胜队。如果双方球队没有进球或进球数相等，则该场比赛为平局。

③点球决胜。在比赛结束后执行罚球点球决胜程序，除非有其他规定，否则按竞赛规则相关内容执行。在比赛中已被罚令出场的队员不得参与罚球点球决胜；在比赛中已执行的劝诫与警告，不带入罚球点球决胜阶段。

第二节　篮球运动

○ 思政小课堂

中国女篮用行动传递着凝聚人心的力量，姑娘们以三连胜结束了东京奥运会资格赛。首场比赛她们以86：76战胜英国队，第二场“创造奇迹”般地以2分优势击败世界排名第三的西班牙队，末场又以100：60大胜韩国队，中国女篮是我们的榜样。在技术学习中，借鉴女篮精神，运用小组合作学习，培养学生的合作意识，提高合作能力，适应社会发展的需要；为学生营造宽松和谐、愉快思考、尝试体验的空间，激发学生的运动兴趣。

一、篮球运动概述

篮球运动是美国马萨诸塞州斯普林菲尔德市（又译为春田市）的体育教师詹姆斯·奈史密斯于1891年发明的。由于冬季的马萨诸塞州十分寒冷，难以在室外开展体育活动，于是奈史密斯便将室外游戏移至室内，并初步设计了简单的游戏规则。在人们的积极参与下，篮球运动的规则也不断完善，篮球运动日渐成为美国最受欢迎的球类运动。随着篮球运动在世界范围内的推广，1932年在瑞士日内瓦成立了国际业余篮球联合会（现改名为“国际篮球联合会”，以下简称“国际篮联”），进一步完善竞赛规则并促进推广。1936年，男子篮球成为第11届奥运会的正式比赛项目，使得篮球运动日益成为深受大众喜爱的国际性竞技体育运动项目。1895年，篮球运动传入我国天津，并于1896年举办了我国第一次篮球比赛，此后逐步由天津向华北地区、华东地区、华南地区及华中地区的青年会组织、学校流行与传播，并逐步推向社会，成为广大人民群众喜闻乐见的体育运动项目之一。现代篮球运动在国际篮联的精心组织下，以更加严格、规范的比赛规则开展各类竞赛活动，充分体现出篮球运动的对抗性和竞争性，能够在竞赛中展现出胜不骄、败不馁的意志品质，从而有利于人的全面发展。

二、篮球基本技术

（一）移动技术

1. 起动

起动是指队员在比赛中由静止变为运动的动作，能够获得位移初速度并有效衔接其他动作。起动时，队员重心要降低，上体要前倾，两臂微屈自然垂于体侧，后脚前脚掌或异侧脚蹬地，手臂跟随摆动。（图6-2-1）

图6-2-1 起动

2. 跑

篮球中的跑可以分为以下几种。

(1) 变向跑。

以从右向左变向跑为例，右脚前脚掌内侧用力蹬地，同时脚尖稍内扣，迅速屈膝，髋关节随之左转，上体向左前倾；移动重心，左脚向左前方跨步，然后迅速移动。(图6-2-2)

图6-2-2 变向跑

(2) 变速跑。

由慢跑变快跑时，上体前倾，前脚掌短促有力地向后蹬地，同时迅速摆臂。由快跑变慢跑时，上体抬起，步幅加大（前脚掌抵地），减缓冲力，从而降低跑速。

(3) 后退跑。

队员后退跑时，两脚的前脚掌交替蹬地向后跑动，上体放松挺直，两臂屈肘配合摆动，身体保持平衡，眼睛观察场上情况。

(4) 侧身跑。

队员侧身跑时，迅速移动至球场边线处，脚尖朝向跑动的前进方向，头和上体侧转向球的方向，以便观察场上情况。

3. 滑步

滑步是防守移动中常用的步法，其优点是能够保持身体平衡，占据有利的防守位置，可向任何方向移动。滑步可分为侧滑步（横滑步）、前滑步和后滑步。以侧滑步为例，两脚左右开立略宽于肩，膝关节微屈，上体前倾控制重心，两臂侧伸，目视进攻队员。向左滑步时，右脚前脚掌内侧蹬地，同时左脚向左侧跨步，在落地的同时右脚随同滑行，依次重复。滑步时，身体重心不要上下起伏，右脚随同滑行不要主动跨步，保持身体平衡。动作结束后，恢复基本防守姿势，根据防守情况迅速衔接下一个动作（图6–2–3）。前滑步、后滑步的动作结构和发力方式与侧滑步相同，只是滑行和发力方向不同。

图6–2–3　侧滑步

4. 急停

急停是指队员在运动中突然制动的一种脚步动作，分为跳步急停和跨步急停两种。

（1）跳步急停（一步急停）。

队员在中速和慢速移动中，用单脚或两脚起跳（离地不高），上体稍后仰，然后两脚同时落地。落地时屈膝，两臂屈肘外张，保持身体平衡。（图6–2–4）

图6–2–4　跳步急停（一步急停）

（2）跨步急停（两步急停）。

队员在快速移动中急停时，可先向前跨一大步，上体后仰，重心后移。脚跟着地后过渡到全脚掌抵住地面，膝关节微屈，同时身体稍向后倾，转移重心，减缓向前冲力；接着再上第二步，脚着地时，脚尖稍向内转，前脚掌内侧蹬地，两膝弯曲，上体稍向侧转并微前倾，重心落在两脚之间，两臂屈肘自然张开，协助维持身体平衡。（图6–2–5）

图6–2–5　跨步急停（两步急停）

5. 转身

转身是指以一只脚作为中枢脚，另一只脚用力蹬地，使身体旋转，从而改变身体方向的一种脚步动作。

（1）前转身。

移动脚蹬地，在中枢脚前方（身前）跨步改变身体的方向叫作前转身。转体蹬地有力，重心迅速转移，中枢脚前脚掌碾地。（图6–2–6）

图6–2–6　前转身

（2）后转身。

移动脚蹬地，在中枢脚后方（身后）进行弧形移动叫作后转身。腰胯带动躯干旋转，蹬跨有力，保持身体平衡，重心不要起伏。（图6–2–7）

图6-2-7 后转身

（二）传接球

传接球技术是指进攻队员之间有目的地转移球的技术，是进攻队员能够在场上建立组织进攻的纽带。在比赛中，进攻队员通过传接球技术来完成战术配合，传接球技术的好坏直接影响着球队的战术执行情况，体现着球队的进攻战术水平。

1. 传球

（1）双手胸前传球。

两脚前后开立，双手持球于胸前，后脚蹬地带动身体重心前移，手臂向传球方向伸出，屈腕拨球，身体自然跟随。（图6-2-8）

图6-2-8 双手胸前传球

（2）双手头上传球。

双手持球于头上，两肘弯曲，传球时两臂前摆并翻腕拨球，将球以最短距离传给同伴。（图6-2-9）

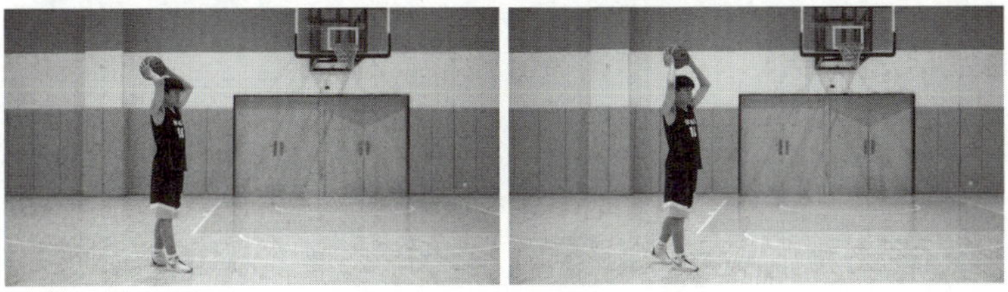

图6-2-9 双手头上传球

图6-2-9 双手头上传球（续）

（3）双手击地传球。

双手持球于胸前，掌心向下，选择适宜传球路线和出手时机，两臂向下方发力，手腕、手指快速抖动传球，将球传向距离同伴约1/3处的地面，使球能弹至同伴腰部。（图6-2-10）

图6-2-10 双手击地传球

（4）单手体侧传球。

双手持球，伺机单手持球手臂后引。传球时，持球臂的前臂向前弧形摆动，手臂前屈，手指柔和地将球拨出。（图6-2-11）

图6-2-11 单手体侧传球

（5）单手肩上传球。

持球手异侧脚向前一步，同时持球手引球到同侧肩上方，肘关节外展，手腕后仰，选择合理的传球时机，同侧脚蹬地，转腰、转肩，持球臂向传球方向挥摆，手腕前屈，五指柔和地拨球，将球传出。（图6-2-12）

图6-2-12 单手肩上传球

图6-2-12　单手肩上传球（续）

（6）单手背后传球。

双手持球，一手借力绕腰做弧线摆动。当球绕至背后、掌心面对传球方向时，持球手手腕快速内扣，食指、中指、无名指协同发力，将球拨出。（图6-2-13）

图6-2-13　单手背后传球

2. 接球

双手接球时，两臂前伸迎球，手指自然分开成半球状，主动触球。触球后，两臂协调缓冲引球至需要位置。单手接球时，一只手掌心面对来球，手臂主动前伸，触球的同时后引以缓冲来球力量，手腕内扣将球拉至需要位置。原地接球时，采用跳步急停配合上肢动作完成接球；移动接球时，配合上肢动作，可采用跨步急停接球或行进间跑动接球。（图6-2-14）

图6-2-14　接球

（三）运球

运球是指进攻队员在原地或行进中，用手连续按拍，借助地面反弹控制球的动作。作为篮球运动中主要的基本技术，它既是个人进攻的重要技术，也是进攻战术配合的重要技术。通过长时间的练习，运球技术的熟练程度主要表现在队员控制球和支配球的能力上，同时有助于队员篮球综合素质的提高。

1. 急停急起运球

当快速运球时，进攻队员突然运用跨步急停的步法，身体重心降低，手掌按拍球的正上方，使球垂直反弹，两膝深屈。当防守队员停下时，进攻队员迅速起动，两脚蹬地，上体前倾，同时按拍球的后上方，人球同步。（图6–2–15）

图6–2–15　急停急起运球

2. 体前变向运球

以由右向左变向为例。运球向右前方推进，当防守队员移动封堵右侧时，进攻队员右手拍球的右后上方，将球拍至左侧，同时做变向跑动作，人球同步，探肩护球，加速前进。（图6–2–16）

图6–2–16　体前变向运球

3. 后转身运球

以右手运球为例。向右侧运球，左脚跨步吸引防守队员。防守队员身体重心向其左侧移动时，进攻队员左脚迅速蹬地，身体做后转身的同时右手将球拉至身体的侧后方，然后完成后转身，换手运球，加速完成过人。（图6–2–17）

图6–2–17　后转身运球

图6-2-17 后转身运球（续）

4. 背后变向运球

以左手运球为例。当变方向时，用左手将球拉到身后，迅速按拍球的左侧后方，将球从身后向右脚侧前方按拍，并立即换右手运球。在向右前方按拍球的同时，左脚向右前方跨步。（图6-2-18）

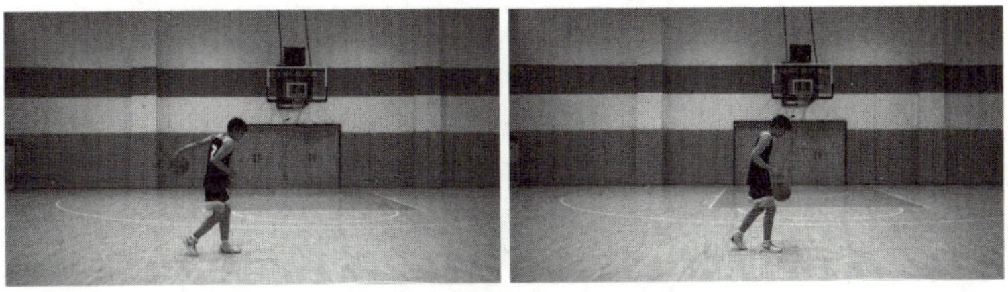

图6-2-18 背后变向运球

5. 胯下运球

以右手运球为例。进攻队员左脚在前，右手按拍球的右侧上方，将球从两腿之间运至身体左侧，同时上体左转，换手运球，右脚蹬地加速推进。（图6-2-19）

图6-2-19 胯下运球

（四）持球突破

持球突破是指进攻队员利用脚步动作和运球技术快速超越防守队员的突破技术，是篮球比赛中最常用的突破技术。其特点表现为动作突然、速度快，能够在突破后衔接其他技术动作。持球突破主要分为交叉步突破和同侧步突破。

1. 交叉步突破

以左脚为轴，持球于胸前，降低重心保持三威胁（投篮、突破、传球）姿势。突破时，右脚前脚掌迅速蹬地，向左前方跨一大步，同时向左转体，右肩向前下压，将球置于左侧，右脚尖对准前进方向，重心移至前脚，左手运球迅速超越对手。（图6-2-20）

图6-2-20　交叉步突破

2. 同侧步（顺步）突破

以左脚为轴，队员持球于胸前，降低重心。两脚前后开立，两膝微屈。突破时，左脚掌内侧蹬地，右脚迅速向防守人左侧方迈出，脚尖向前，上体稍右转，同时压肩，重心前移，在左脚离地前，用右手推拍球于迈出脚的侧前方，同时左脚蹬地，加速超越对手。（图6-2-21）

图6-2-21　同侧步（顺步）突破

（五）投篮

投篮是指进攻队员为了将球投入篮筐而采用的各种专门动作方法的总称。它是篮球比赛中唯一的得分手段，也是一切进攻技战术围绕的焦点。在实战中，进攻队员通过合理的技战术摆脱防守队员，从而获得更好的投篮机会。投篮技术的熟练程度决定着投篮的命中率，此为赢得比赛的关键。

1. 原地双手胸前投篮

双手持球于胸前，肘关节自然下垂，上体稍前倾，两腿微屈。投篮时，两脚蹬地，腰腹伸展，两臂向前上方伸出，同时手腕外翻，用拇指、食指、中指将球投出。（图6-2-22）

图6-2-22　原地双手胸前投篮

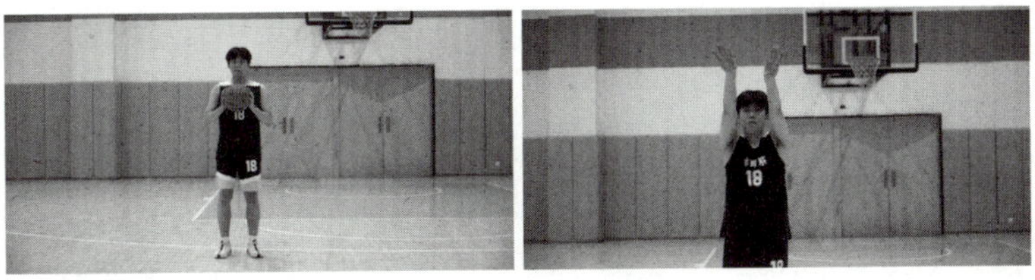

图6-2-22 原地双手胸前投篮（续）

2. 原地单手肩上投篮

以右手投篮为例。五指自然分开，屈肘，向后伸腕，持球于肩上；左手扶球，上体稍前倾，膝关节微屈，保持重心稳定。投篮时，两脚用力蹬地，腰腹伸展，从下向上发力的同时提肘，且手臂向前上方充分伸展，通过食指和中指的指端发力将球投出。手腕随球前屈，手指向下。(图6-2-23)。

图6-2-23 原地单手肩上投篮

3. 行进间单手低手投篮

以右手投篮为例。接球或运球投篮时，在右脚跨出一大步的同时，双手持球，左脚紧接着跨出一小步，用力蹬地起跳。当身体接近最高点时，右手手指向前，掌心向上，托球的下部向上伸臂。当接近篮筐时，食指、中指以柔和的力量向上拨球，将球从指端投出。(图6-2-24)

图6-2-24 行进间单手低手投篮

4. 行进间单手高手投篮

以右手投篮为例。接球或运球投篮时，右脚跨出一大步，同时双手持球，左脚紧接着跨出一小步并蹬地起跳。当身体接近最高点时，右手手指向后，掌心向上，托球的下部向篮筐方向伸臂，食指、中指柔和地将球拨出。(图6-2-25)

图6-2-25 行进间单手高手投篮

5. 跳起投篮

原地或移动中急停持球，两腿屈膝，两脚用力蹬地起跳，同时上体向上伸展，双手持球上举，抬肘，向后伸腕，上肢保持投篮姿势。当身体接近最高点时，收腹，右臂向投篮方向伸直，手腕前屈，食指、中指拨球。落地时屈膝缓冲，身体保持平衡。(图6-2-26)

图6-2-26 跳起投篮

（六）抢篮板球

抢篮板球技术是指双方队员争抢投篮未中且从篮板或篮圈反弹出的球所采用的技术动作。进攻队员在比赛中争抢本队未中的球称为抢进攻篮板球（又称前场篮板球），防守队员争抢对方投篮未中的球称为抢防守篮板球（又称后场篮板球）。篮板球作为攻守转化中的球权，有效提高抢篮板球技术能够在比赛中获得较大的优势。

1. 抢进攻篮板球

进攻队员判断同伴投篮后球的动向，观察防守队员的位置，利用假动作占据有利位置，采用单脚或两脚起跳抢进攻篮板球，在空中充分利用自己的位置优势，获得球后迅速将球收回，两腿微屈落地缓冲，准备二次进攻或将球传给同伴。

2. 抢防守篮板球

当进攻队员投篮出手后，防守队员根据球的出手情况判断球的位置，结合进攻队员的站位选择有利位置，屈膝张臂，主动贴近进攻队员，利用前后转身将进攻队员背在身后，根据球的落点及时起跳，控制球后迅速衔接传球动作。

三、篮球基本战术

篮球基本战术是指在篮球比赛中队员之间有组织、有意识地运用基本技术形成的战术，在攻守两端发挥着重要作用。在战术思想的统一指导下，队员们能够合理运用篮球基本技术，充分发挥队员在攻守两端的特点，从而简单、高效地完成进攻或防守任务。

（一）进攻基本战术

进攻基本战术是指两三名队员利用同伴之间的配合创造出进攻机会，使得进攻效率提升，能够充分发挥队员的优势。

1. 掩护配合

掩护配合是指进攻队员采用规则允许的方法，用自己的身体挡住同伴的防守队员的移动路线，让同伴能够摆脱对方防守的一种配合。掩护配合包括侧掩护、前掩护和后掩护。（图6-2-27）

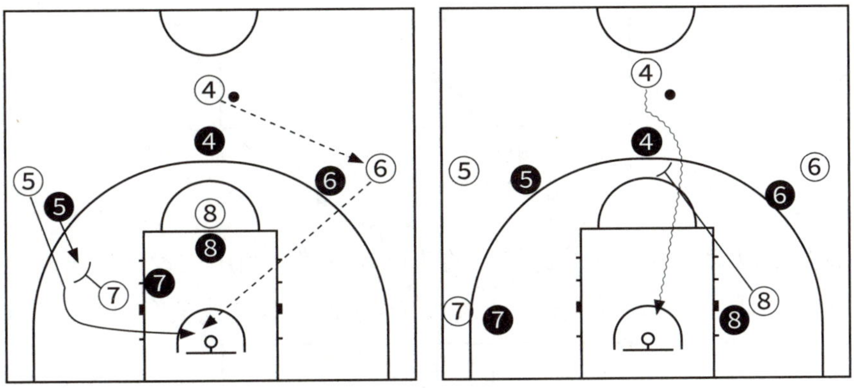

图 6-2-27　掩护配合

2. 突分配合

突分配合是指持球队员通过突破对手，打乱防守阵型，造成对方阻截、补漏而出现空当，传球（分球）给同伴投篮的配合。（图6-2-28）

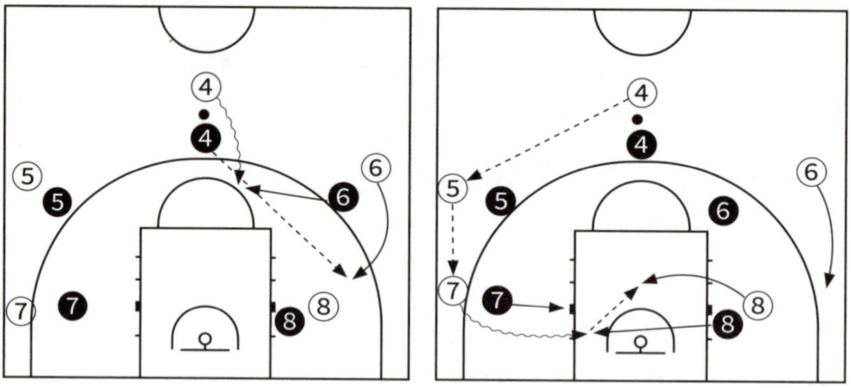

图6-2-28　突分配合

3. 传切配合

传切配合是指持球队员传球给同伴后立即切向篮下，接同伴回传的球投篮的配合。传切配合包括一传一切和空切。(图6-2-29)

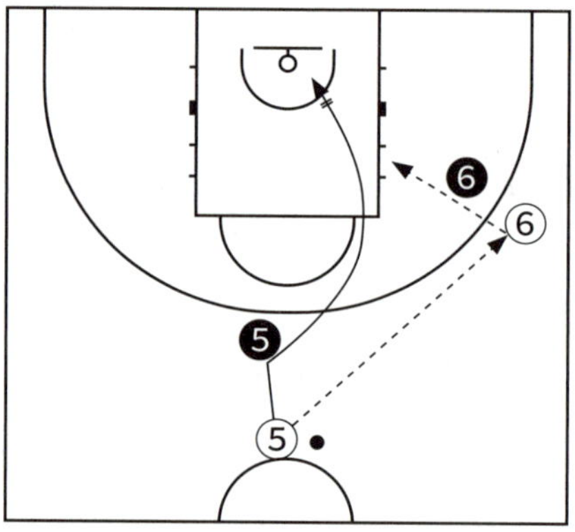

图6-2-29　传切配合

4. 策应配合

策应配合是指以背向或侧向球篮接球的队员为枢纽，利用位置优势与同伴配合而形成的一种里应外合的配合方法。策应配合分为高位策应配合和低位策应配合。(图6-2-30)

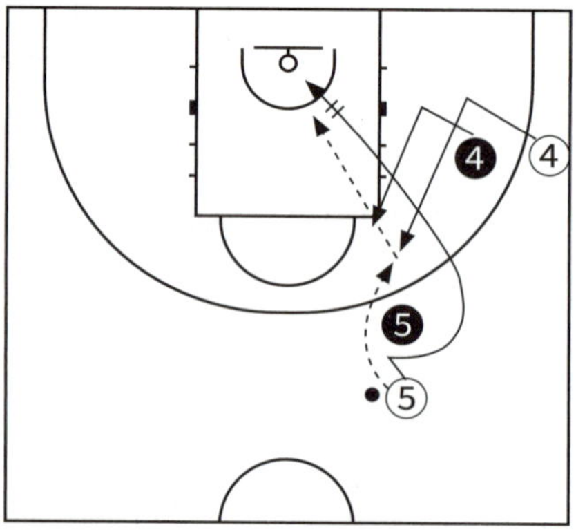

图6-2-30　策应配合

（二）防守基本战术

1. 穿过、挤过、绕过、换防配合

穿过、挤过、绕过、换防是防守队员破坏进攻队员掩护配合的积极有效的四种方法。根据进攻队员的位置和技术运用情况，防守队员通过语言告知同伴采用适当的配合来达到盯住自己防守的队员或盯住其他进攻队员的目的。上述四种配合的主要区别在于防守队员移动的路线不同。（图6–2–31、图6–2–32）

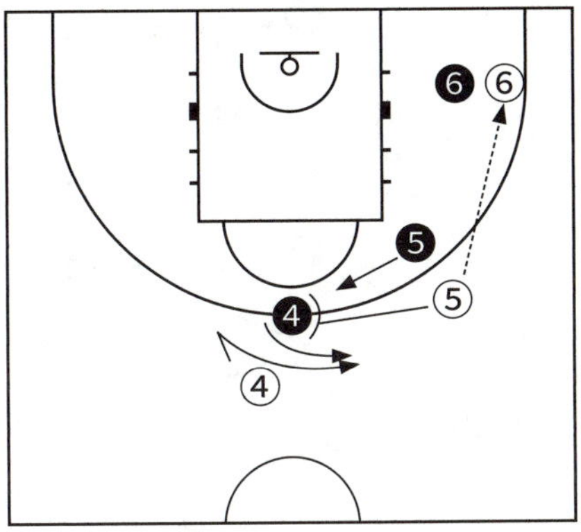

图6–2–31　挤过配合

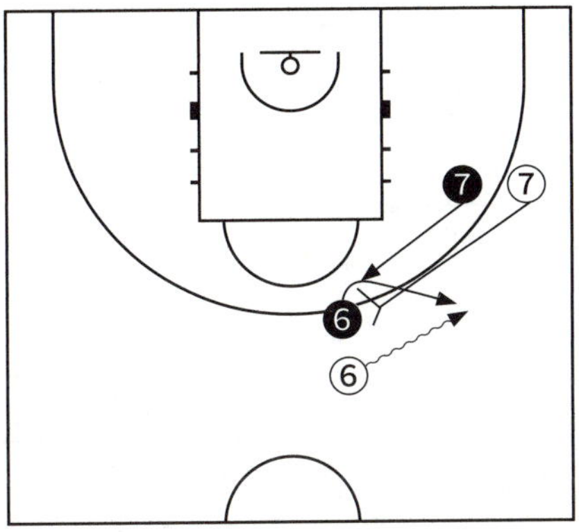

图6–2–32　穿过配合

2. “关门”配合

“关门”配合是指当进攻队员持球突破时，同侧防守队员向被突破同伴靠拢协同防守进攻队员的一种方法。（图6–2–33）

3. 夹击配合

夹击配合是指两名或两名以上防守队员利用有利的区域和时机，封堵持球队员的传球路线，造成其违例或失误的一种协同配合方法。（图6–2–34）

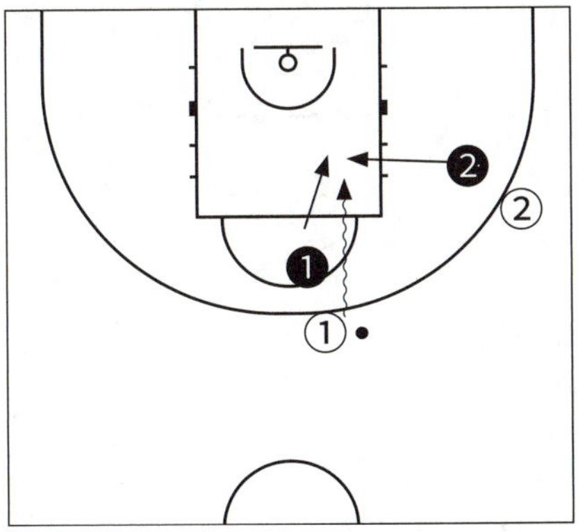

图6–2–33　关门配合

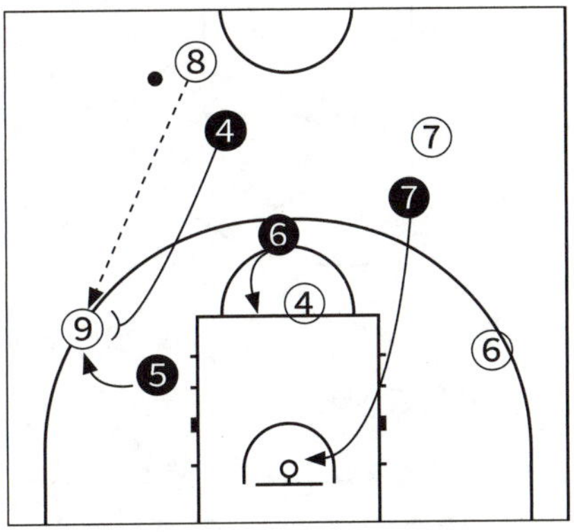

图6–2–34　夹击配合

（三）全队进攻战术

快攻是指防守队转入进攻时，以最快的速度在对方没有全部退防或立脚未稳时争取以

多打少的战术。

1. 长传快攻

长传快攻是指队员在后场获得球权后，用一次或两次传球，将球传给快速向篮下移动的同伴并完成投篮的配合。其特点是突然性强、速度快、时间短、成功率高。(图6-2-35)

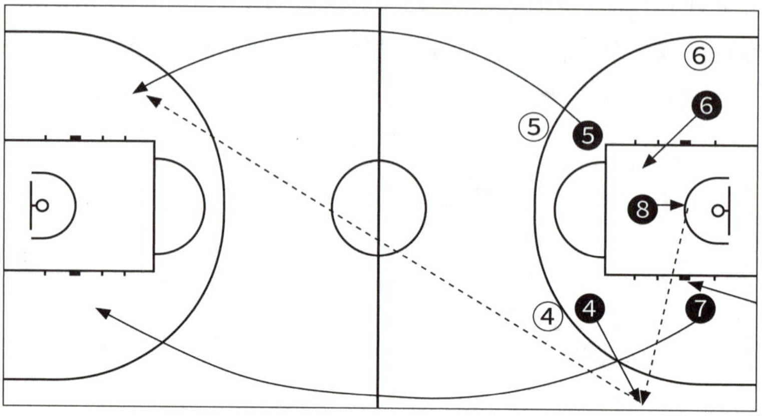

图6-2-35 长传快攻

2. 短传与运球结合快攻

短传与运球结合快攻是指队员在后场获球后，利用快速的短距离传球、运球推进到前场进行进攻的一种配合方法。其具有灵活、机动的优点，但容易造成失误，对队员之间的配合默契程度要求较高。(图6-2-36)

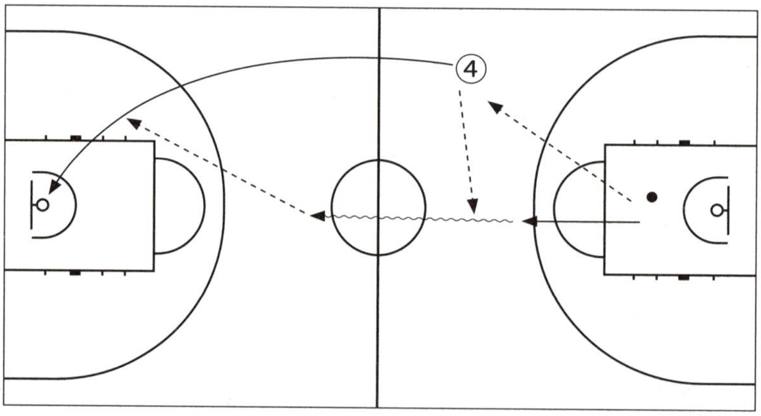

图6-2-36 短传与运球结合快攻

3. 运球突破快攻

运球突破快攻是指防守队员获得球权后，利用运球技术超越对方防守队员，自己投篮得分或传给比自己投篮机会更好的同伴进行进攻的方法。其特点是减少环节、抓住战机，能够根据场上情况选择最佳的进攻方式。(图6-2-37)

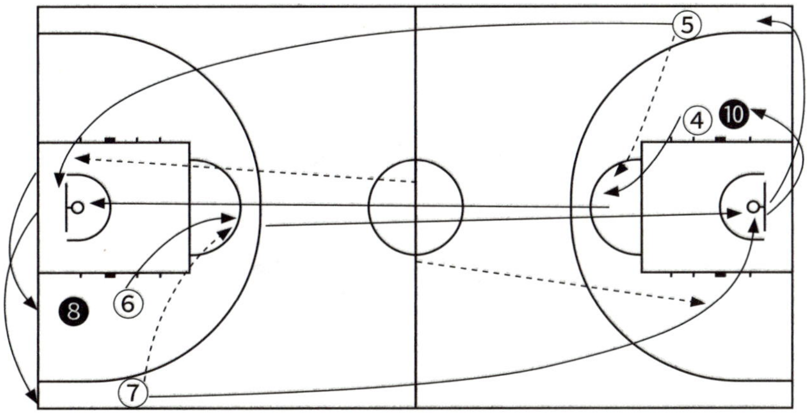

图6-2-37　运球突破快攻

（四）全队防守战术

1. 防守快攻战术

防守快攻是指由攻转守的瞬间及时组织队员阻止和破坏对方进攻的防守战术。防守快攻要从全力拼抢前场篮板球开始，失去球权后，首先封堵一传，堵截接应队员，其他队员全力参与防守，边退边干扰，延缓对手进攻速度，借机及时组织全队防守。（图6-2-38）

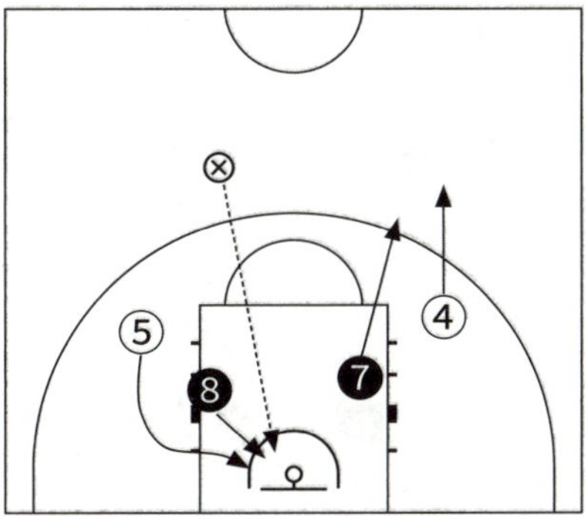

图6-2-38　防守快攻战术

2. 人盯人防守战术

人盯人防守战术是指在篮球比赛中，以盯人为主，兼顾球位，做到人球兼顾，每名防守队员积极防守对方的进攻队员，在确保自己防守的同时参与协防。根据防守区域的范围，人盯人防守战术可分为半场人盯人和全场人盯人、扩大人盯人和缩小人盯人、紧逼人盯人和松动人盯人。人盯人防守战术的特点是以盯人为主，分工明确，针对性和机动性强。（图6-2-39）

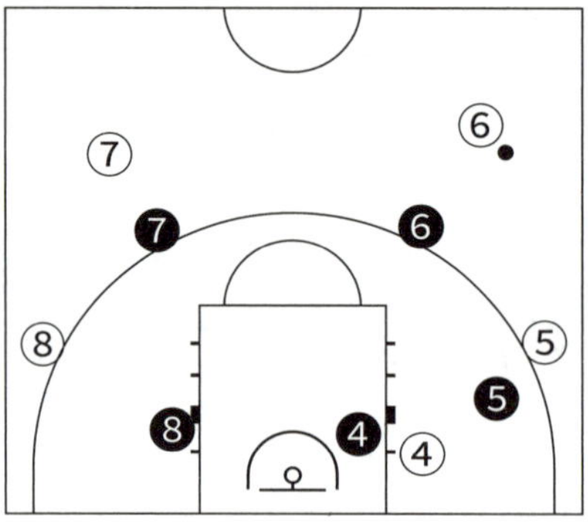

图6-2-39　人盯人防守战术

3. 区域联防战术

区域联防战术是指防守队员迅速退回后场，每名队员负责一定的区域，严密防守进入该区域的球和进攻队员，并以一定的形式把各个区域的防守有机地联系起来的防守战术，主要有区域联防2-3阵型和区域联防3-2阵型等。区域联防战术的特点是以区域为主、人球兼顾。（图6-2-40、图6-2-41）

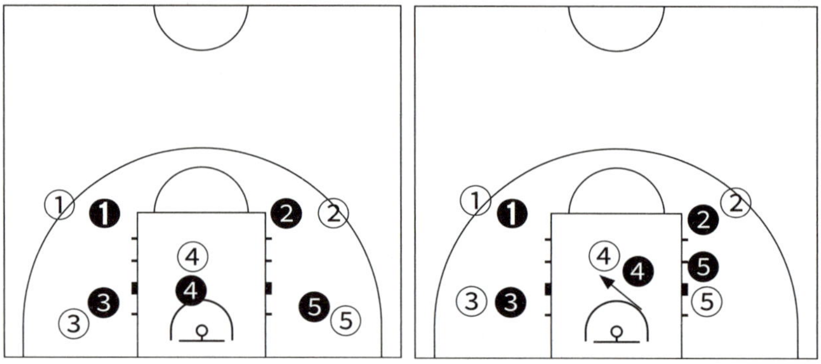

图6-2-40　区域联防2-3阵型

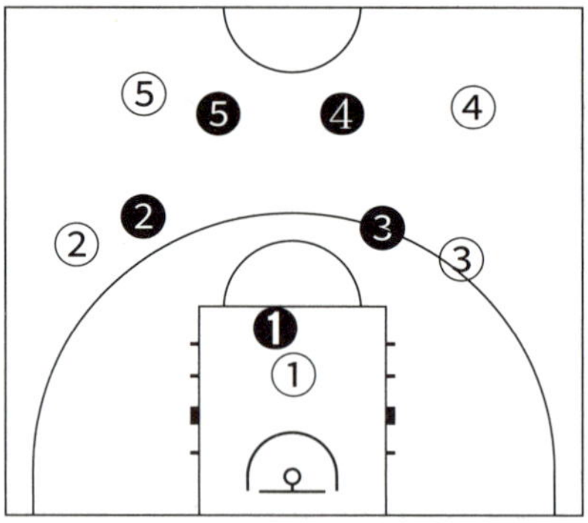

图6-2-41　区域联防3-2阵型

四、篮球比赛规则简介

（一）比赛场地

比赛场地应是一块平坦、无障碍物的硬质地面。其尺寸是长28米、宽15米，从界线的内沿丈量。天花板的高度或比赛场地上空最低障碍物的高度至少应为7米。（图6-2-42）

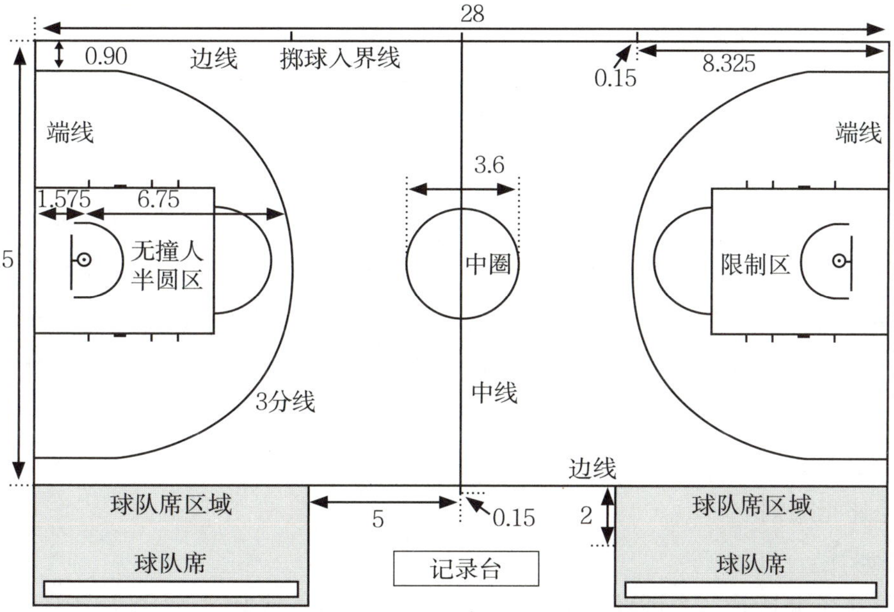

图6-2-42　篮球比赛场地示意图

（二）比赛规则

1. 比赛通则

（1）比赛应由4节组成，每节10分钟。

（2）在第1节和第2节（上半时）之间，第3节和第4节（下半时）之间，以及每一决胜期之前，应有2分钟的比赛休息期间。

（3）如果在第4节比赛结束时比分相等，比赛有必要再继续若干个5分钟的决胜期来打破平局。对于主客场总得分制的系列比赛，如果在第2场比赛的第4节比赛结束时，两队两场比赛得分的总和相等，比赛有必要再继续若干个5分钟的决胜期来打破平局。

（4）跳球。一次跳球情况发生，当：宣判了一次争球时；球出界，但是裁判员无法判定谁是最后接触球的队员或意见不一致时；在最后一次不成功的罚球中，双方队员发生违例时；一个活球夹在篮圈和篮板之间，除非罚球之间，最后一次罚球之后还有记录台对侧球队前场掷球入界；任一队既没有控制球又没有球权，球成死球时；在抵消了双方球队的相同罚则后，没有留下其他要执行的犯规罚则，以及在第一次犯规或违例之前，任一队既没有控制球也没有球权时；除第1节外的其他节，以及决胜期开始时。

2. 暂停与替换

（1）暂停。

每次暂停应持续1分钟。在暂停机会期间可以准予暂停。（对于双方队）球成死球，比赛计时钟停止，以及当裁判员已结束了与记录台的联系时；（对于双方队）在最后一次罚球成功后，球成死球时；对于非得分队，中篮得分时。当队员在掷球入界或第一次的罚球可处理球时，一次暂停机会结束。

每队可准予上半时2次暂停，下半时3次暂停，第4节当比赛计时钟显示2:00分钟或更少时最多2次暂停。每一个决胜期一次暂停。

（2）替换。

在替换机会期间球队可以替换队员。只有替补队员有权请求替换，他/她（不是主教练或第一助理教练）应到记录台清楚地要求替换，用双手做出常规替换手势或者坐在替换的椅子上。替换机会一开始，计时员就应发出信号通知裁判员替换请求已提出。替补队员应停留在界线外，直到裁判员鸣哨、给出替换手势和招呼他/她进入比赛场地。替换应尽可能快地完成。

3. 违例

违例是违犯规则。

（1）带球走。

当队员在场上持着一个活球，其一脚或双脚超出本条款所述的限制，向任一方向非法的运动是带球走。旋转是指在场上正持着一个活球的队员用一只脚（称为“中枢脚”）保持与场上某个点的接触，而另一只脚向任一方向踏出一次或多次的合法动作。

构成合理带球的条件为，对在场上接住活球的队员确立中枢脚，即一名队员接住球时，双脚站在地面上：一只脚抬起的瞬间，另一只脚成为中枢脚；开始运球时，在球离手前中枢脚不得离开地面；队员可以跳起中枢脚传球或投篮，但在球离手前，任一只脚不得落回地面。一名队员在移动中或在结束运球时拿球，他/她可以移动2步完成停步、传球或者投篮：如果接到球的队员开始运球，他/她应在第2步（脚接触地面）之前球离手；队员获得控制球之后，一只脚接触地面或双脚同时接触地面时，就视为是第1步；在队员确立了第1步后，当他/她的另一只脚接触地面或双脚同时接触地面时，就视为是第2步；如果队员在第1步就完成了停步，此时他/她双脚站在地面上时，或是两脚同时接触地面时，他/她可以用他/她的任一只脚作为中枢脚进行旋转。如果随后他/她双脚跳起，那么在他/她球离手之前，任一只脚都不得落回地面；如果队员是脚分先后落地完成（合法）停步时，他/她仅可以用那只先着地的脚作为中枢脚进行旋转；如果队员第1步是一只脚落地，随即又跳起该脚，他/她可以双脚同时落地作为他/她的第2步，在这种情况下，该队员不可以再用任一只脚为中枢脚进行旋转，如果随后他/她的一脚或双脚离开地面，那么，在球离手前哪一只脚都不得落回地面；如果队员双脚离开地面后又双脚同时落地作为第1步时，那么，在一只脚抬离地面的瞬间，另一只脚就成为中枢脚；队员结束运球或获得控制球后，他/她不得用同一只脚或双脚连续地接触地面行进。

（2）非法运球。

当在场上已获得控制活球的队员将球在地面上掷、拍、滚、运或弹在地面上，并在球接触另一队员之前再次接触球，为运球开始。当队员双手同时接触球或允许球在一手或双手中停留时运球结束。

超出下列限制条件的运球行为为非法运球。队员第一次运球结束后不得再次运球，除非在两次运球之间由于下述原因他/她已在场上失去了控制活球：投篮；球被对方队员接触；传球或漏接，然后球接触了另一队员或被另一队员接触。

下列情况不是运球：连续的投篮；一次运球的开始或结束时漏接球；从其他队员的附近用拍击球来试图获得控制球；拍击另一队员控制的球；拦截传球并获得控制球；只要不发生带球走违例，将球在两手之间抛接并在球接触地面前，允许球在一手或者两手中停留；将球掷向篮板并再次获得控制球。

（3）球回后场。

在前场控制活球的球队不得使球非法地回到他/她的后场。在他/她的前场控制活球的球队使球非法地回到他/她的后场，如果该队一名队员在他/她的前场最后接触球，并且随后球被该队一名队员首先接触：该队员有部分身体接触后场，或在球已接触该队后场之后。这个限制适用于在某队前场的所有情况，包括掷球入界。然而，它不适用于队员从他/她的前场跳起，仍在空中时建立新的球队控制球，然后持球落在该队的后场。

（4）拳击球和脚踢球。

队员不能故意踢或用腿的任何部分去接触球、阻挡球或用拳击球。然而，球意外地接触到腿的任何部分，或腿的任何部分意外地接触球，不是违例。

（5）球出界。

当队员身体的任何部分接触界线上方、界线上或界线外的除队员以外的地面或任何物体时，即是队员出界。当球接触了在界外的队员或任何其他人员时，界线上方、界线上或界线外的地面或任何物体时，篮板支撑架、篮板背面或比赛场地上方的任何物体时，是球出界。

（6）时间违例。

①3秒违例。某队在前场控制活球并且比赛计时钟正在运行时，该队的队员不得在对方队的限制区内停留超过持续的3秒。

②5秒违例。一名被严密防守的队员必须在5秒内传球、投球或运球。

③8秒违例。一名在后场的队员获得控制活球时，或在掷球入界中，球接触后场的任一队员或者被后场的任一队员合法接触，掷球入界队员所在队仍拥有在后场的球权。该队必

须在8秒内使球进入该队的前场。

④24秒违例。一名队员在场上获得控制活球时，在掷球入界中，球接触任一场上队员或被任一场上队员合法接触时，并且掷球入界队员的球队仍然控制球时，该队必须在24秒内尝试投篮。一次24秒内投篮的构成：在进攻计时钟的信号发出前，球必须离开队员的手，而且球离开了队员的手后，必须接触篮圈或进入球篮。

对以上违例的判罚是使对方失去球权，由对方在距违例地点最近的界线外掷界外球。发生双方违例时，如双方同时使球出界，应有相关队员在就近的圆圈内跳球继续比赛。

（7）干涉得分和干扰得分。

在一次投篮中，当一名队员接触完全在篮圈水平面之上的球时，并且 球是下落飞向球篮中，或在球已碰击篮板后，以及在一次罚球中，当一名队员接触飞向球篮的、接触篮圈前的球时，干涉得分发生。

当在一次投篮或最后一次罚球中，当球与篮圈接触时，队员接触球 篮或篮板；在一次罚球（随后还有进一步的罚球）后，球有进入球篮的可能性时，一名队员接触球、球篮或篮板时；队员从下方伸手穿过球篮并接触球时；当球在球篮中，防守队员接触球或球篮，从而阻止球穿过球篮时；队员使篮板晃动或者抓球篮，根据裁判员的判定，这种手段已妨碍球进入球篮或者使球进入球篮时；队员抓球篮打球时，干扰得分发生。

对以上违例的判罚是：如果一名进攻队员发生违例，不判给得分，将球判给对方队员从罚球线延长线掷球入界；如果一名防守队员发生违例，应判给进攻的队：如果球在罚球中离手，得1分，如果球从2分中篮区域离手，得2分；如果球从3分中篮区域离手，得3分。

4. 犯规

犯规是对规则的违犯，含有与对方队员的非法身体接触和/或违 反体育运动精神的举止。

（1）侵人犯规。

侵人犯规是：无论在活球还是死球的情况下，攻守双方队员发生的非法身体接触的犯规。队员不应通过伸展手、臂、肘、肩、髋、腿、膝、脚或将身体弯曲成“不正常的姿势”（超出他/她的圆柱体）去拉、阻挡、推、撞、绊对方队员，或阻止对方队员行进；也不得放纵任何粗野或猛烈的动作出现。

①阻挡。阻碍持球或不持球对方队员行进的非法身体接触。

②撞人。持球或不持球队员推开或顶动对方队员，在对方队员的躯干处发生的非法身体接触。

③背后非法防守。防守队员从对方队员的背后与其发生的身体接触。防守队员正试图去抢球的事实，不证明从背后与对方队员发生接触是正当的。

④拉人。干扰对方队员移动自由的非法身体接触。这种接触（拉人）可能发生在身体的任何部位。

⑤非法用手。当防守队员处于防守位置，并且其手或手臂放置在持球或不持球的对方队员身上并保持接触以阻碍其行进，就发生了非法用手或非法伸展手臂。

⑥推人。队员用身体的任何部位强行移动或试图移动控制或未控制球的对方队员时发生的非法身体接触。

⑦非法掩护。当正在掩护对手的队员发生接触时正在移动；在静止对手的视野之外做掩护，发生接触时没有给出足够的距离；发生接触时，对移动中的对手没有顾及时间和距离的因素，是非法的掩护。

（2）双方犯规。

双方犯规是两名互为对方的队员大约同时相互发生侵人犯规或 违反体育运动精神犯规/取消比赛资格犯规的情况。

（3）技术犯规。

技术犯规是没有身体接触的犯规，行为种类包括但不限于：①无视裁判员的警告；②与裁判员、到场的技术代表、记录台人员、对方队或允许坐在球队席的人员讨论和/或交流中没有礼貌；③使用很可能冒犯或煽动观众的粗话或手势；④戏弄或嘲讽对方队员；⑤在对方队员眼睛附近挥手或手保持不动妨碍其视觉；⑥过分挥肘；⑦在球穿过球篮之后故意地接触球，阻碍迅速地掷球入界或罚球，或者在比赛开始或下半时开始时迟到进入比赛场地以延误比赛；⑧伪造被犯规；⑨悬吊在篮圈上，致使队员的重量由篮圈支撑，除非扣篮后，队员瞬间抓住篮圈，或者根据裁判员的判断，队员正试图防止自己受伤或另一名队员受伤；⑩在最后一次的罚球中防守队员干涉得分，应判给进攻队得1分，随后执行登记在该防守队员名下的技术犯规罚则。

（4）违反体育运动精神的犯规。

违反体育运动精神的犯规是一起队员身体接触的犯规，并且根据裁判员判定，包含：与对方队员发生身体接触，且该接触不是在规则的精神和意图的范畴内致力于对球作出的攻防尝试；在尽力抢球或在与对方队员尽力争抢中，造成与对方队员过分的严重身体接触；一起攻防转换中，防守队员为了中断进攻队的进攻，与进攻队员造成不必要的身体接触。该原则在进攻队员开始投篮动作之前均适用；当一名队员正朝向对方球篮行进，且该行进队员和对方球篮之间没有对方队员，并且该行进队员控制着球，或该行进队员试图获得控制球，或传向该行进队员的球已离手时，对方队员从其后面或侧面与该队员发生非法身体接触。该原则在进攻队员开始投篮动作之前均适用。

（5）取消比赛资格的犯规。

队员、替补队员、主教练、助理教练、出局的队员和随队人员的 任何恶劣的违反体育运动精神的行为是取消比赛资格的犯规。

（6）犯规的罚则。

如果对没有做投篮动作的队员发生犯规，由非犯规的队在最靠近违犯的地点掷球入界重新开始比赛。如果对投篮队员发生犯规，应按下列所述判给投篮队员若干罚球：如果从中篮区域的出手投篮成功，应计得分并追加1次罚球；如果从2分中篮区域的出手投篮不成功，2次罚球；如果从3分中篮区域的出手投篮不成功，3次罚球。

（7）控制球。

球队控制球开始于该队一名队员正拿着或运着一个活球，或者可处理一个活球时。当某队一名队员控制一个活球时，或球在同队队员之间传递时，为球队继续控制球。

当一名对方队员获得控制球时，球成死球时或在投篮或罚球中，球已经离开队员的手时，即为球队控制球结束。

第三节　排球运动

思政小课堂

排球运动对于身心健康有着积极的促进作用，不仅能够提高力量、速度、耐力、柔韧、灵敏等身体素质，还能够改善神经系统和循环系统的功能。在大学体育教学中，一方面通过排球技战术教学帮助学生掌握排球的基本技术和基本战术，帮助他们提高身体素质；另一方面在教学比赛中学生掌握了控制和调节心理的手段与方法，让其能够以正确的心态面对比赛的胜负；同时还可以培养学生的团队意识，以及胜不骄、败不馁、不怕苦、不怕累、顽强拼搏的意志品质。

一、排球运动概述

1895年，美国人威廉·摩根发明了排球运动。早期的排球比赛双方各派16名队员出场，分成4排。在排球运动发展过程中，赛制逐步演变为十二人制、九人制，最后演变为六人制。排球运动在美国军队中开展十分广泛，随后通过教会的传播相继传入其他国家，并在世界范围内普遍开展起来。第二次世界大战后，排球运动在世界范围内形成了广泛的群众基础，1947年在法国巴黎成立了国际排球联合会（以下简称“国际排联”）。1905年，排球运动传入我国。中华人民共和国成立以来，在继承九人制比赛的各项技术动作的基础上，根据国际排联的要求，将其改为六人制比赛。1953年，中国排球协会成立。1956年，中国国家男子排球队（以下简称“中国男排”）、中国国家女子排球队（以下简称“中国女排”）分别首次参加在巴黎举行的男子第3届、女子第2届世界排球锦标赛，中国男排获得第9名，中国女排获得第6名。1979年，中国女排获得亚洲女排锦标赛冠军，结束了日本女排蝉联20年亚洲冠军的历史。1981—1986年，中国女排在世界性排球大赛中实现“五连冠”，开创了中国现代排球的新纪元。然而，此后一段时间内，中国男排出现了滑坡，中国女排也走向低谷。为了重振排球，1995年，我国以赛制改革为先导，进行了排球改革。1995年，中国女排重夺亚洲女排锦标赛冠军。1997年，中国男排夺得亚洲男排锦标赛冠军，并获得了世界男子排球锦标赛的参赛资格。中国女排在2003年世界杯、2004年奥运会、2015年世界杯、2016年奥运会、2019年世界杯五度夺冠。

二、排球基本技术

（一）准备姿势和移动

1. 准备姿势

两脚左右开立略宽于肩，两膝弯曲成半蹲姿势。脚跟稍提起，身体重心稍前倾，两臂放松，自然弯曲，双手置于体前，身体适当放松（图6–3–1）。身体重心高低可根据自己习惯，一般多采取稍蹲姿势，以移动灵活为准。

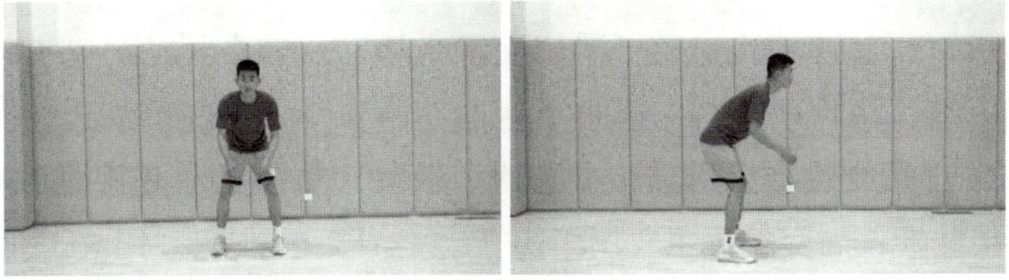

图6–3–1　准备姿势

2. 移动

（1）起动。

起动是移动的开始，在做好准备姿势的基础上，通过变换身体重心的位置，使身体向目标方向移动。根据场上的情况，队员采取不同的准备姿势，随时改变移动轨迹。以向前起动为例，在做好准备姿势的基础上，迅速向前抬腿收腹，上体向前探出的同时后腿迅速用力蹬地，使整个身体急速向前起动。（图6–3–2）

图6–3–2 起动

（2）滑步。

当来球较近、弧度较高时，可采用滑步。如向右滑步时，右脚先向右迈出一步，左脚迅速跟上，落于右脚的左侧，如此连续做并步，即为滑步。向前滑步时前脚先迈出一步，后脚迅速跟上，落于前脚之后，如此连续做。滑步可以一步也可以多步，移动时虽然速度稍慢，但容易保持身体平衡，便于随时做好击球准备。滑步主要用于传球、垫球、拦网等

技术。(图6–3–3)

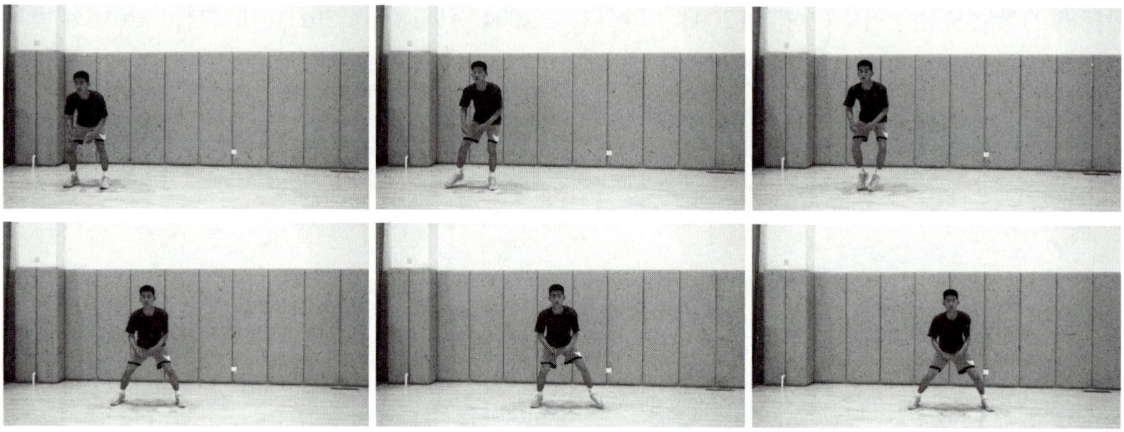

图6–3–3　滑步

(3) 交叉步。

当来球距离较远、球速较快时，可采用交叉步移动。向右移动时，上体稍向右转，左脚从右脚前面向右交叉迈出一步，右脚再迅速向右跨步落于左脚的右边，同时身体转向来球方向，做好击球前的准备姿势。交叉步移动步子大，动作快，易制动，可以帮助队员迅速调位置，做好接球准备。交叉步主要用于防守、一传、拦网等。(图6–3–4)

图6–3–4　交叉步

(4) 跨步。

当来球较低时，常用跨步去垫球。即向来球方向跨出一大步，屈膝，上体前倾，身体重心移至跨出腿上。跨步可以向前、向斜前或向侧方跨出。(图6–3–5)

图6–3–5　跨步

图6-3-5　跨步（续）

（二）发球

1. 正面下手发球

面对球网，两脚开立，左脚在前，右脚在后，两膝微屈，上体前倾，左手持球置于腹前，右臂自然下垂。发球时，左手将球在体前右侧抛起约20厘米，右臂伸直，以肩关节为轴由后向前摆动，用虎口、掌根或手掌击球的后下部。（图6-3-6）

图6-3-6　正面下手发球

2. 正面上手发球

面对球网，两脚开立，左脚在前，左手将球稳稳抛向右肩的前上方，高度适中。在抛球的同时，右臂抬起，屈肘后引，肘与肩平，利用蹬地、转体、收腹带动手臂迅速而有力地向前上方挥动，用手掌击球的后中下部。击球时，手指自然分开与球吻合，手腕迅速主动做推压动作。正面上手发球时，可利用不同的击球手法和击球的不同部位，使球产生不同的旋转方向。（图6-3-7）

图6-3-7　正面上手发球

图6-3-7　正面上手发球（续）

3. 跳发球

面对球网，利用单手或双手将球抛在前上方，离地面高4 ~ 5米，甚至6 ~ 7米，随着抛球离手向前助跑跳起。起跳时，两臂要协调摆动，摆幅要大。击球时，利用收腹和转体动作带动手臂挥动。击球点保持在右肩前上方，手臂伸直，利用全手掌击球的中下部，并加推压动作，使球成前旋飞行。击球后，两脚落地，屈膝缓冲，迅速入场。（图6-3-8）

图6-3-8　跳发球

（三）传球

1. 正面传球

（1）准备姿势。

两脚自然开立与肩同宽，两眼目视前方，身体站稳正对来球，两腿微屈，上体适当挺起看球，双手放松抬起，置于脸前。（图6-3-9）

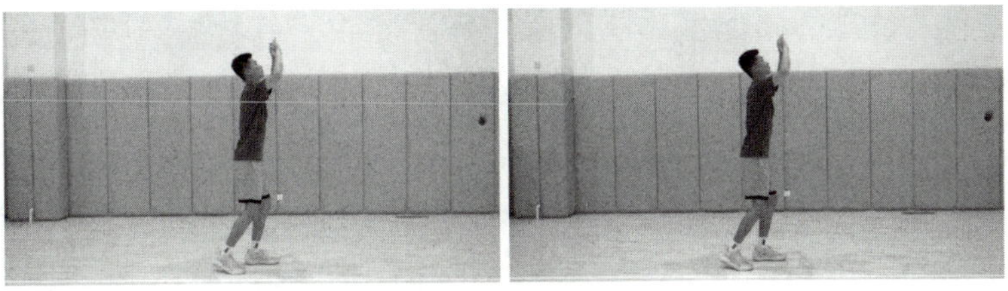

图6-3-9　准备姿势

（2）击球点和手型。

击球点在额前上方约一球距离处，当手触球时，两臂弯曲，两肘适当分开，双手自然张开成半球形，使手指与球吻合，提高控制球的能力，保证传球的准确性。手腕后仰，两拇指相对，呈“八”字形，以拇指内侧，食指全部，中指的二、三指节触球的后下部，指腕保持适当紧张，以承担球的压力，无名指和小指在两侧触球部分较少，辅助控制传球方向。（图6-3-10）

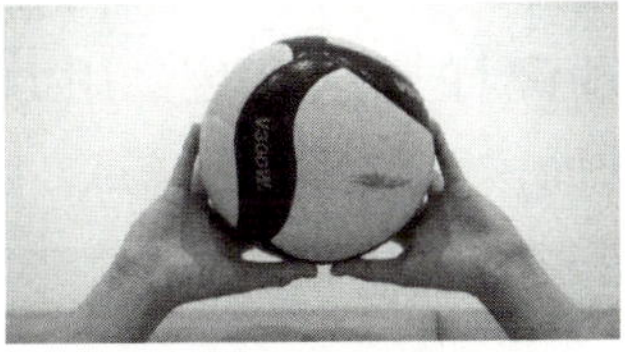

图6-3-10　击球点和手型

（3）击球。

当来球接近前额时，蹬地、伸膝、伸臂，双手微张迎球。击球时，全身各部位的动作要协调一致，以便把力量集中在球上。击球时，主要依靠伸臂，通过手指手腕的弹力将球传出。手触球瞬间，由于指腕被动下压，而形成一个自然缓冲的动作，以便控制球。伴随伸臂动作的完成和手指手腕的反弹将球平稳传出。球出手后，两臂随传球方向伸展，随后放松落下准备下一个动作。（图6-3-11）

图6-3-11　击球

2. 背传球

背传球的准备姿势，上体比正面传球时稍直立，身体重心稳定在两脚之间，双手自然抬起，放松置于脸前。

击球点应保持在额前上方，手触球时，手腕后仰适当放松，掌心向上，击球的下部。手型与正面传球手型相同，拇指托住球底。背传球的用力靠蹬腿、展腹、抬臂、伸肘、向后翻腕及手指的弹力把球向后上方传出。（图6-3-12）

图6-3-12　背传球

3. 侧传球

准备姿势、迎球动作、手型与正面传球相同，击球点应偏向传球目标一侧，上体和手臂向传球方向伸展，传球方向异侧手臂的动作幅度、用力距离和动作速度要大于同侧手臂，击球点偏向传球方向一侧，有利于向该方向的侧向传球。（图6-3-13）

图6-3-13　侧传球

（四）垫球

1. 正面双手垫球

（1）准备姿势。

两脚前后开立半蹲站立，重心稍前倾，两臂自然弯曲，置于腹前。（图6-3-14）

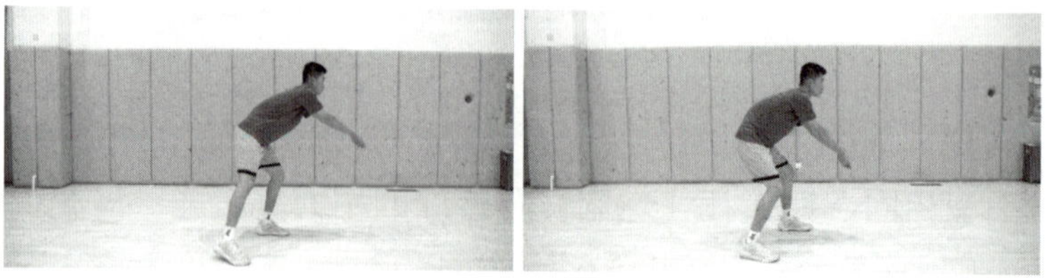

图6-3-14　准备姿势

（2）击球点和手型。

当球接近腹前时，双手重叠，掌根靠拢，合掌互握，两拇指平行前伸，手臂伸直，手腕下压，用前臂外旋形成的平面靠近手腕的部分击球的后下方。击球点应在腹前，便于控制用力大小，以及根据垫球的方向调整手臂的角度，控制球的落点和方向。（图6–3–15）

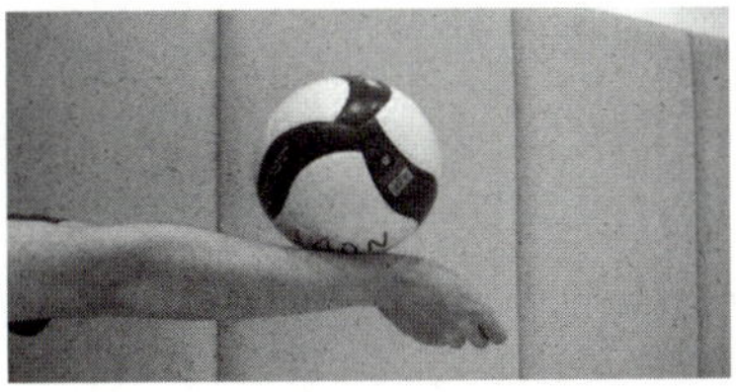

图6–3–15　击球点和手型

（3）击球。

两臂靠拢前伸，插到球的底部，靠手臂上抬力量增加球的反弹力，同时配合蹬地跟腰动作，使身体重心向前上方移动。击球过程中，两臂要摆平，肩关节要适当放松，避免动作僵硬而影响迎击球的准确性和控制球的能力。（图6–3–16）

图6–3–16　击球

垫力量小的来球时，身体成半蹲姿势，双手掌根紧靠，手指重叠互握，两拇指平行，手腕下压，两臂外翻形成一个平面。当球飞到腹前一臂距离时，两臂夹紧前伸，插到球的底部，抬臂迎击来球。身体重心随击球动作前移，击球点保持在腹前。

垫中等力量的来球时，由于来球有一定的速度，因此垫击球的抬臂动作要小，速度要慢，手臂适当放松，夹紧前伸，插到球的底部，向前上方蹬地抬臂，迎击来球，靠快速来球本身所造成的反弹力将球垫起。

垫力量较大的来球时，则应采用含胸收腹的动作，手随来球屈肘后撤缓冲来球力量的同时利用微小的手臂和手腕动作，控制垫球的方向和角度。手型和垫力量小的来球的动作相同。如击球点稍高并靠近身体，则可用前臂垫击；如击球点较低，又距身体稍远时，手臂在后撤的过程中，则要屈肘翘腕把球垫在手腕部位的虎口处。

2. 侧垫球

当球飞向体侧时，队员无法及时移动采用正面垫球时，可用两臂在体侧垫球。体侧垫球可以扩大控制范围，但不易控制垫球方向，在比赛中常是在被动情形下进行的，为了提高准确度，尽量采用正面垫球。

当球向右侧飞来时，左脚前脚掌内侧蹬地，跨右脚，重心右移，两臂夹紧向右伸出，左臂微向下倾斜，向左转腰和提右肩，配合两臂自右后方向前截住球飞行的路线，用两前臂垫击来球的后下部。(图6–3–17)

图6–3–17　侧垫球

3. 背垫球

当球飞出较远而又无法进行正面调整传球时，只能迅速跑动采用背垫的方式。背垫球时，先要判断好球的飞行方向、落点和离网的距离，迅速移动到球的落点上，背对击球方向，两臂夹紧伸直，插到球的底部，击球点要高于肩。击球时，蹬地、抬头挺胸、展腹后仰，直臂向后上方抬送球。(图6–3–18)

图6–3–18　背垫球

（五）扣球

1. 助跑起跳

扣球时，队员根据球的位置和距球网的距离，可选择两步、三步或多步助跑，选择起跳点和起跳时机。起跳一般采用两、三步助跑，第一步决定助跑方向，第二步调节距离，选择良好的起跳点和击球点。右脚跨出一大步时，左脚应迅速并上，两脚着地时屈膝，两

臂由体后向前上方挥摆，脚尖内扣用力蹬地起跳，需注意两脚起跳不能呈外“八”字形。(图6-3-19)

图6-3-19 助跑起跳

2. 空中击球

起跳后，上体稍后仰形成反弓，并稍向右侧旋转，胸腹自然伸展，左手自然置于体前，右臂屈肘向侧后方抬起，肘关节向侧后方，并高于肩部，手置于头的右侧上方，前臂、手腕、手指放松，五指微张。击球时，利用迅速转体和收腹动作带动手臂向前猛然挥摆，如鞭打动作。手臂伸直，用全掌击球的中上部，并迅速甩腕。

3. 落地

身体下落时需保持平衡，脚着地时屈膝缓冲。避免触网犯规。(图6-3-20)

图6-3-20 落地

（六）拦网

1. 预备姿势

正面近网站立，两脚左右开立与肩同宽，两膝微屈，两臂自然弯曲置于胸前。密切注视对方进攻队员和球的方位，随时准备移动和起跳。(图6-3-21)

图6-3-21 准备姿势

2. 移动和起跳

根据对方传球和扣球的击球方向，采用并步或交叉步沿网平行移动。拦网的起跳时间一般比扣球者稍晚一点，起跳时两脚用力蹬地，两臂迅速上摆，由胸部向上伸臂。两眼注视扣球者跳起后的手臂进行拦网。

3. 空中动作

当对方击球时，双手伸往对方扣球方向（双手不宜分开太大，以免漏球），手指自然分开，处于半紧张状态。当手触球的一刹那，手腕迅速下压阻拦对方扣球，拦网后手臂立即上抬收回，注意不要触网。(图6-3-22)

图6-3-22　空中动作

4. 落地

落地时屈膝缓冲，准备做下一个动作。

三、排球基本战术

排球基本战术是队员在比赛中，根据比赛规则、排球运动的特点以及双方队员的竞技能力制定的基本战术，通过基本战术将队员合理安排在场上各个位置。

（一）进攻战术

常见的排球进攻战术可分为“中一二”“边一二”“插上”“二次球”“后排进攻”五种，下面仅介绍其中两种。

1. “中一二”进攻战术

“中一二”进攻战术是常见的排球进攻战术阵型之一。它是由3号位队员做二传，其站位靠近2号位和4号位的中间位置，把球传给2号位或4号位队员进行扣球。扣球队员通过二传手传出“集中、拉开、背传”等几种线路的球，队员采用斜线、直线或变线助跑、起跳扣球，打出各种战术变化。(图6-3-23)

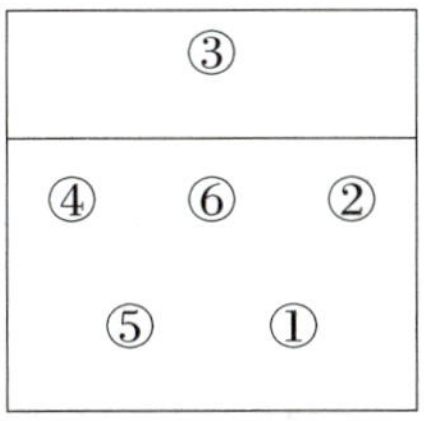

图6-3-23　“中一二”进攻战术

2. “边一二”进攻战术

“边一二”进攻战术是二传队员从两边发动的进攻战术。由2号位队员做二传，传给3号或4号位的队员进行扣球。“边一二”进攻战术形式变化较多，除组织二人定位、定点扣球外，还可以组织“快球掩护拉开、前交叉、梯次、掩护”等进攻战术，战术变化较多。(图6-3-24)

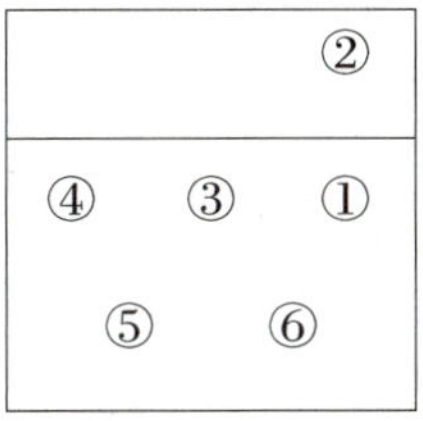

图6-3-24　“边一二”进攻战术

（二）基本阵容

在排球比赛中，合理搭配阵容是获得比赛胜利的关键。在阵容的配备中，应考虑到以下几个方面的问题。

(1) 选用作风顽强，能攻能守，技术比较全面的队员作为上场队员。

(2) 合理安排防守队员，做到防守力量均衡。主攻、副攻和二传队员安排在对应的位置上。

(3) 培养二传队员，并注意与其他进攻队员的搭配。

(4) 制定基本战术，根据队员之间的默契程度，将二传队员和进攻队员安排在相邻或适当的位置上。

(5) 一般情况下，把主攻队员安排在前排，把防守较好的队员安排在后排。发球较好的队员安排在1号位或者根据对方站位情况采取针对性搭配。

（三）各队主力队员担任的职责

正式比赛一般每队有12名队员。每局先上场的6名为主力队员，分别是2名主攻手、2名副攻手、1名二传手、1名接应二传手。此外，还可以根据队伍情况配备一名自由防守队员，其服装颜色与同伴不同，其主要任务就是防守。

1. 二传手

二传手作为球队的核心，常在2号位或2号、3号位之间向队员传球，成为比赛中发动战术的关键。二传的好坏直接影响着扣球的质量。

2. 主攻手

主攻手是在本方场内前排左边4号位跳起大力扣杀的队员。因比赛要求位置轮转，主攻手也会在别的位置参加进攻，但最主要的就是在4号位扣球。优秀的主攻手能够适应各种位置的进攻，还能在5号、6号位实施后排进攻，接发球和防守技术也都是很好的。

3. 副攻手

副攻手主要站在3号位上，主要任务是打快攻，如快球、短平快球、背飞球等。在防守端，还要担负拦网的重任，协助两边同伴（2号、4号位）拦截对方的进攻。副攻手一般都身体高大，轮转到后排时常被自由防守队员换下。

4. 接应二传手

接应二传手也被称为“两翼队员”，常在2号位进攻。接应二传手的主要任务是参加跑动掩护进攻，或在1号位实施后排进攻。该位置的队员技术应非常全面，在前排时能拦击对方主攻手的进攻；在二传手防守后不能传球时，接应二传手也可以传球，或在场地的右翼（1号、2号位区）担当攻击任务，常常是队内的主要得分手。

5. 自由防守队员

自由防守队员是专职防守的队员，穿着与别的上场队员明显不同的服装，主要在后排承担防守重任，可以替换场上后排任何一名队员，但不能在前场区（3米线前）传球组织进攻。

四、排球比赛规则简介

（一）比赛场地

排球场地包括比赛场区和无障碍区。比赛场区为长18米、宽9米的长方形，其四周至少有3米宽的无障碍区。比赛场区上空的无障碍区从地面量起至少高7米，其间不得有任何障碍物。场地的地面必须平坦、水平、划一，并不得有任何可能伤害队员的隐患，不得在湿滑或粗糙的地面上比赛。（图6-3-25）

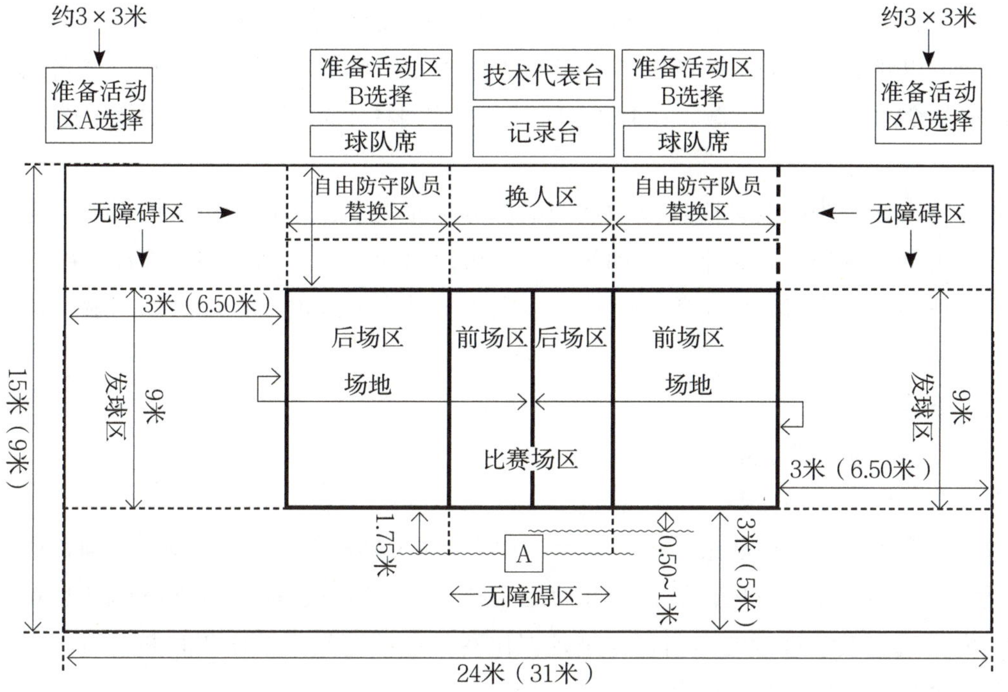

图6-3-25　排球比赛场地示意图

（二）比赛规则

1. 队的组成

一场比赛中，一支球队可以由最多12名队员组成：一名教练员、最多两名助理教练员、一名理疗师和一名医生。球队中任何1名队员可担任队长，并注明在记录表上。

2. 比赛方法

如果发球队获胜，得1分并继续发球；如果接发球队获胜，得1分并获得发球权。每局（决胜的第5局除外）先得25分同时至少超过对方2分的队胜1局。当比分为24∶24时，比赛继续进行至一支球队领先2分为止。胜3局的球队胜一场。2∶2平局时决胜的第5局先得15分并至少领先对方2分的球队获胜。每支球队必须始终保持6名队员进行比赛。

球队的位置表指明队员在场上的轮转次序，直至该局比赛结束。位置表一经提交第2裁判员或记录员，则除正常换人外，该阵容不得更改。

3. 比赛行为

(1) 球队的击球。比赛中，队员与球的任何触及都被视为击球。每队最多可击球3次（拦网除外）将球击回对方场区。如果超过3次，则该队被判为“4次击球”。1名队员不能连续击球两次，2名或3名队员可以同时触球。同队的2名或3名队员同时触到球时，被记为2次或3次击球（拦网除外）。2名不同球队的队员在网上同时触球时，比赛继续进行，获球一方可再击球3次。如果该球落在某方场区之外，则判对方击球出界。

(2) 球的性质。球可以触及身体的任何部位；球不能被接住或抛出，球可以向任何方向弹出；球可以触及身体的不同部位，但前提是同时。下列情况除外：拦网时，1名或多名队员可以在一个动作中连续触球，在1次击球时，允许身体不同部位在一个动作中连续触球。

4. 触网

队员的击球行为触及标志杆以内球网的部分为犯规。击球行为包括但不限于起跳、击球或试图击球、落地至准备下一个动作。队员可以触及网柱、网绳和标志杆外侧的其他任何物体，包括球网本身，但不得干扰比赛。由于球被击入球网而造成的球网触及队员的情况不算犯规。

5. 拦发球

拦对方的发球是被禁止的。

6. 比赛间断与延误比赛

每局比赛中，每支球队最多可以请求2次暂停和6人次换人。请求暂停必须在比赛成死球后至裁判员鸣哨允许发球前进行，并使用相应手势。所有被请求的暂停时间为30秒。一支球队拖延比赛继续进行的不当行为是延误比赛，包括拖延正常比赛间断，请求不合法的换人，再次提出不符合规定的请求等。

7. 局间休息

局间休息是两局比赛之间的时间。所有局间休息的时间均为3分钟。

8. 交换场区

每局比赛结束后两支比赛球队交换场区，决胜局除外。决胜局中一支球队获得8分时两队交换场区，不休息，队员保持交换前的位置继续比赛。

9. 自由防守队员

每支球队都有权从记录表上登记的队员名单中指定最多两名特殊的防守队员，即“自由防守队员”。无论任何时候场上只有1名自由防守队员。自由防守队员可以替换在后排的任何一名队员。他不能进行发球、拦网和试图拦网。涉及自由防守队员的替换不计算在换人次数之内。自由防守队员替换时，其上、下场的地点只能在“自由防守队员替换区”。

五、其他形式的排球运动

（一）沙滩排球

20世纪20年代，美国西部的南加利福尼亚海岸流行一种沙滩上的排球运动。1940年陆续举办沙滩排球比赛，吸引了更多的参与者，推动了沙滩排球运动的发展。美国、巴西等国家沙滩排球运动的氛围浓厚，普及性高，水平也较高。随着沙滩排球运动的普及，1986年国际排联根据排球规则及沙滩排球的特点制定了一套正式的比赛规则。亚洲国家的沙滩排球运动起步较晚。1986年2月在巴西里约热内卢举行了第1届世界沙滩排球系列大奖赛。1988年我国首次派出男队参加日本沙滩排球国际邀请赛。1989年我国在北戴河首次举办沙滩排球赛。1993年9月18日，国际奥林匹克委员会第101次会议确定了沙滩排球作为第二个排球比赛项目，并将其列为1996年亚特兰大奥运会的正式比赛项目。

国际排联组织的沙滩排球比赛场地，要求边线外的无障碍区至少为5米，端线外的无障碍区至少为4米；场地的地面必须是水平的沙滩，尽可能平坦和划一。沙滩必须至少为40厘米深并由细沙组成；场地的所有界线宽5～8厘米，界线必须是与沙滩不同的颜色（最好为深蓝色）的坚固材料制成的双层深蓝色或其他鲜明颜色的帆布带；标志带为5～8厘米宽、1米长的彩色带子。

国际排联组织的正式比赛和奥运会比赛均为两人制，分男女项目。其他比赛有女子四人制，男女混合两人、三人、四人制。比赛采用三局两胜每球得分制，前两局以先得21分并至少领先对方2分的队为胜一局；当比分为20：20时，比赛继续进行至其中一队领先2分者为胜。如果1：1平局时，决胜局（第三局）以先得15分并至少领先对方2分的队为胜；当比分为14：14时，比赛继续进行至其中一队领先2分者为胜。

（二）软式排球

软式排球起源于日本，20世纪90年代传入我国，受到广大群众尤其是青少年的喜爱。

球用海绵材料制成，不用充气。球的重量为280克，球的体积与硬排球相同，周长为65～67厘米。球的颜色有红、黄、蓝、白等。软式排球的基本技术、战术和比赛方法与硬排球相似。

（三）坐式排球

坐式排球是男子与女子坐式排球分别于1980年第6届残奥会和2004年第12届残奥会列为比赛项目。坐式排球是残疾运动员坐在地上进行的排球比赛。比赛场地长10米、宽6米。球网高度男子为1.15米，女子为1.05米。其比赛方法、参与人数、比赛用球以及赛制均与六人制室内排球大体相同。

第四节　网球运动

○ 思政小课堂

网球运动蕴含着深厚的文化底蕴。在网球的训练、学习和熏陶下，大学生将被其独特的文化氛围和体育特色所吸引。网球运动有其独特的审美、欣赏价值和美学艺术，从技术上讲，虽然网球运动对抗激烈，但它需要结合强大的技术展示以及巧妙的战术运用，给参与者和场边观众带来一定的视觉冲击，令人难忘。在网球比赛中，网球运动员的坚毅、勤奋、独立被展现得淋漓尽致，观众大加赞赏。网球训练需要双人或团队练习，学生在此过程中学习与他人交流，学会克服困难，增强自信和自我完善。网球课程作为一门实践操作型的学科，学生需要经历从陌生到熟悉，从学习正反手、切削球、截击球、高压球、发球与接发球等基本动作到各种技战术灵活运用。学习过程也可以看作是一段个人奋斗史，学生需要经过大量的思考和付出巨大的努力才能有所进步，在学习中切实体会自强不息的奋斗精神。

一、网球运动概述

网球是一项优美而激烈的体育运动，网球运动的由来和发展可以概括为：诞生在英国、孕育在法国，开始普及和形成高潮在美国，现在盛行全世界。网球运动起源于12 ~ 13世纪的法国，法国传教士在教堂回廊里玩一种用手掌击球的游戏，后来成为宫廷贵族中非常流行的一项室内消遣娱乐活动。

现代网球运动的历史是从1873年开始的，英国人沃尔特·克洛普顿·温菲尔德将早期的网球打法加以改进，使之成为夏天在草坪上进行的一项体育活动，并取名“草地网球”。所以温菲尔德被称为“近代网球的创始人”。1874年，美国人玛丽·奥特布里奇在观看了英国军官的网球比赛后，对这项体育活动颇感兴趣，于是将网球规则、网球拍和网球带到了纽约。1896年在雅典举行的第1届现代奥运会上，网球的男子单打与双打被列为正式比赛项目。后来奥运会网球比赛被迫取消。在1984年的洛杉矶奥运会上，网球被列为表演项目。1988年汉城奥运会上，网球重新被列为正式比赛项目。网球最早传入我国是在1885年前后，由国外传教士和商人带入，最先在上海和广州等地出现，后来一些教会学校也开展这项运动。经过长久的发展，我国涌现出了许多优秀的运动员，如李婷、孙甜甜、郑洁、晏紫、李娜、郑钦文等人。

网球运动起源于欧洲，流传于欧美，具有娱乐性、健身性和安全性等特点，受到大家广泛的认可。

网球场地可分为室外和室内两种，但大多数比赛是在室外进行，且有各种不同的球场表面。例如，草地网球是最基本的户外场地，但是其建立和保养费用昂贵，所以通常由人造球场取代，它较便宜且容易保养。另外还有一种在欧洲盛行的红土球场，法国网球公开赛即为此种球场。

二、网球基本技术

（一）握拍术语

握拍术语是对握拍手的“虎口”所形成的“V”形而言。但每个人的手不可能完全相同，单凭“V”形不一定可靠，所以必须从以下三点来进行检查：①手掌根，小鱼际所在部位；②食指下关节，食指掌指关节腹面所在部位；③手指垫，拇指指间关节腹面所在部位。

（二）握拍方法

1. 大陆式握拍法

大陆式握拍是一种可以用来做任何击球的握拍方式。大陆式握拍主要用于发球、网前球、过顶球、削切球及防御性击球。大陆式握拍就是将食指根放在第一个斜边上，使虎口的“V”形在拍柄上部。如果是左手，则把食指根放在第四个斜边上。（图6–4–1）

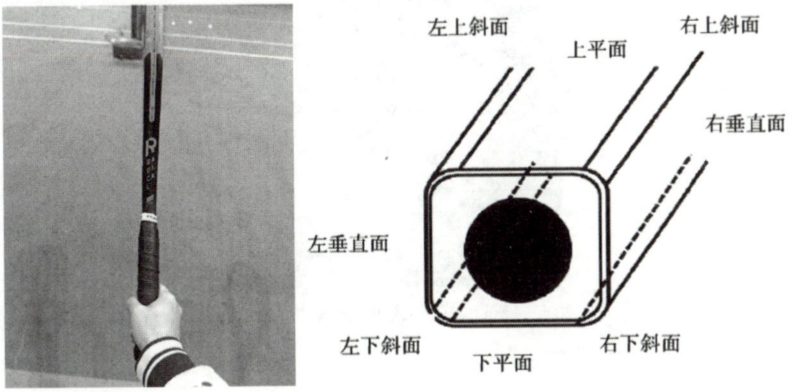

图6–4–1　大陆式握拍法

由于大陆式握拍法不需变换握拍的位置，所以具有简便灵活的特点。适合处理底线球，对上网截击也很有利。但对于腰部以上的来球，不易控制拍面，故打高球不太方便，也打不出强有力的上旋球。

2. 东方式握拍法

（1）东方式正手握拍法

以右手持拍为例。用右手掌根与拍柄右上斜面贴紧，拇指垫握住拍柄的左垂直面，食指微离中指，食指下关节压住拍柄右垂直面。由此拇指与食指成“V”形，对准拍柄的右上斜面和左上斜面的上端中间。好像与人握手，也称“握手式”握拍法。（图6–4–2）

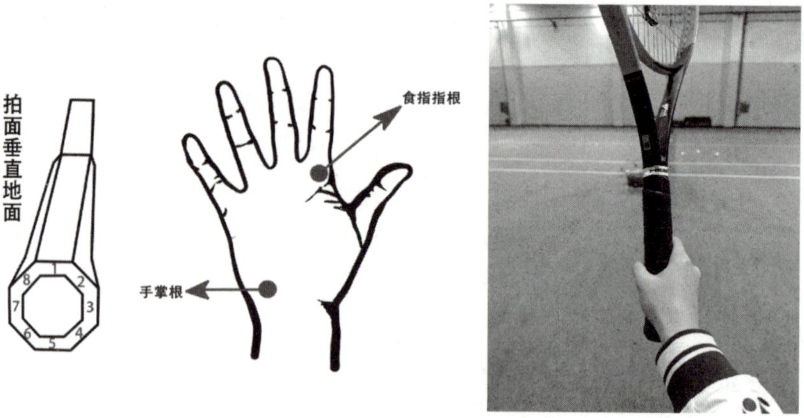

图6-4-2　东方式正手握拍法

（2）东方式反手握拍法

从正手握拍法把手向左转动（把拍子向右转动），使拇指与食指成“V”形，对准拍柄左上斜面与左垂直面的中间条线。用手掌根压住拍柄的左上斜面，拇指贴在左垂直面上，食指下关节压在右上斜面上。（图6–4–3）

图6-4-3　东方式反手握拍法

3. 西方式握拍法

（1）西方式正手握拍法。

手掌心朝下，手掌的大部分放在拍柄的底部，手掌根贴在拍柄的右下斜面上，拇指压在拍柄的左上斜面，食指的下关节握住拍柄的右下斜面。拇指与食指成“V”形对准握柄的右垂直面。西方式握拍有利于抽击出强有力的上旋球，特别适合打腰部及以上的来球。由于握拍手握在拍柄的下方，所以对比较低的来球，正、反拍都比较难处理。（图6–4–4）

（2）半西方式正手握拍法。

从大陆式握拍逆时针转动手（左手顺时针转动），将食指根放在第4个斜边上，手几乎都在拍柄的上方。（图6–4–5）

（3）半西方式反手握拍法。

与西方式正手握拍法对应，从东方式反手握拍开始，左手顺时针转动，直到食指根移

动到拍柄的下一条边上。(图6-4-6)

图6-4-4　西方式正手握拍法

图6-4-5　半西方式正手握拍法

图6-4-6　半西方式反手握拍法

4. 双手反手握拍法

右手是半西方式握拍法，握在球拍拍柄的底部，右手掌根与拍柄对齐。左手握在右手的上方，呈半西方式握拍。该握拍法的优点在于对力量不足的队员学习反手击球比较容易，同时该握拍法易于对来球加上旋和进行发力，击球点可更靠后些，且动作的隐蔽性强，对方不易发现是击斜线球还是击直线球。缺点在于对步法要求精确。(图6-4-7)

图6-4-7　双手反手握拍法

(三)基本站位

网球基本站位有四种，分别是开放式站位、半开放式站位、中间式站位、关闭式站位。

1. 开放式站位

两腿连线平行于球网，挥拍的同时转肩转臂，击出的球球速最快。[图6-4-8(a)]

2. 半开放式站位

半开放式站位要求握拍手非同侧腿向前跨一步，与另一条腿没有交叉，两腿之间连线与球网成45°角。[图6-4-8(b)]

3. 中间式站位

中间式站位要求前后脚连线垂直于球网，相比较而言，击球较关闭式站位更加舒展，特别是当来球出浅，需要跨步击球时，身体回位时间更短。[图6-4-8（c）]

4. 关闭式站位

上步之后，前后腿交叉即可形成关闭式站位。此种站位方式在一定程度上会限制队员的移动，当队员转体朝向侧面准备挥拍时，臀部就会有被卡住的感觉，这样就限制了其移动。在实战中一般是对方来球球速较慢，自己脚步提前到位站定的情况下，采用关闭式站位，回过去的球会比较稳定、扎实。[图6-4-8（d）]

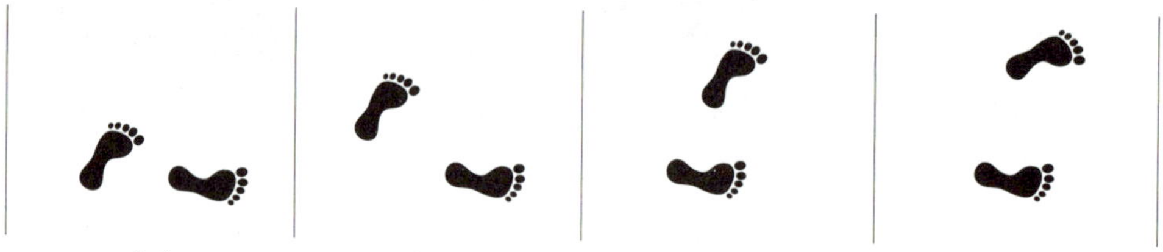

（a）　（b）　（c）　（d）

图6-4-8　击球站位

（四）基本步法

1. 垫步

垫步是指两脚同时在原地以脚尖点地，向上微微跳起，两脚与身体平行，然后又以脚尖着地，是许多动作开始启动前做出的一个动作。（图6-4-9）

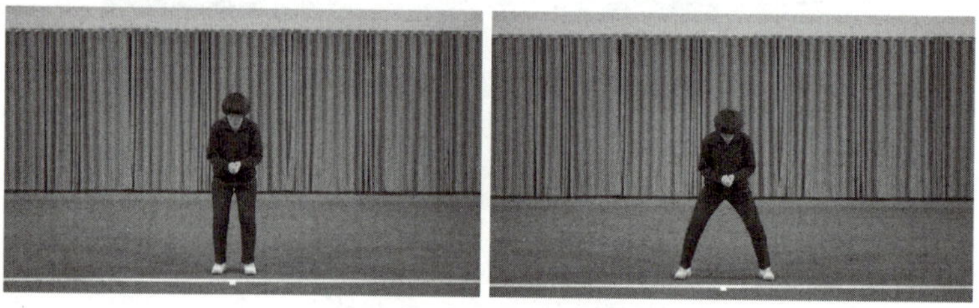

图6-4-9　垫步

2. 滑步

滑步是用于向两侧移动不需要太远的调整步伐，其动作是一脚向另一脚靠拢，另一脚向外迅速滑出一步，反复进行。滑步分侧滑步和前后滑步两种。（图6-4-10）

图6-4-10　滑步

3. 交叉步

交叉步是一种面向击球方向身体基本保持不变，向一侧进行快速移动的步伐，其动作是以在移动方向的脚为中枢脚。移动时，另一侧脚蹬地，使重心移到中枢脚上，蹬地脚迅速向移动方向交叉跨出一步，脚尖着地后，中枢脚迅速向同方向跟上，然后还原成基本姿势。（图6-4-11）

图6-4-11 交叉步

4. 碎步调整

在挥拍击落地球前，通过小碎步调整可以使击球处于最佳的位置。具体方法是：当接近击球位置时放慢脚步，两脚做小幅度调整，然后再跨出一步击球。（图6-4-12）

图6-4-12 碎步调整

（五）击球时机

击球时机是指根据来球判断与自己的位置，在合适的时机进行击球，一般击球的时机分为以下三种。

1. 截击球

除了发球，不等球落地就进行击球，称为截击球。

2. 上升期击球

球落地后弹起，处于上升期时击球，称为上升期击球。

3. 下降期击球

球落地后弹起，经过最高点后处于下降期时击球，称为下降期击球。

截击球一般用于网前击球。位置2回击球一般是对方将球快速打到脚下，来不及退让的情况下借力迎上去击球；位置3回击球是大多数球进行回击的时机。位置1回击球攻击性高于位置2，位置2回击球攻击性高于位置3，因为球在空中飞行时间短、速度快，回击球对方反应时间短、回击球速度快，但位置3回击球稳定性最高。需注意这三种击球时机的最佳击球位置在腰部高度。（图6-4-13）

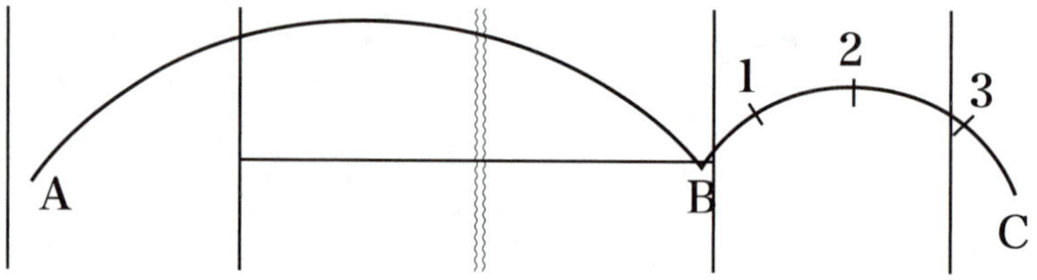

图 6-4-13　击球时机

注：1 表示截击球；2 表示上升期击球；3 表示下降期击球。

（六）正手击球技术

1. 准备姿势

面对球网，两脚自然开立与肩同宽或略宽于肩，两膝放松，重心稍向前移，落在前脚掌上。左手扶住拍颈，拍面与地面垂直，拍头指向对方，注意对方来球，做好击球准备。

2. 后引球拍

当判断来球需要用正拍回击时，向右转肩、转髋带动球拍向后、向上弧线引拍，引拍要迅速，球拍指向球场后端的挡网，拍底正对着球网，拍头向上稍高于手腕；同时移动双肩，重心后移，左脚前踏（与端线成45°角），左肩对网，尽量保持侧身迎击球，左手一定要随着侧身转动而指向前面的来球。

3. 挥拍击球

击球时应转动身体，用力蹬脚，以肩关节为轴，手腕固定，用上臂带动前臂，沿着来球的轨迹挥出去，一般在左脚右侧45°齐腰的高度击球。当来球较高时，应快速后退；当来球较低时，应上前并屈膝，始终保持在与腰齐高的位置击球。

4. 随挥跟进

球接触球拍后，使拍面平行于网的时间尽量长些，挥拍沿着球的飞行方向前送，重心前移落在左脚上，身体转向球网，拍头随着惯性挥到左肩的前上方，肘关节向前向上，用左手扶拍颈，随挥跟进结束，立即恢复到准备姿势。

正手击球技术如图6-4-14所示。

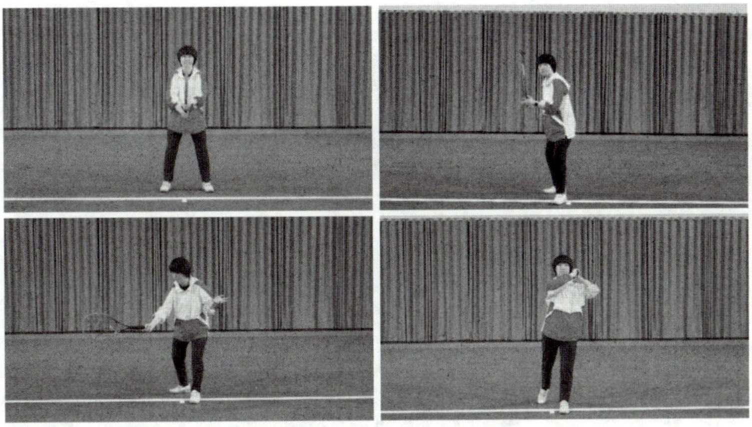

图6-4-14　正手击球技术

（七）反手击球技术

1. 单手反手击球技术

（1）准备姿势。

面对球网，两脚自然开立，与肩同宽或略大于肩宽，两膝放松，重心稍向前移，落在前脚掌上。左手扶住拍颈，拍面与地面垂直，拍头指向对方，注意对方来球，做好击球准备。

（2）后引球拍。

引拍动作要早，当判断来球飞向反手时，转肩动作开始。转肩时，左手放在球拍颈部帮助持拍手转换成东方式反手握拍，同时与右手手臂一起保持球拍的稳定和平衡，直到开始向前送拍，左手再松开，右手肘关节弯曲并贴近身体向后引拍。由于单手反手击球动作所用时间比任何底线击球技术所需时间都要多，降低引拍的高度是节省时间的好方法。引拍结束时拍头指向身侧后，右脚向左前方跨出，形成右肩侧对球网。

（3）挥拍击球。

击球前将拍头降低，膝关节弯曲重心下降。向前挥拍时，肘关节微屈并外展，锁紧手腕，拍面垂直地面，为了产生足够的力量，身体的重心由后向前传送。击球点在右髋稍前一些，触球瞬间，将身体的力量从脚下经过臀部传送到肩膀上，并在击球时释放出来。触球后，肩膀的转动即结束，此时左手留在身体左侧方。

（4）随挥跟进。

击球后右手手臂继续向上向前伸展，肘部可以保持一定的弯曲，也可以伸直，前胸不必完全扭转过来，依然朝向侧面。

单手反手击球技术如图6-4-15所示。

图6-4-15　单手反手击球技术

2. 双手反手击球技术

（1）准备姿势。

面对球网，两脚自然开立，与肩同宽或略大于肩宽，两膝放松，重心稍向前移，落在前脚掌上，形成蓄力状态。左手扶住拍颈，拍面与地面垂直，拍头指向对方，注意对方来球，做好击球准备。

（2）后引球拍。

判断来球后，握拍转换成双手反手握拍。看准来球路线，左脚取位的同时扭转腰髋，两臂保持弯曲，持拍手前臂略贴紧腹部向后引拍。重心置于左腿上，根据球反弹的情况适时迈出右脚，把握右脚迈步的时机很关键，如果迈步过早，则不能充分利用身体重心转移和腰部扭转动力，使下肢爆发力作用不到击球上。当引拍结束时，能从右肩方向看到来球。

（3）挥拍击球。

为了使球产生上旋，击球前拍头必须先下落。右脚向前踏步的同时腰部向右回转，配合转腰手臂带动球拍从球后方一直向前上方挥拍，随着转腰身体重心自左脚移到右脚，膝关节弯曲。击球点在右髋稍前，触球时双手臂略弯曲，右手握拍不可过紧，否则不利于手腕角度的变化。

（4）随挥跟进。

击球后两臂尽量向前伸展以增加击球的力量，同时身体转而面对球网，球拍随势挥至右肩上方，非持拍手在随挥过程中保持对拍柄的控制，避免过早脱离导致动作变形。保持身体直立，通过左肩能看到对面球场。

双手反手击球技术如图6-4-16所示。

图6-4-16　双手反手击球技术

（八）发球技术

发球是指每个击球回合的第一次击球。发球队员将球向空中任何方向抛起，待球落地之前运用上手或下手的击球动作将球击打到对方发球区内。发球可分为下手发球和上手发球两种。根据球拍与球作用效果可分为平击发球、上旋发球和切削发球。

1. 下手发球技术

下手发球技术由准备姿势、引拍阶段、击球阶段和随挥阶段四个环节组成。

（1）准备姿势。

面对球网站立，膝关节稍微弯曲，身体的重心落在前脚掌；左手持球，右手放松。

（2）引拍阶段。

上身向右后方扭转；球拍后摆，左脚向前上步；左手将球稍向上抛；眼睛盯住球。

（3）击球阶段。

球拍稍微降低、下垂，腕关节微打开，肩膀向前扭转，在球落地前，在身体一侧的前面击球，拍面由垂直变为稍稍打开。

（4）随挥阶段。

击球手臂和球拍顶端应向前上方随挥；球拍放低并做好回球的准备。

下手发球技术如图6-4-17所示。

图6-4-17　下手发球技术

图6-4-17　下手发球技术（续）

2. 上手发球技术

上手发球一般采用大陆式握拍法或东方式反手握拍法，发球动作技术由准备姿势、抛球引拍、挥拍击球和随挥跟进四个环节组成。

（1）准备姿势。

两脚前后自然开立，左脚在前，右脚在后，侧身站立在端线外中场标记附近，左肩对着左边网柱，面向右边网柱，两脚分开约与肩同宽，左脚与端线约成45°角，右脚约与端线平行，重心在左脚上。左手持球轻托球拍在腰部，拍头指向前方。

（2）抛球引拍。

抛球与后摆引拍动作是同步进行的。持球手拇指、食指和中指三指轻轻托住球，掌心向上。当球拍向下向后引拍时，持球手同时下降至右腿处，紧接着当球拍从身后向头上方做大弧度摆动，身体做转体、屈膝、展肩时，持球手柔和地在身前左脚前上举，直至伸高至头顶。抛球动作要协调、平稳，球送至最高点再离开手指抛向空中。此时右肘向后外展约同肩高，拍头指向天空，左侧腰、胯成弓形，身体重心随着抛球开始先移向右脚，然后平稳地开始前移。

（3）挥拍击球。

当左手抛出球时，球拍继续向上摆起，这时握拍手的肘关节放松。当球下降至击球点时，左脚上蹬，身体左转面向出球方向，迅速以肘领先，带动上臂向上挥拍击球，手臂和身体充分伸展，当身体向前上方伸展击球时，肩、手臂已经回转，挥拍击球时，持拍手腕带动前臂有一个旋内的“鞭打”动作。

（4）随挥跟进。

击球后，身体向场内倾斜，保持连续的、完整的向前上方伸展的随挥动作，随后，球拍挥至身体的左侧下方，重心移向前方，做到完全自然地跟进并保持身体平衡。

上手发球技术如图6-4-18所示。

图6-4-18　上手发球技术

3. 平击发球

平击发球是力量大、球速最快、反弹低、威胁很大的一种发球方法，可称为炮弹式发球。缺点是容易失误。

发平击球时，用球拍面中心平直对准抛出的球，在右眼前上方抽击球的后中上部，要提高发球的准确率，必须充分向上向前伸展手臂和身体，从而获得最高击球点。击球时要积极地做好“带腕”和手臂的鞭打动作。（图6-4-19）

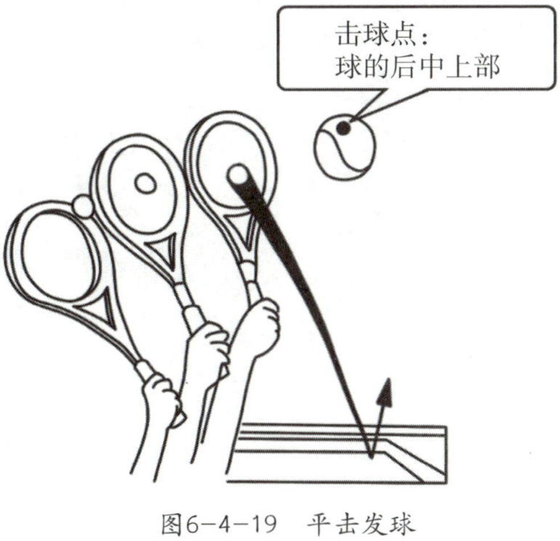

图6-4-19　平击发球

4. 上旋发球

上旋发球是球拍通过向上摩擦网球使球产生以上旋为主、侧旋为辅的发球方法，上旋发球球过网后产生明显下坠，反弹很高，前冲很大，稳定性也很高。上旋发球时抛出球的位置在头后稍偏左方，击球时身体成弓形，球拍快速从左向右上方挥动，从下向上擦击球的背面，并向右带出，使球产生右侧上旋。（图6-4-20）

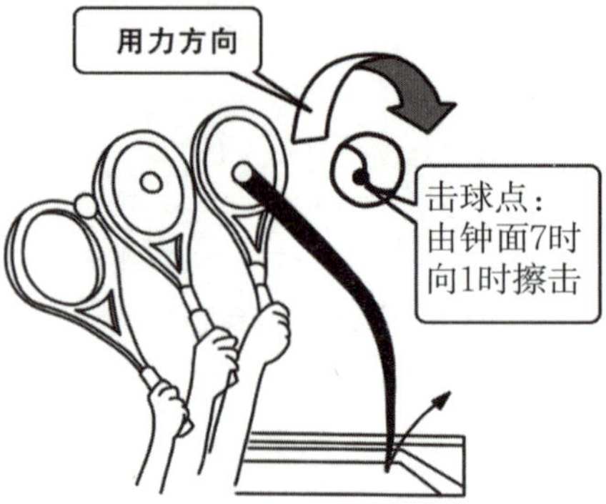

图6-4-20　上旋发球

5. 切削发球

切削发球是由球拍从球右上方往左下方切削击球的一种发球方法，球速快、威胁大、命中率高。切削发球时抛出球的位置在身体右侧斜上方，利用身体的转动，球拍迅速从右侧中上方向左下方挥摆，击中球的中部偏右侧，使球产生右侧旋转并略带下旋，使球落到对方的场地而弹力减弱。（图6–4–21）

图6-4-21　切削发球

（九）接发球技术

接发球技术是指还击对方发球的技术。接发球也是网球运动中一项重要的基本技术，接发球技术的好坏直接影响到比赛的持续性。

1. 站位

接发球时，要站在合适的位置上，接发球队员一般站在端线与单打边线的交叉处，两脚分开与肩同宽或略宽于肩，重心放在前脚掌上，与发球队员的站位连成一条直线，随着发球队员位置的变化相应移动。需注意接一发时位置稍离开端线，接二发时则可靠近端线或进入场内。

2. 准备动作

采用正手握拍，准备姿势同正手击落地球动作。待发球队员准备发球时，要注意观察对方的发球站位，提早判断和预测对方的发球方式。从对方开始抛球，眼睛要盯紧球，同时两脚稍微跳离地面。落地时两脚与肩同宽，两腿弯曲，两脚尖已朝向准备接球的方向，身体重心前倾。

3. 击球动作

判断来球后，两肩向后转动完成引拍动作，后摆幅度根据来球的速度调整，发球越快，引拍和击球动作就越短促。面对力量大和速度快的球，可用切或挡击球，击球瞬间握紧球拍，手腕保持固定，主动迎前击打来球，减少挥拍幅度。面对力量小、速度慢的发球，应抓住机会，迅速移动身体，采用攻击性强的抽击球，以便先发制人。

（十）截击球技术

截击球是指把过网并在空中飞行的来球凌空击回，具有回球速度快、力量大的特点。截击球是积极进攻的一项技术，可以通过缩短击球距离，扩大回球角度，在时间和速度上赢得取胜的机会。截击球大多是在离网较近处完成。

1. 正手截击球

（1）站位。

一般近网截击站在离球网2米左右的距离。站位太靠近球网，容易被对方打过顶高球；站位离球网太远，又容易被对方穿越，所以选择站位应便于向前封堵和及时后退高压，从而达到网前的进攻效果。

（2）准备姿势。

两脚平行，自然开立，与肩同宽，重心放在两脚前脚掌，身体前倾，膝关节微曲，持拍手采用大陆式握拍，非持拍手扶拍颈将球拍置于体前，拍头竖起，双肘稍离开身体。

（3）后引球拍。

当判断球飞来时，以身体为轴向右侧转动，球拍略微向后打开，不要超过后肩，身体面向来球方向，拍面与来球在同一高度并对准球。此时，拍头高于手腕，手腕固定，眼睛盯球，左手伸向前方，身体重心移向右腿。

（4）挥拍击球。

击球时，左腿向右前上方跨步，击球点保持在身体右侧前方，触球瞬间持拍手握紧拍柄，锁紧手腕，保持好手腕与前臂的角度，拍面触击球的后下部，根据对方来球高低不同，利用膝关节的屈伸调整重心。

（5）随挥跟进。

前挥动作幅度要小，触球后利用肩的前推及身体重心的前移将球拍向击球的方向推送，前送动作要短。

正手截击球技术如图6-4-22所示。

图6-4-22 正手截击球技术

2. 反手截击球

（1）站位。

站位与正手截击球站位相同。

（2）准备姿势。

准备姿势与正手截击球准备姿势相同。

（3）后引球拍。

当判断来球飞向反手时，身体向左侧转动，同时左手辅助拍颈将球拍向后拉动，引拍不要过大，拍头竖立，高于左肩，持拍手的肘关节弯曲，球拍置于来球后方，重心移至左腿，眼睛盯住来球。

（4）挥拍触球。

击球前，右腿向左前上方跨步，重心从左腿转至右腿，左手离开球拍，持拍手前臂带动球拍迎击来球；击球点在身体左侧前上方，击球瞬间，手腕固定，拍面略后仰，手臂略伸展开向球后下方截击，身体保持直立，左手控制在身体左侧方，以保持身体平衡。

（5）随挥跟进。

击球后球拍沿击球方向跟进，此时，还应保持手腕固定，以避免球拍晃动及不稳定对击球方向产生影响。

反手截击球技术如图6-4-23所示。

图6-4-23 反手截击球技术

（十一）高压球技术

高压球是指在网前或中场将头部以上的来球采用高于肩部的扣压动作将球击过球网的一项击球技术。它是从头的上方把球扣到对方场区，又称杀球，其落点准、力量大，是一项强攻性技术。在网球比赛中，把握好高压球机会，会增强队员击球的自信心，反之会影响队员的士气。因此，在平时也应重视高压球的练习，培养队员自信心。高压球可分为落点高压球和凌空高压球，下面主要讲述凌空高压球技术。

1. 握拍

采用大陆式握拍法。

2. 准备姿势与后引球拍

打好高压球的关键就是选择正确的击球位置，判断出对方挑高球后，迅速侧身使用交叉步或滑步移动到来球的下方。非持拍手臂抬起指向来球，同时将持拍手臂的肘部抬起，抬头指向天空。

3. 挥拍触球

持拍手臂挥拍击球同发球一样，先让球拍头放下，做出“搔背动作”，同时非持拍手继续指着来球，保持抬头姿势，眼睛盯球，准备上网截击。击球时，利用蹬地、转体动作向上挥拍击球。持拍手臂充分伸展，击球点在身体前方略靠外侧的位置，以平击方式触球。

4. 随挥跟进

击球后球拍沿击球方向跟进，手腕和前臂产生自然的下压动作，球拍沿着挥拍轨迹自然结束到身体的左侧，拍头指向身后的挡网。

高压球技术如图6–4–24所示。

图6–4–24　高压球技术

三、网球基本战术

网球基本战术是指队员在比赛中，根据网球运动规律及临场比赛情况的发展变化，有意识地运用合理的技术所采取的有目的、有针对性的行动。

（一）战术的基本要素

深度、角度和速度被认为是网球比赛的三个基本要素。

1. 深度

深度是指队员击球过网落在场内，球的落点距离对方端线远近的程度。距离端线近即谓打球深，距离端线远即谓打球浅。把球打深的意义在于：它能使队员有充裕的时间对来球做还击的准备。球飞行距离长，容易争取时间做出下一次击球的反应，是使自己摆脱被动而争取主动的一个好方法。把球打深可以阻止对方上网截击，因为对方从端线击球以后再跑到网前，奔跑距离长，很难上网进行截击。

2. 角度

角度是指角的大小。角是指从一点引出的两条直线，或是从一条直线上向左侧和右侧展开的两个平面所形成的空间。对网球队员来说，角度是从击球队员的击球点至接球队员所构成的一条直线，然后向左侧和右侧展开的两个平面所形成的空间。如果以击球点与接球队员所构成的直线为零度，那么，向左侧和向右侧展开的平面越大，就越具有威胁性。打角度球就是尽量扩大击球点至落点与击球点至接球队员之间所形成的角度，使击球后球行进的路线远离接球队员。打角度球的意义在于，它能调动对方，特别是将对方拉出场外，使场上出现空当，继而击球得分。

3. 速度

速度是指身体某部分在短时间内快速运动的能力，包括对外界信号刺激快速反应的能力、人体快速完成动作的能力及快速移动的能力。对网球来说，有技术方面的动作速度，如拉拍早、摆速快、击出的球速度快等。另外，还有队员反应果断、移动等方面的速度。速度快的队员适时地将球还击过去，在速度上优于对方。使用截击球回球速度最快、威胁性也最大。

需注意的是，比赛中三要素的结合运用，即深度+角度、深度+速度、角度+速度、深度+角度+速度，更能发挥出击球威力，取得比赛主动，从而能占据场上优势。

（二）战术的指导思想

1. “稳”字当头

比赛中，要有耐心，击球要稳，不要滥用自己还不熟悉的打法或想一下击出把对方置于死地的冒险球。因为这样打球所付出的代价比收获要大。一般击球的落点在距边线60厘米以内的区域。

2. 把球打深

无论进攻型或防守型队员，都需遵循一个原则：把球打深。球的落点在离端线60 ~ 90厘米处，以使队员有充裕的时间对回击球作出反应，并能阻止对方上网，以及缩减对方回球的角度。

3. 争取上网截击

上网截击可以使队员的击球范围增大，让对方疲于应对或失误，同时提高了回球速度，使对方来不及调整位置接球。

（三）单打战术

1. 上网打法

上网打法是指利用网前进攻为主要得分手段的打法，分为发球上网、随球上网等。发球上网是利用发球的力量以及旋转和落点的变化主动进攻，先发制人；随球上网多利用双方在底线进攻相持时出现质量不高的浅球，果断地抢点击球，随后上网。

2. 底线打法

底线打法是指以正、反手抽击为基础的打法，可分为对攻、防守反击等。首先要将球打深，球落在端线前而不是发球线附近；其次利用落点调动对方，或者抓住对方的弱点进行突破；最后在有机会的情况下也可采用上网截击。

3. 综合打法

综合打法是指运用各种技术进行攻击和防守的打法。如对方频频上网，可采用挑高球迫使其退回；如对方底线技术很好，可适当放一些小球诱使其上前，再用力将球打深来调动对方。综合打法就是将底线和上网两种打法结合起来，根据场上情况，随机应变。

（四）双打战术

双打是网球比赛的主要项目，双打对体力要求较低，适合各种年龄层次的人参加。

1. 双打的站位

发球队员和接球队员都应做好击球后上网的准备。双打时一般让技术水平较高的队员站在左区，或者由正拍技术较好的队员站在右区，反拍技术较好的队员站在左区。发球和接发球时的站位一般是：发球队员站在中点与单打线的中间，发球队员的同伴站在发球线和球网之间，并稍偏向单打边线处。接球队员站在右区端线靠近单打线处，接球队员的同伴站在发球线前边，略靠近中线。

2. 双打的配合

双打要求两名队员配合得像一个人，才能发挥出最好的水平。比赛中两名队员相互间的距离不能拉开3.5米以上，以利于并肩战斗。当同伴移动到自己区域截击时，队员应迅速补位；当同伴退到底线接高球时，队员也不应继续留在网前，而应后退，使两人处于最佳防守位置。当对方上网时，队员可以挑进攻性高球，迫使对方退回后场。

四、网球比赛规则简介

（一）比赛场地

网球场地为长方形，长度为23.77米，单打比赛场地的宽度为8.23米，双打比赛场地的宽度为10.97米。场地被一条悬挂在绳索或金属绳上的球网从中间处分隔开，所使用的绳索或金属绳附着或悬挂在1.07米高的两根网柱上，两根网柱间距12.80米。球网中心的高度应为0.914米，并且用中心带向下绷紧固定。（图6-4-25）

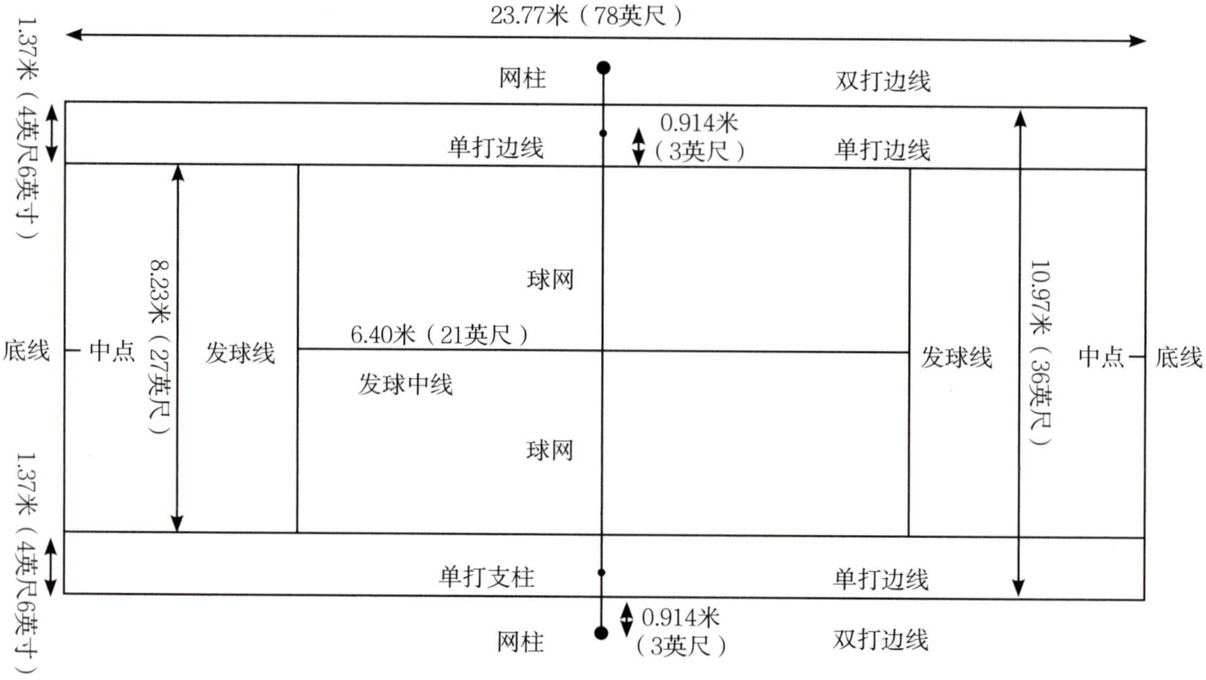

图6-4-25　网球比赛场地示意图

（二）发球规则

1. 发球动作

在即将做出发球动作前，发球员必须静止站在底线后（即远离球网的一侧），双脚位于中点的假定延长线和边线的假定延长线之间；然后发球员应当用手将球向任意方向抛出，在球落地前用球拍将球击出在球拍击到球或挥空的那一刻，视为整个发球动作已经完成。对于只能使用一只手臂的队员，可以用球拍完成抛球。

2. 脚误

在进行发球动作期间，发球员不得通过走动或跑动来改变位置，但允许脚步轻微移动，或任何一只脚触及底线或场地内的地面，或任何一只脚触及边线假定延长线的地面，或任何一只脚触及中点的假定延长线。如果发球员违反了这些规定就是一次“脚误”。

3. 发球程序

在常规发球局中，发球员在每一局都应当从场地的右半区开始，交替在场地的两个半区发球。在平局决胜局中，第一分球应当从场地的右半区发出，然后交替在场地的两个半区发球。发出的球应当越过球网，在接发球员回击发球之前落到对角方向的发球区内。

4. 发球失误

发球员试图击球但未能击中；发出的球落地前碰到了永久固定物、单打支柱或网柱；发出的球触到了发球员或发球员的搭档，或其穿戴、携带的任何物品。

5. 第二发球

如果第一发球失误，发球员应当立即从同一半区再发一次，除非第一发球是从错误的半区发出的。

6. 何时发球和接发球

发球员应在接发球员做好准备后再发球。但是接发球员应当按照发球员合理的发球节奏来比赛，并在发球员准备发球时，在合理的时间内做好接发球的准备。接发球员如果试图回击发球，则被认为已做好准备。如果证实接发球员确未做好准备，那么该次发球也不能被判为失误。

7. 盘分

盘分有不同的计分方法。主要的计分方法是“长盘制”和“平局决胜制”两种。比赛中可以使用任何一种计分方法，但必须在赛前宣布。如果使用的是“平局决胜制”的计分方法，还必须声明决胜盘将采用“平局决胜制”还是“长盘制”。

①“平局决胜制”：先赢得6局并净胜对手两局的运动员/队才赢得一盘。如果局分达到6:6时，则须进行“平局决胜制”。

②“长盘制”：先赢得6局并净胜对手两局的运动员/队才赢得一盘。必要时一盘必须持续进行，直到一方运动员/队净胜对手两局为止。

8. 赛制

比赛可以采用三盘两胜制，先赢得两盘的运动员/队赢得比赛；或采用五盘三胜制，先赢得三盘的运动员/队赢得比赛。

第五节 乒乓球运动

○ 思政小课堂

乒乓球被誉为我国的“国球”，众多运动健儿在国际赛场上取得了优异的成绩，为我国体育事业作出了巨大的贡献。乒乓球运动能促进当代大学生树立良好的国球意识及爱国主义精神，并在此基础上培养优良品质。我国乒乓球队在国际赛场上能够长盛不衰是因为其不断创新的精神，技战术打法的创新使我国乒乓球运动实现可持续发展。胸怀祖国、放眼世界、为国争光、不断创新的乒乓精神丰富了中华民族精神的内涵，是指导当代大学生积极向上的重要体育精神。

一、乒乓球运动概述

乒乓球运动于19世纪末始创于英国，它是由网球运动派生而来的。当时英国的一些大学生从网球中得到启示，在室内以餐桌为球台，以书为球网，用羊皮纸贴面作拍子，用橡胶或软木作球，在餐桌上推来挡去。当时球台大小和球网高低都没有统一的规定，发球的方法也没有太多限制。后来此游戏在英国流行起来，并被命名为“桌上网球”。1890年，英格兰运动员詹姆斯·吉布从美国带回空心赛璐珞球代替软木塞。因赛璐珞球打起来发出“乒乓”的声音，于是称这种球为“乒乓球”。世界乒乓球运动的发展经历了四个阶段：早期萌芽阶段，以木板拍与推挡技术的运用为主；基础阶段，欧洲占主导地位，以胶皮拍与削球技术的运用为主；发展阶段，日本占绝对优势，以海绵拍与长抽技术的运用为主；提高阶段，奥运时代，我国占主导地位，以海绵胶皮拍与弧圈球技术的运用为主。

二、乒乓球基本技术

（一）基本步法

1. 单步

在来球距离身体一步以内的较小范围、角度不大的情况下、台内或在还击追身球时采用此种步法。

动作要点：以一脚前脚掌内侧为轴稍转动、蹬地用力，另一脚向来球方向做前、后、左、右移动一步。

2. 并步

从基本站位向左右移动时多采用并步，亦称滑步或换步。

动作要点：一脚向来球方向移动，另一脚随即跟着移动一步。

3. 交叉步

在来球较远的情况下多采用交叉步。

动作要点：左脚向来球方向交叉，并超过右脚，然后右脚随即向来球方向移动。

4. 跨步

进攻型选手左右移动击球多采用跨步。

动作要点：靠近来球方向的脚向来球方向跨一大步，另一脚顺势跟上。跨步移动的范围大，速度快。

（二）握拍方法

乒乓球的握拍与击球动作有着密切的关联，在一定程度上影响着每名运动员的技术特点。目前，世界上流行的握拍法主要分为两种：一种是直拍握法，简称“直拍”；另一种是横拍握法，简称“横拍”。前者多为亚洲运动员所采用，而后者是欧洲运动员的传统。握拍的方法简称“握法”。不同的握法各有其优点，从而产生各种不同的打法，可以说它决定着一名运动员的特长发挥。

1. 直拍握法

用拇指和食指握住球拍拍柄与拍面的接合部位。拍柄右侧贴在食指的第三指关节内侧，食指的第二指关节压住球拍的右肩，其第一指关节自然向内弯曲；拇指的第一指关节压住球拍的左肩，其他三指自然弯曲斜形重叠，以中指第一指关节托于球拍背面1/3上端。直拍握法分为三种：标准握法、大钳式握法和小钳式握法。（图6–5–1）

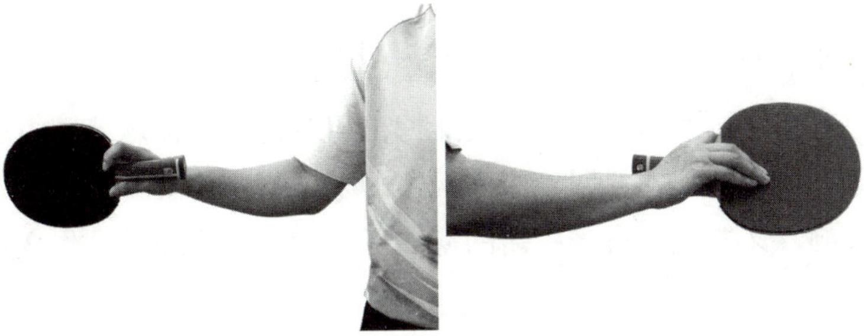

图6–5–1　直拍握法

（1）直拍握法的特点。

正、反手都用球拍的同一面击球（直拍横打除外），出手速度更快；正手攻球快速有力，攻斜线、直线时拍面变化不大，对手不易判断；手指、手腕的运用空间较大，在发球变化、处理台内小球和近身球方面相对有利。但反手（正面）攻球因受身体阻碍，较难掌握；防守时，照顾面积较小。

（2）直拍握法的关键点。

直握球拍时，前面的拇指和食指主要用于调整拍形、转换击球方式，后面的三个手指则起到辅助和支撑作用，缺一不可，否则就会出现球拍乱晃、拍形调节不便、发力不集中等问题。

(3) 直拍握法的运用。

正手攻球时，拇指和中指协调用力控制好拍形，食指放松。中指指尖顶住球拍背面，保证球拍的稳定和发力。推挡时，食指和中指协调用力控制拍形，拇指相对放松。

(4) 直拍握法的注意事项。

采用直拍握法时，应避免中指顶球拍的位置与拇指压球拍的位置过于接近，否则会造成两手指用力互相抵消，影响手指之间的配合。并且，为了保证握拍用力支点的敏锐，拍柄背面应靠在虎口的食指根部关节上，而不是靠在虎口中间，否则会因虎口把拍柄握死而影响灵活性。

2. 横拍握法

用中指、无名指和小指自然握住拍柄，拇指在球拍的正面，食指自然伸直斜放于球拍的反面，虎口正中央贴拍柄正侧面。虎口紧贴拍柄正侧面，称为深握法，虎口处稍离开拍柄肩侧，称为浅握法。(图6-5-2)

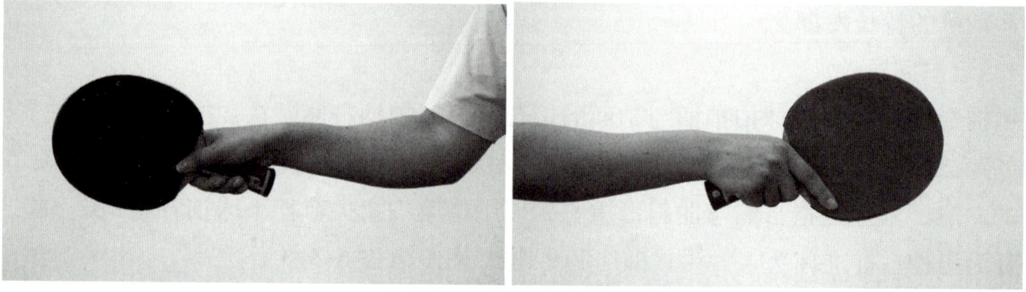

图6-5-2 横拍握法

(1) 横拍握法的特点。

手指、手掌与球拍的接触面积稍大，因此握拍相对稳定，控球范围也较大；反手攻球既便于发力，也适宜拉弧圈球。但回接左右两边的来球时，需要转动拍面，这既给出手速度带来了一定的影响，又造成了自身中路的薄弱环节；攻直线球时动作变化明显，易被对方识破。

(2) 横拍握法的关键点。

正手进攻时，食指压拍，以拇指第一指节作为支点，与中指协调控制拍形并传递击球的力量，甚至可以将食指略向球拍中部移动，以使其压拍的用力点与球拍正面的击球点更接近；反手进攻时，则是以食指根部关节为支点，拇指压拍控制拍形并传递击球力量，同样，也可令拇指略向上移去接近正面的触球点。

(3) 横拍握法的运用。

正手进攻时，食指的第一关节顶住球拍背面。反手进攻时，拇指顶住球拍面。

(4) 横拍握法的注意事项。

避免中指、无名指、小指和手掌将拍柄攥得过紧，否则会使手臂用力的传递不够敏锐、调节不够精细而影响击球的准确性。握拍不能太深或太浅、太松或太紧，以免影响手腕动作的灵活性及击球时的发力和准确性。

（三）发球

发球、接发球和发球抢攻是乒乓球实战中的重要环节，一般统称为“前三板”。由于每一分球的争夺都是由此开始，所以处理好“前三板”往往能起到先发制人的作用。

1. 平击发球

(1) 正手平击发球。

以右手持拍为例。站于球台中间偏左处，身体离球台约40厘米，两脚开立，略宽于肩。抛球时，向右侧后上方引拍，球拍拍面略前倾。挥拍击球时，球拍向前下方挥动，击球的中部略偏上，向前发力。球的第一落点在球台的中段附近，击球后迅速还原。

(2) 反手平击发球。

以右手持拍为例。站于球台中间偏左处，两脚平行或右脚稍前站立，身体略向左转，收腹。将球抛至身体左侧前方的同时，向右后方引拍。右臂外旋，击球的中上部，向右前方发力，使球的第一落点在球台中段附近。

2. 正手发下旋球、侧下旋球、侧上旋球

以右手持拍为例。左脚稍前，身体右转，左手抛球，右臂屈肘引拍，与肩同高，拍面后仰，拍头斜向上方，手腕略外展。

(1) 正手发下旋球。

以前臂为主、手腕为辅，由上向前下方挥拍，以拍的下缘触球，摩擦球的底部，并尽量拉长与球拍的摩擦距离。

(2) 正手发侧下旋球。

手臂从右后上方向左前下方挥拍，球拍从球的右中下部向左下部摩擦，前臂带动手腕快速发力。

(3) 正手发侧上旋球。

球拍从球的右中下部向左侧中上部摩擦，前臂带动手腕快速发力。

3. 反手发下旋球、侧下旋球、侧上旋球

以右手持拍为例。右脚在前，身体左转，向身体左后上方引拍，拍面稍后仰。球下降时，用转腰带动肩、臂，并以前臂发力为主，迅速挥拍。

(1) 反手发下旋球。

由上向前下方挥拍，以拍的下缘触球，摩擦球的中下或下部。

(2) 反手发侧下旋球。

球拍从球的左中下部向右侧下部摩擦，产生侧下旋转。

(3) 反手发侧上旋球。

球拍从球的左中部向右侧或右侧偏上部位摩擦，产生侧上旋转。

（四）攻球技术

攻球是乒乓球技术的重要组成部分，是快攻型打法最重要的技术，也是各类打法不可或缺的技术之一，具有击球速度快、动作小、进攻性强等特点。乒乓球攻球技术分为正手攻球技术和反手攻球技术。

1. 正手攻球技术

手臂自然弯曲并作内旋，使拍面稍前倾，握拍手的拇指稍用力压拍。直拍握拍手中指、无名指前端顶住球板，横拍握拍手的食指稍用力顶住球拍。以右手持拍为例，前臂横摆引至身体右侧后方。重心移向右脚，右肩随转腰略下沉。在来球高点前期，上臂带动前臂快速向左前方挥拍击球的中上部，身体重心由右脚移至左脚，随势挥拍后迅速还原。（图6–5–3）

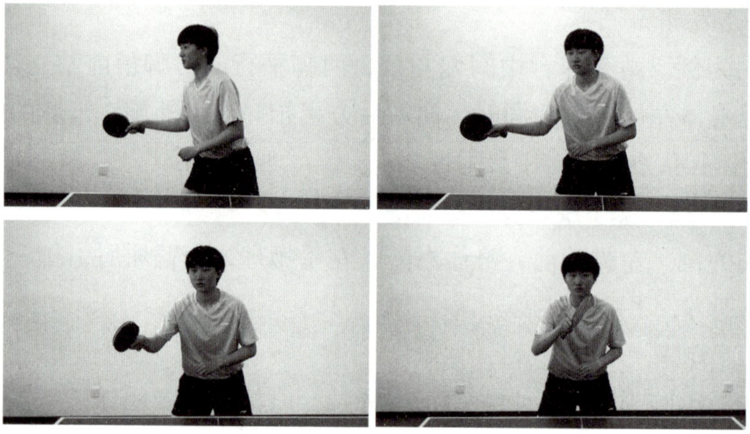

图6–5–3　正手攻球技术

需要注意的是，引拍动作不要过大，注意运用腰的转动；击球点在身体的侧前方；要主动迎击来球。

2. 反手攻球技术

向后方引拍，转体的同时沉右肩，球拍与手臂基本保持在一条线上，肘关节和右肩略前倾。击球时，球拍略前倾，击球点在体侧前方，转腰时重心移至右脚。

需要注意的是，引拍动作与腰的转动相结合，前臂和手腕协调用力。

（五）弧圈球技术

弧圈球技术是先进的乒乓球技术，其优势体现在把击球的速度和旋转比较好地结合起来。此技术在处理复杂的来球时显得简单有效。它既能作为具有强大杀伤力的进攻技术，有效得分，又能作为过渡性技术，有效控制来球。其分为正手弧圈球技术和反手弧圈球技术。

1. 正手弧圈球技术

准备姿势与正手攻球类似，前臂上提并内旋，拍面前倾。向后下方引拍略低于来球，腰向后方转动，重心移至右脚，以便于充分利用身体的力量，当来球至高点期或下降前期时，球拍向前上方挥动，摩擦球的中上部，身体重心移向左脚，手臂、手腕发力。随势挥拍后，调整身体重心并还原。(图6-5-4)

图6-5-4 正手弧圈球技术

2. 反手弧圈球技术

动作原理与正手弧圈球类似，除左右反向外，还需注意以下两点。

(1) 引拍至腹前近身处，球拍通常都低于台面，手腕略屈使拍面前倾，肘部自然地向前支出。

(2) 发力时，肘部相对固定，主要以腰带动前臂向前上方发力，并防止过于向上用力而形成重心后坐。(图6-5-5)

图6-5-5 反手弧圈球技术

(六) 推挡技术

推挡是直拍快攻打法的基本技术之一，特别是在左推右攻打法中占有极其重要的地位。由于推挡站位近、动作小、落点多变、速度快，并具有一定的力量，所以在比赛中能主动调动和压制对方，为正手攻和侧身攻创造有利时机，当处于被动和相持阶段时还可以起到积极防守和从相持转主动的作用。

1. 快推技术

快推技术特点是出手快、线路活，是学习其他推挡技术的基础。手臂自然弯曲并作外旋，拍面角度稍前倾，上臂和肘关节内收自然靠近身体右侧，将球拍引至身体前方。当来球跳至上升期时，前臂和手腕迅速向前略向上推出去。触球刹那手腕外旋，拍面稍前倾击球中上部。以前臂和手腕发力为主，并适当借力。（图6–5–6）

图6–5–6 快推技术

2. 加力推技术

加力推技术特点是力量重、球速快，能抑制对方的攻势，常可迫使对方离台而陷于被动防守的局面。手臂自然弯曲并作外旋，拍面角度稍前倾，上臂后收，前臂须提起，肘关节贴近身体，将球拍引至身体前方较高处。当来球跳至上升后期或高点期时，上臂、前臂和手腕加速向前下方推压，腰髋向左转动配合发力，拍面前倾击球中上部，中指用力顶拍。（图6–5–7）

图6–5–7 加力推技术

3. 减力挡技术

减力挡技术特点是回球弧线低、落点短、力量轻。手臂外旋，拍面稍前倾，不用手臂向后引拍，身体重心略升高，前臂稍收使拍面略高，放至身前即可。当来球刚刚弹起时立即触球中上部，借力回击，球拍触球的一瞬间手臂和手腕稍向后收，以缓冲球撞击球拍的力量。（图6–5–8）

图6–5–8 减力挡技术

4. 推下旋球技术

推下旋球技术的特点是回球下旋，弧线较低，落点长，球落台后向前滑。前臂微内旋，拍面角度稍后仰。上臂后引，前臂上提，将球拍引至身体前方。当来球跳至高点期，击球的中下部，以上臂和前臂为主向前下方用力推切，触球瞬间拍形保持相对固定。（图6–5–9）

图6-5-9　推下旋球技术

推挡技术的注意事项：

（1）推挡动作在引拍时易受身体阻碍，所以在准备击球时一定要收腹加大引拍的距离，以利于前臂向前推出发力。

（2）引拍时球拍沉得过低，击球时来不及调整拍面角度，往往难以发力，回球容易出界，更压不住弧圈球。

（3）肘关节始终保持自然靠近身体，不应用肘关节去勉强调节击球点的左右位置，同时注意避免形成抬肘而影响发力。

（4）手腕如上翘或下吊，将无法配合前臂向前发力；手腕也不应太活，否则会导致拍面角度不稳定，击球的准确性下降。

（七）搓球技术

搓球也称铲球，近似削球，也称小削板，是近台还击下旋球的一种技术。搓球技术种类较多，根据击球的时间、落点和旋转的不同，分快搓、慢搓等。

1. 正手搓球技术

手臂外旋使拍面后仰，球拍向后上方引。当来球跳至下降前期时，球拍向前下方挥动，用球拍的下半部摩擦球的中下部。球拍击触球时，手腕适当加力，拇指用力明显。慢搓时，击球的下降期。慢搓是搓球学习的入门技术。快搓时，击球的上升期。快搓是比赛中常用的搓球技术。随势挥拍动作要尽可能短，便于还原。（图6-5-10）

图6-5-10　正手搓球技术

2. 反手搓球技术

手臂内旋使拍面后仰，球拍稍后引至腹前，手腕适当放松。挥拍时，球拍向前下方搓；击球时，手腕发力摩擦球的中下部，食指略用力。慢搓时，击球的下降期；快搓时，击球的上升期。随势动作尽可能地缩短，便于还原。（图6-5-11）

图6-5-11　反手搓球技术

三、乒乓球基本战术

（一）发球抢攻战术

发球抢攻是乒乓球各类打法力争主动、先发制人的一项主要战术，是比赛的重要得分手段。发球抢攻战术运用得好，常能打乱对方整个战略部署，造成对方的紧张和慌乱。特别是在关键时刻，其威力更为突出。各种打法常用的发球抢攻战术主要有以下几种。

1. 正手发转与不转球后抢攻技术

一般以发至对方中路或右方短球为主，配合左方长球。此套战术开始以发短的下旋球为好，以控制对方不能抢攻或抢拉，然后再发不转球抢攻。不转球，一般也先发短的，或发至对方攻势较弱的一面，伺机抢攻。（图6–5–12）

图6–5–12　正手发转与不转球后抢攻技术

2. 正手发高、低抛左侧上、下旋球后抢攻技术

此套发球抢攻战术可发至对方中左短、左大角、中左长、中右（向侧拐弯飞行正好至对方怀中）和右短，配合一个直线奔球，若抢攻的落点和发球的落点方向相反则威胁更大。左手执拍的选手采用此套发球抢攻战术的威胁更大，一般多用侧身发高抛球至对方右近网并拐出边线，待对方轻拉起来，既可用反手狠压一板直线，也可侧身用正手反拉，或直接得分，或为下一板球的连续进攻制造机会。（图6–5–13）

图6-5-13 正手发高、低抛左侧上、下旋球后抢攻技术

3. 反手发右侧上、下旋球后抢攻技术

此套发球抢攻战术一般发至对方中右近网处或半出台落点，配合发两大角长球。两面攻选手，特别是擅长反手进攻的选手常采用此战术。利用发球旋转的变化正、反手两面上手，抢拉、抢冲或反拉、反撕，尤其是反手起板，出手快，突然性强，使对方较难防御。(图6-5-14)

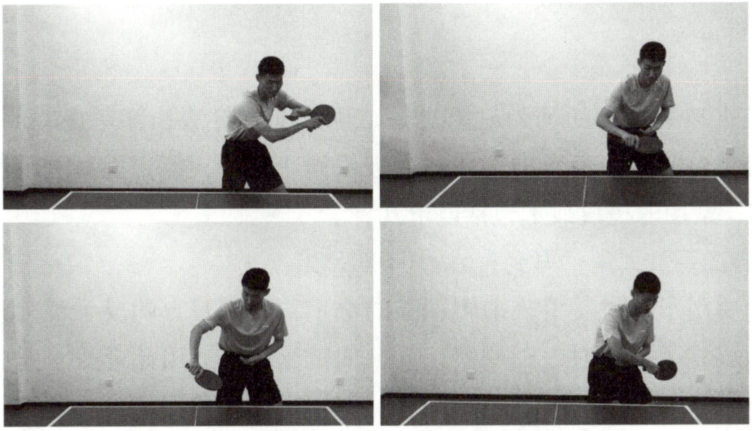

图6-5-14 反手发右侧上、下旋球后抢攻技术

（二）接发球战术

接发球战术是与发球抢攻战术相抗衡的一项战术，目的是破坏对方的发球抢攻，争取在接发球轮形成相持或主动的局面。在比赛中，接发球处理得好坏，直接影响到整个战局能否获得主动和心理的稳定。所以，接发球战术必须树立积极主动的思想，最大限度地控制对方的发球抢攻、接发球（第二板）和接球后的抢攻或防守（第四板）。常用的接发球战术包括以下几种。

1. 抢攻

接发球抢攻是最积极主动的接发球方法，在无遮挡发球规则下，各国的优秀选手越来越认识到接发球抢攻战术的重要性。其中，短球可用“快点”，长球或半出台球可抢攻或抢冲。两面攻的选手则可发挥其两面抢攻的特长。

在运用此战术时，需对对方发球的旋转判断清楚，步法移动要迅速，以保证在最佳的击球点和击球时间击球。

2. 形成相持

用拉、拨或快推的方法将球接至对方弱点处，争取形成对攻的相持局面，在难以完成高质量的接发球抢攻时，先将球拉或拨或推至对方不易反攻处，继而形成相持。擅打相持球的选手常采用此战术。

3. 摆短

以摆短为主，结合劈两大角长球，争取下一板的主动上手或反攻。此方法主要用于对方发过来的强烈下旋球或下旋短球，以控制对方的直接抢攻、抢拉。

运用此战术时，需注意接发球后要尽量主动上手，避免连续搓多板；对于对方发的侧上旋球或不转球，不宜搓接，以免回球过高被对方抢攻。

（三）搓攻战术

搓攻战术是进攻型打法的辅助战术之一，也是削球打法相互对垒时的主要战术之一。此战术是利用搓球的旋转、落点的变化，为进攻创造条件，但当面对进攻型打法时，搓球的板数不宜过多。常用的搓攻战术包括以下几种。

1. 先搓对方反手位大角，再变直线，伺机反攻

此套战术主要用于对付反手攻击力不强的选手，先搓对方的反手位大角，待其准备侧身或已将注意力放到了反手时，则变其正手，伺机反攻。运用此套战术时，需注意搓反手时角度要大，变线的动作尽量隐蔽，弧线要低，落点尽量靠近边线。

2. 以摆短为主，配合劈两大角长球，伺机进攻

此套战术主要用于对付擅长抢攻长球的选手，目的是先用短球控制住对方，把对方引上来，再搓下去，使其来不及抢攻或抢攻质量下降，从而伺机进攻或反攻。运用此套战术时需注意，摆短的质量要高，即弧线低，不出台，旋转尽量强，否则易被对方挑打；劈长球时要突然，角度要大，落点要靠近端线，才容易制造抢攻或反攻的机会。

3. 搓转与不转球，伺机抢攻

一般先以搓加转球为主，然后用相似的动作搓不转球，利用旋转的差别，为进攻制造机会，伺机抢攻。在运用此战术时，最好在旋转变化的基础上结合落点的变化，效果会更好。(图6-5-15)

图6-5-15 搓转与不转球，伺机抢攻

（四）拉攻战术

拉攻是进攻型打法对付削球打法的主要战术，即通过拉球落点、旋转和力量的变化制造机会，伺机突击、抢冲和扣杀。拉攻通常运用的战术有如下几种。

1. 拉左杀右或拉右杀左

此战术实际上是拉对方一边杀另一边。一般先拉削球旋转变化不强或攻势较弱的一边，出现机会后杀另一边。因拉与杀线路的变化，常使对方不适应而招来被动或失误。拉左杀右如图6-5-16所示。

图6-5-16 拉左杀右

2. 拉中路杀两角或拉两角杀中路

（1）拉中路杀两角，是从中路寻找机会，然后杀两角得分。一般用于对付以逼角为主或落点控制较好的队员。先拉中路，可以迫使对方忙于让位，难以逼角或控制落点，如此突击（扣杀、抢冲）的机会就比较多。（图6-5-17）

图6-5-17　拉中路杀两角

（2）拉两角杀中路，是先从两角找机会，然后突击中路得分；或是突击中路后，使对方削出更高的机会球，再长力扣杀两大角。中路是削球手的共同弱点，特别是对正反手顶重板比较稳的削球手，中路是突破其防守的最好选择。（图6-5-18）

图6-5-18　拉两角杀中路

3. 拉斜杀直或拉直杀斜

拉斜杀直时拉斜线比较保险、稳健，杀直线虽威胁大但技术难度也较大；拉直杀斜时拉直线突然性强，速度快，但技术难度稍大，拉斜线难度降低，命中率高。因此，这两个

战术的使用，还需根据对手和比赛场上的情况而定。（图6–5–19）

图6–5–19 拉直杀斜

4. 拉一角为主，伺机突击（扣杀、拉冲）自己的特长线路或对方中路

此战术在运用时，拉一角多选择对方削球不稳、旋转变化不强或攻势较弱的一面，既容易寻找机会，又可减少被对方反攻。突击（扣杀、拉冲）时选择自己的特长线路，可以保证命中率；选择突击（扣杀、拉冲）对方的中路，可以增大对方顶重板的难度，从而加大了突击（扣杀、拉冲）的威胁。

5. 变化拉球的旋转和长短落点，伺机突击（扣杀、拉冲）

拉球技术比较过硬的队员常采用此战术，即在拉球中拉出真（强烈上旋）、假（不转）及侧旋弧圈，既可用旋转的变化来增加对方削球的难度，也可用拉球长短落点的变化来创造机会，即先拉长球至对方端线处，迫使对方后退削，再突然拉一板中路偏右的短球（刚出台）；或先拉刚出台的轻球，再发力拉靠近端线的长球，从中伺机突击（扣杀、拉冲）。

6. 拉搓、拉吊结合，伺机突击（扣杀、拉冲）

此战术在运用时，先用拉球结合突击迫使对方远离球台，然后用搓球或吊短球引其上前回接，再突击或拉冲其中路及两大角，找得机会后，连续扣杀。

此战术是对付削球的最有效战术，但在使用此战术时需注意以下两点。

（1）搓球和吊球的弧线一定要低并讲究落点，防止对方反攻。

（2）不要搓、吊过多，以防越搓（吊）越软，突击或拉冲反而打不出来了。

四、乒乓球比赛规则简介

（一）球台

球台的上层表面叫作比赛台面，应为水平放置的长方形，长2.74米，宽1.525米，离地面高76厘米。比赛台面不包括球台台面的垂直侧面。比赛台面可用任何材料制成，应具有一致的弹性，即当标准球从离台面30厘米高处落至台面时，弹起高度应为23厘米。

（二）球

球应为圆球体，直径为40毫米。球重2.7克。球应用赛璐璐或类似的塑料制成，呈白色或橙色，且无光泽。

（三）攻击次序和方位

在每2分之后，接发球方变为发球方，依此类推，直到该局比赛结束，或直至双方比分为10平，或采用轮换发球法时，发球和接发球次序仍然不变，但每人只轮发1分球。

在双打中，每次换发球时，前面的接发球队员应成为发球队员，前面的发球队员的同伴应成为接发球队员。

在一局比赛中首先发球的一方，在该场比赛的下一局中应首先接发球。在双打比赛的决胜局中，当一方先得5分时，接发球的一方必须交换接发球次序。

（四）交换场地

一局中，在某一方位比赛的一方，在该场比赛的下一局应换到另一方位。在决胜局中，一方先得5分时，双方应交换方位。

（五）合法发球

（1）发球开始时，球自然地置于不持拍手的手掌上，手掌张开，保持静止。

（2）随后发球员须将球几乎垂直地向上抛起，不得使球旋转，并使球在离开不执拍手的手掌之后上升不少于16厘米，球在上升和下降至击球前不应触及任何物品。

（3）当球从抛起的最高点下降时，发球员方可击球，使球首先触及本方台区，然后直接触及接发球员台区。在双打中，球应先后触及发球员和接发球员的右半区。

（4）从发球开始，到球被击出，球要始终在比赛台面的水平面以上和发球员的端线以外；而且从接发球方看，球不能被发球员或其双打同伴的身体或他/她们所穿戴（带）的任何物品挡住。

（5）球一旦被抛起，发球员的不执拍手及其手臂应立即从球和球网之间的空间移开。球和球网之间的空间由球和球网及其向上的无限延伸来界定。

（6）运动员发球时，有责任让裁判员或副裁判员确信他/她的发球符合规则的要求，且裁判员或副裁判员均可判定发球不合法。如果裁判员或副裁判员对发球的合法性不确定，在一场比赛中第一次出现时，可以中断比赛并警告发球方。但此后如该运动员或其双打同伴的发球不是明显合法的，将被判发球违例。

（7）运动员因身体残疾而不能遵守合法发球的某些规定时，可由裁判员酌情放宽执行有关规定。

（六）合法还击

对方发球或还击后，本方队员必须击球，使球直接触及对方球台或触及球网装置后，再触及对方台区。

第六节　羽毛球运动

〇 思政小课堂

羽毛球课程作为高校必不可少的课程之一，深受广大学生的喜爱。在羽毛球教学的过程中，融入思想政治教育能够让学生成为一个遵纪守法、诚实守信、助人为乐、关心爱护他人、有恒心、有耐力的人。这些优良的品质不仅能够提高学生的身体素质，也能提高学生的思想道德素质，可谓一举两得。羽毛球的比赛形式既有单项赛也有团体赛。在团体赛时，队员应做到胜不骄、败不馁，相互鼓励，给彼此加油打气，团结起来为比赛出力，不留遗憾。长期拥有这种意识，学生就会具备自我奉献的精神，形成良好的团队精神和团队意识。

一、羽毛球运动概述

羽毛球运动作为一项可接受性强、上手快、没有激烈的身体对抗，且受场地限制较小的运动，深受不同年龄、性别和不同阶层人的喜爱。现代羽毛球运动起源于英国，1877年第一本羽毛球比赛规则在英国出版。1934年国际羽毛球联合会（以下简称“国际羽联”）成立，1978年世界羽毛球联合会成立，后于1981年两个国际羽毛球组织宣告联合名为国际羽毛球联合会，2006年更名为世界羽毛球联合会（以下简称“世界羽联”）。1992年在第25届奥运会上羽毛球运动被列为正式比赛项目（包括男女单打、男女双打四项）。20世纪50年代后期，印尼羽毛球运动崛起，跃居世界诸强之首。20世纪60年代，日本女队加入世界强队之列。20世纪70年代，欧亚分庭抗礼，互有所长，各有建树。20世纪80年代以来，由于各国都很重视羽毛球运动，国际羽坛也形成了群雄争霸的格局。

中国羽毛球协会于1958年9月11日在武汉成立。20世纪70年代，我国羽毛球队跻身世界强队之列，到20世纪80年代，我国羽毛球运动已达到世界领先水平。在此过程中涌现出了李玲蔚、田秉毅、王朋仁、史方静等一批优秀运动员，此后更是培养了孙俊、吉新鹏、张军、鲍春来、葛菲、顾俊等一批世界顶尖的运动员。一代又一代的羽毛球运动员，为了国家的荣誉，奋力拼搏，为祖国争得了诸多的世界冠军，为我国的体育事业作出了巨大的贡献。

二、羽毛球基本技术

（一）基本姿势

基本姿势是学习羽毛球技战术的基础，由准备姿势、握拍和步法三种技术组成。

1. 准备姿势

击球前的准备姿势一般有两种，一是接发球的姿势，二是球发出后准备击球的姿势。接发球时应采取两脚前后站位，即左脚在前，右脚在后，侧身对网，重心在左脚。接发球后的准备姿势应是两脚平行站位，右脚稍前，两膝微屈，收腹含胸，放松握拍，屈肘举在胸前，两眼注视对方发球动作（图6-6-1）。准备姿势要协调放松，保持一触即发的起动姿势。

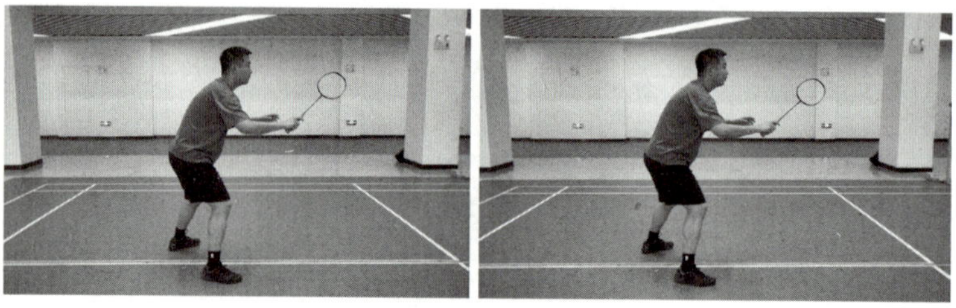

图6-6-1　接发球准备姿势

2. 握拍

（1）正手握拍技术。

将持拍手的虎口对着拍柄窄面的内侧小棱边，拇指和食指贴在拍柄的两个宽面上，食指和中指稍分开，中指、无名指和小指并拢握住拍柄，掌心空出，拍柄端与近腕部的小鱼际肌平，拍面基本与地面垂直。正手发球、右场区各种击球及左场区正面头顶击球等，一般都采用这种握拍法（以右手握拍者为例）。（图6-6-2）

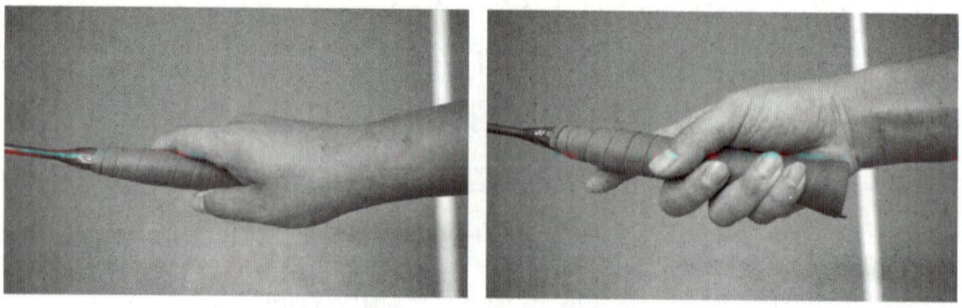

图6-6-2　正手握拍技术

（2）反手握拍法技术。

反手握拍法是在正手握拍法的基础上，拇指和食指将拍柄向外转，拇指顶点在拍柄内侧的宽面上或内侧棱上，中指、无名指和小指并拢握住拍柄，柄端靠近小指根部，使掌心留有空隙。球拍斜侧向身体左侧，拍面稍后仰。一般来说，击身体左侧的来球先转体（背对网），然后用反手握拍法击球。（图6-6-3）

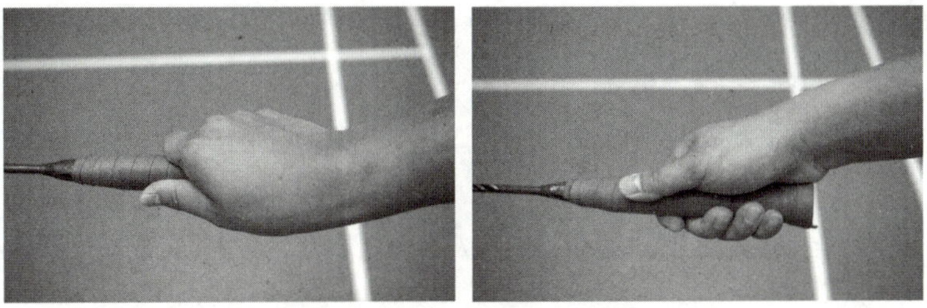

图6-6-3 反手握拍技术

3. 步法

羽毛球运动的步法包括基本步法和场上移动步法两种。基本步法包括垫步、交叉步、小碎步、并步、蹬转步、蹬跨步、腾跳步等。场上步法包括上网移动步法、两侧移动步法、后退移动步法、起跳腾空步法和前后场连贯移动步法。

（1）基本步法。

垫步：当右（左）脚向前（后）迈出一步后，后脚跟进，紧接着以同一脚向同一方向再迈一步。

交叉步：左、右脚交替向前、向侧或向后移动称为交叉步。

小碎步：以小的交叉步移动称为小碎步。由于步幅小、步频快，一般在起动或回动时采用。

并步：右脚向前或向后移动一步时，左脚即刻向右脚跟并一步，紧接着右脚再向前或向后移动一步。

蹬转步：以一脚为轴，另一脚做向后或向前蹬转步。

蹬跨步：在移动的最后一步，左脚用力向后蹬的同时，右脚向来球的方向跨出一大步，称为蹬跨步。

腾跳步：起跳腾空击球的步法称为腾跳步。

（2）场上移动步法。

上网移动步法：从中心位置移动到网前击球的步法。上网移动步法可根据个人习惯采用交叉步、并步、垫步或蹬跨步。

两侧移动步法：向右侧移动步法，如离中心较近，则采用蹬跨一大步到位击球；如离中心较远，则采用垫一小步后右脚再跨一大步到位击球。向左侧移动步法，同向右侧移动步法，方向相反。

后退移动步法：正手后退（右场区），一般采用侧身后退，并步加跳步的方法。头顶击球（左场区），一般采用侧身跳步法，朝左后场移动，采用后交叉步加跳步步法。

起跳腾空步法：为了争取时间高点击球，采用单脚或双脚起跳，居高临下、凌空一击的方法。主要采用并步加蹬跳步，此种步法在两侧突击进攻时运用较多。

前后场连贯移动步法：直线连贯步法，即在网前完成击球动作，身体姿势恢复后，做一个并步后退步法，右髋向右后方转动，带动右脚移于左脚之后，以并步或交叉步移动至后场。斜线连贯步法包括正手和反手网前斜线退后场。正手网前斜线退后场，即在网前完成击球动作、身体姿势恢复后，向后并步退一步，右髋向左后方转动，带动右脚移于左脚侧后方。由于髋部转动的幅度很大，需要左脚用一个向右侧转的小跳步，左脚尖朝着右侧边线；然后以并步或交叉步移动至后场。反手网前斜线退后场，即在网前完成击球动作，身体姿势复原后，向后并步退一步，右髋向右侧方向转动，带动右脚移于左脚右侧方，以并步或交叉步移动至底线。

（二）发球与接发球技术

发球是羽毛球的基本技术之一，在一场羽毛球比赛中，高质量有技巧的羽毛球发球技术是取得整场比赛胜利的关键。

1. 发球技术

（1）正手发高远球。

引拍动作：在准备动作的基础上，身体向右后转，左肩对网，右臂随着肘向右后方上提，上体微前屈，前臂稍展开，手腕尽量伸直，把球拍后引至一定高度。

击球动作：左手放球，身体自然由右向左转体、转肩、重心前移，持拍手臂前臂由后上方向下经身体侧下，向前上方挥拍并急速内旋，带动手腕由伸展至微屈，闪动手腕，以正拍面发力击球。击球点应在右侧前下方。（图6–6–4）

图6–6–4　正手发高远球

（2）反手发网前球。

准备动作：站在前发球线后10～50厘米及中线附近。右脚在前，重心在右脚；左脚跟提起，反手持拍于腹前，肘关节屈，手腕前屈，左手拇指、食指与中指捏住球的羽毛斜放在球拍前面，球托明显朝下（避免犯规）。

击球动作：前臂向前上方推送，同时带动手腕由屈到微伸而向前摆动，利用拇指力量向前推顶球拍，用球拍对球托作横切推送使球贴网而过，落在对方前发球线附近的发球区内。

随前动作：击球后，前臂继续向上摆到一定高度后回收至胸前。（图6–6–5）

图6–6–5 反手发网前球

2. 接发球技术

站位：单打接发球，右发球区站在靠中线的位置，左发球区站在中间稍偏边线的位置。双打接发球站位靠近前发球线。

准备动作：单打接发球，持拍手对侧的脚在前、同侧脚在后，侧身对网。重心在前脚，后脚脚跟稍提起，含胸收腹，持拍于身前，两眼注视对方。双打接发球准备姿势基本同单打，但重心可放在任何一只脚上，球拍高举在肩上，注意力要高度集中。（图6–6–6）

图6–6–6 接发球准备动作

（三）击球技术

羽毛球击球技术包括后场击球技术和网前击球技术，又可分为正手和反手击球技术；依据战术球路的需要，可击出直线球或斜线球。

1. 后场击球技术

后场击球技术由正手击高远球、正手吊网前球、后场正手杀球三部分组成。

（1）正手击高远球。

判断来球的方向和落点，迅速侧身后退，使球处在自己的右肩前上方。左肩对网，左脚在前，右脚在后，重心在后脚上。左手自然上举指向来球，右手持拍，手臂自然弯曲举于右侧，两眼注视来球。击球时，持拍臂后上引至头部上方偏右位置，然后后脚蹬地，在转体收腹的协调用力下，以肩关节为轴，上臂带动前臂快速向前上方甩腕，在手臂伸直到最高点击球的后下方。击球后，持拍手臂顺惯性往左前下方挥动并收拍至体前。(图6-6-7)

图6-6-7　正手击高远球

(2) 正手吊网前球。

准备动作与正手击高远球相同。只是击球时拍面稍向内倾斜，击球点在右肩上方，手腕外旋使拍面向侧下方切击球托的后上部。需注意击球的瞬间，手腕要控制好拍面角度。(图6-6-8)

图6-6-8　后场正手吊网前球

(3) 后场正手杀球。

杀球是把对方击来的球在尽量高的击球点上斜压下去。这种球力量大、弧线直、落地快，给对方造成的威胁很大，是进攻的主要技术。后场正手杀球准备动作与击高远球相同。当身体移动到位后，身体向上伸展，上体后仰，挺胸成反“弓”形。击球点在肩的前上方稍前。击球时，利用身体引拍的反“弓”形转而运用转体收腹的力量，加上前臂内旋，手腕前屈微内收，闪腕发力击球的后上部。杀球后，随击球惯性向左下方挥拍，然后收回至胸前，成准备姿势。

2. 网前击球技术

网前击球技术是羽毛球比赛的重要技术之一，熟练的网前击球技术往往可使本方从被动转为主动。其包括放网前球、搓球、挑球、扑球、推球和钩球等。下面仅介绍正、反手搓球和正、反手挑高球技术。

（1）正手搓球。

侧身对右边网前，正手握拍于体前，向右前方跨出一大步的同时手臂前伸向右前上方斜举。当球拍举至最高点时，前臂向外旋转，手腕由外展作内收，握拍手的食指和拇指夹住球拍，中指、无名指和小指轻握拍柄，使球拍在手腕和手指的挥摆用力下，搓击来球的右下底部，使球旋转翻滚过网。（图6-6-9）

图6-6-9 正手搓球

（2）反手搓球。

击球前持拍手臂的前臂稍向上举，手腕前屈，手背约与网同高，而拍面低于网顶，反拍面迎球。搓球时，主要靠前臂的前伸外旋和手腕由内收至外展的合力搓击球的右侧后底部，使球侧旋滚动过网。（图6-6-10）

图6-6-10 反手搓球

（3）正手挑高球。

右脚向右网前跨出一大步，同时持拍臂向后摆，自然伸腕使球拍后引。然后以前臂带动手腕由伸到屈挥拍击球的底部，将球向前上方击出。随击球惯性收拍于体侧，前脚回收复位，还原成准备动作。（图6-6-11）

图6-6-11　正手挑高球

（4）反手挑高球。

反手握拍举在胸前，右脚向左前方跨出一大步，重心落在右脚上。同时右肩向网，屈肘引拍至左肩上，然后以肘关节为轴，握拍经体前由下向上，用拇指第一指节压住拍柄的宽面，用力将球击出。（图6-6-12）

图6-6-12　反手挑高球

3. 中场低手击球技术

在中场站位，击球点低于头部高度的击球，即中场低手击球。由于中场是攻防转换的主要区域，双方的距离较近，球在空中滞留的时间也较短，因此中场低手击球技术要求挥拍预摆幅度小，突出一个“快”字。其主要技术有抽球、接杀球和挡球等。下面介绍正手抽球和正手挡球动作要领。

（1）正手抽球。

面对球网，两脚平行开立稍宽于肩，两膝微屈，正手握拍于体前。右脚向右迈出一小步，同时上体右倾，引拍至体后。击球时，前臂内旋，球拍向后伸直闪腕，握紧拍柄，挥拍抽压击球托底部。

（2）正手挡球。

两脚左右开立，面对球网，两膝微屈，上体直立。向右侧跨一小步或原地屈肘，前臂外旋伸展手腕，手指放松握拍。击球时，持拍臂前伸，前臂内旋，屈指发力，握紧球拍向前下方击球，上臂有制动动作。击球后收拍于体前。

三、羽毛球基本战术

（一）发球战术

1. 发球抢攻战术

一般利用发高远球、平高球、平快球和网前球等技术进行抢攻。发球应根据对手的站位、回击球的习惯球路、反击能力、打法特点、精神及心理状态等情况，运用不同的发球方法。发各种球的准备动作要注意一致性，同时提高发球的隐蔽性，给对方的判断带来困难，以取得前三拍的主动权。

2. 发后场高远球战术

发后场高远球战术主要用于单打中，要求把球发到对方接发球区的端线或两底角处，给对方后退进攻击球制造困难。后场发高远球时，弧线高，飞行时间长，距离网远，球从高处垂直下落，使后退步法慢，进攻技术差的对手较难下压进攻。特别是左场区的底线外角位是对方的反手区，更是主要的攻击目标。但在发右场区的底线外角时，要提防对方以直线平高球攻击自己的后场反手区。如把球发到对方接发球区的左、右半区的内角位，则能避免对方以快速的直线球攻击自己的两边。

3. 发平高球战术

发平高球时，球的飞行弧线较低、速度快，对方必须退到后场才能还击，使对方没有充裕的时间考虑对策，造成回球质量差，便于进攻。采用此战术时，应根据对方站位的前后和其身材的高矮及弹跳能力而定，对站位稍前、身材偏矮、弹跳力一般的对手适合发平高球抢攻。为避免对方半途拦截，要注意发球动作的隐蔽性、一致性，球的飞行速度快，使对方跳起拦不到，而落点在对方端线附近最为适宜。

4. 发网前球战术

发网前球能减少对方把球往下压的机会，形成发球后立即进入抢攻的局面。把球发到前发球线内角，球飞行路线较短，容易封住对方攻击自己的后场角度。发球到前发球线外角位能起到调动对方中心位置的作用，造成对方斜线出现大片空当。但是要提防对方接发球平推直线后场，尤其是发球者反手区。

发网前球也可以发追身球，迫使对方还击困难。发网前球与发底线球结合效果最好。

（二）接发球战术

1. 接发高远球、平高球

在本方后场区接对方发来的高远球、平高球时，一般可用平高球、吊球或杀球还击。但如对方发球质量很好就不要盲目重杀，可用高远球、平高球还击，伺机再攻，或者用点杀、劈杀、劈吊下压先抑制对方；如果对方发球后站位适中，进攻时要注意落点的准确性；若对方采用杀球、吊球还击，步法要跟得上，以免造成被动。

2. 接发网前球

首先要观察对方发球的质量，再根据球距网的高度、球的速度及飞行方向做出还击。一般可用平推球，放网前、勾对角或挑高球还击。当对方发球过网较高时，要抢先上网扑杀。接发网前球的击球点应尽量抢高。

3. 接发平快球

接发球时，队员要观察对方的意图，随时做好准备。在对方发球质量差时，借用对方的发球力量做快杀，采用追身下压战术，也可借助反弹力拦吊对角网前，以形成接发球抢攻。

（三）攻后场、前场战术

攻后场是通过击高球、反复压对方的底线两角，造成对方的被动，然后寻找机会进攻，当对方回击半场高球时，就可以扣杀进攻。此战术用来应对后场还击能力较差，或后退步法较慢以及急于上网的对手是有效的。

应对网前技术较差的对手，可运用攻前场战术先将其吸引到网前，然后再攻击其后场。采用此战术，须具备较好的网前击球技术。

（四）打四方球战术

打四方球是在对手的步法较慢、体力较差、技术不全面的情况下，以快速、准确的落点攻击对方场区的四个角落，寻找机会向空当进攻。运用此战术可以通过打落点，逼迫对方前后奔跑、被动应付，并在其回球质量下降或露出破绽时乘虚攻之。

（五）杀、吊上网战术

杀、吊上网是在对手打来的后场高球，本方先以杀球配合吊球把球下压，落点选在场区的两条边线附近，致使对手被动回球。当对手回网前球时，本方迅速上网搓球、勾对角球或平推球，创造在中场大力扣杀的机会。运用上网战术必须能很好地控制杀、吊球的落点，只有使对手被动回网前球时，才能迅速上网。

（六）逼反手战术

一般来说，后场反手击球的攻击性不强，球路也较简单。对于后场反手较差的对手要毫不放松地加以攻击。先拉开对方位置，使对方反手区露出空当，然后把球打到反手区，迫使对方使用反拍击球。例如，接对方发来的高远球时，先吊对方正手网前，若对方挑高球，则以平高球攻击对方反手区。反复攻击对方反手区，使其身体重心、身体位置偏向左场区边线，而远离中心位置，这时右前场出现空当，突然吊对角网前。

（七）双人战术

1. 发球站位

发球时，队员紧靠前发球线和中线；发球时，队员站位靠中线离前发球线0.5米；发球时，队员站在离中线较远处。

2. 发球路线

调动对方站位，破坏对方打法；避实就虚，抓住对方弱点发球抢攻；发球要有变化。

3. 接发球战术

(1) 接发内角、外角位网前球。

在接发内角位来球时，以扑或轻压对方两边中场及发球者身体为主要攻击点，配合网前搓、勾等其他线路。在接发外角位来球时，除以上攻击点外，还可以平推对方底线两角以调动后场队员；或直线放网，把对方一名队员调至边角，扩大对方另一名队员的防守范围。

(2) 接发内角、外角位后场球。

在接发后场球时，主要以发球者为攻击目标，力争快速扣杀追身球。如起动慢了，可用平高球打到对方底线两角，也可用拦截吊球（落点在发球者的对角处），一般后场球发出后，准备接杀球的情况居多。

(3) 攻人战术。

攻人战术（二打一）就是集中攻击对方有明显弱点的人，并伺机攻击另一人因疏忽而露出的空当，或对此人偷袭。双打比赛中的对方选手的技术，一般总有一人好，另一人稍差些；即便两人水平相差不多，但若能集中力量攻击其中一人，也可给其造成心理压力，使其出现失误。

(4) 攻中路战术。

攻中路战术就是当对方分边站位防守时，将球攻击到对方两人的中间；当对方前后站位时，可将球下压或平推两边半场。攻中路战术可使对方防守时互相争抢或互让而出现失误。

(5) 后攻前封战术。

当本方处于主动进攻的前后站位时，站在后场的队员见高球就杀或吊网前，迫使对方接球挡网前，为本方前场队员创造封网扑杀机会。前场队员要积极封锁前场，迫使对方被动挑高球。一旦对手挑高球达不到后场，就为本方创造了再进攻的机会。

(6) 攻后场战术。

遇到对方后场扣杀能力差的对手，可采用平高球、推平球、接杀挑高球等，迫使对方一人在底线两角移动，一旦其还击被动时，便大力扑杀。

(7) 防守反攻战术。

防守时，对方攻直线球，本方挑对角平高球；对方攻对角球，本方挑直线平高球，以达到调动对方移动的目的；然后可采用挡或勾网前逼近对攻的战术，这在应对网前扑、推、左右转体不灵的对手时，可以很快获得由守转攻的主动权。

四、羽毛球比赛规则简介

（一）场地和场地设备

1. 场地

场地是一个长方形，用宽4厘米的线画出。线的颜色是白色、黄色或其他容易辨别的颜色。所有的线都是它所界定区域的组成部分。(图6-6-13)

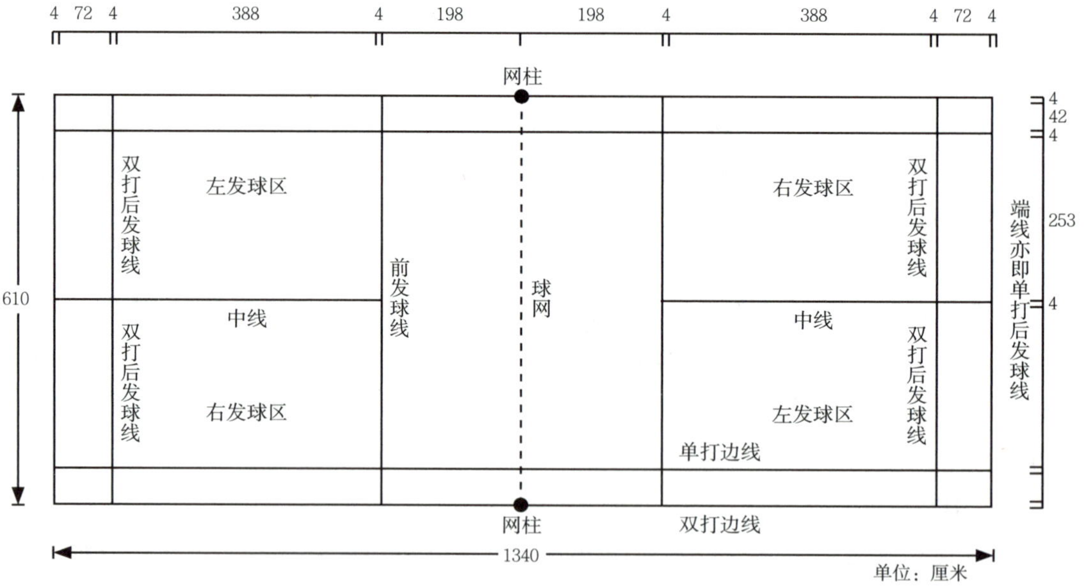

图6-6-13　羽毛球比赛场地示意图

2. 场地设备

从场地地面起，网柱高1.55米，当球网被拉紧时，网柱应与地面保持垂直，场地中心点处网高1.524米，双打中心点处网高1.55米。不论是单打还是双打，网柱都应放置在双打边线上，网柱及其支撑物不得延伸进入除边线外的场地内。球网应由深色优质的细绳编织成。网孔为均匀分布的方形，边长15～20毫米。球网上下宽760毫米，全长至少6.1米。

（二）比赛规则

1. 计分方法

一场比赛应以3局2胜定胜负。先得21分的一方胜一局，一方“违例”或球触及该方场区内的地面成“死球”，则另一方胜这一回合并得一分。20平后，领先2分的一方胜该局。29平后，先得30分的一方胜该局。一局的胜方在下一局首先发球。

2. 交换场区

下列情况，队员应交换场区：第一局结束；第二局结束（如果有第三局）；在第三局比赛中，一方先得11分时，“礼让比赛”除外。如果队员未按上述规定交换场区，一经发现，在“死球”后立即交换，已得比分有效。

3. 发球

合法发球：发出的球应向上飞行过网，如果未被拦截，球应落在规定的接发球区内（即落在界线上或界线内）。一旦队员站好位置准备发球，发球员的球拍头开始向前挥动，即为发球开始。一旦发球开始，发球员的球拍击中或未击中球，均为发球结束。发球员应在接发球员准备好后才能发球，如果接发球员已试图接发球，即视为已做好准备。双打比赛发球时，发球员和接发球员的同伴应在各自的场区内。其站位不限，但不得阻挡对方发球员或接发球员的视线。

4. 单打

①发球区和接发球区：一局中，发球员的分数为0或双数时，双方队员均应在各自的右发球区发球或接发球；一局中，发球员的分数为单数时，双方队员均应在各自的左发球区发球或接发球。

②击球顺位和位置：一回合中，发球员和接发球员在球网各自一边的任何位置交替击球，直至“死球”。

③得分和发球：发球员胜一回合则得一分，随后发球员在另一发球区发球；接发球员胜一回合则得一分，随后接发球员成为新发球员。

5. 双打

①发球区和接发球区：一局中，发球员的分数为0或双数时，发球方均应在右发球区发球；一局中，发球员的分数为单数时，发球方均应在左发球区发球；接发球方按上次发球时的位置站位；接发球员应是站在发球员斜对角发球区的队员；发球方每得一分，原发球员则变换发球区再发球。

②击球顺位和位置：发球被回击后，发球方的任何一人和接发球方的任何一人在球网

各自一边的任何位置交替击球，直至“死球”。

③得分和发球：发球方胜一回合则得一分，随后发球员继续发球；接发球方胜一回合则得一分，随后接发球方成为新发球方。

④发球顺序：每局比赛的发球权必须如下传递。先由首先发球员从右发球区发球；其次由首先接发球员的同伴从左发球区发球；然后是首先发球员的同伴；接着是首先接发球员，再接着是首先发球员，依此传递。

6. 发球区错误

下列情况为发球区错误：发球或接发球顺序错误，在错误的发球区发球或接发球。如果发球区错误，应在“死球”后予以纠正，已得比分有效。

7. 违例

下列情况均属“违例”：不合法发球。球发出后停在网顶；过网后挂在网上；被接发球员的同伴击中。比赛中，球落在场地界线外（即未落在界线上或界线内）；未从网上越过；触及天花板或四周墙壁；触及队员的身体或衣服；触及场地外其他物体或人；被击时停滞在球拍上，紧接着被拖带抛出；被同一队员两次挥拍连续两次击中，但一次击球动作中球被拍框和拍弦面击中不属“违例”；被同方两名队员连续击中；触及队员球拍，而未飞向对方场区。比赛中，队员的球拍、身体或衣服触及球网或球网的支撑物；球拍或身体从网上侵入对方场区（击球时，球拍与球的接触点在击球者网这一方，而后球拍随球过网的情况除外）；球拍或身体从网下侵入对方场区，导致妨碍对方或分散对方的注意力；妨碍对方，即阻挡对方随球过网的合法击球；故意分散对方注意力的任何举动，如喊叫、做手势等。

8. 重发球

下列情况为“重发球”：发球员在接发球员未做好准备时发球；发球过程中发球员和接发球员都被判违例；发出的球被回击后的对击中，球停在网顶，球过网后挂在网上；比赛进行中，球托与球的其他部分完全分离；裁判员认为比赛被干扰或教练员分散了对方队员的注意力；司线员未看清，裁判员或即时回放系统也不能做出裁决时。

重发球时，该次发球无效，原发球员重新发球。

第七节　壁球运动

○ 思政小课堂

壁球运动是一项快速发展的运动，在世界范围内广受欢迎，任何年龄段的人都可以参加，很容易上手。当进行壁球运动时，可以很好地锻炼学生的敏捷性，提高手眼协调能力，集中注意力，增强身体的柔韧性和缓解学生的压力等。学生在进行壁球运动的同时，能够结交新朋友，既提高了学生的社交能力，又增强了团队配合能力，对塑造学生的性格，培养坚毅的意志品质具有重要意义。

一、壁球运动概述

壁球是一项对墙击球的室内体育运动，壁球运动起源于英国，有着“室内运动之王”的美誉。1820年，英国一所贵族学校——哈罗中学，因运动场地小，于是发明了一种让学生在教室里用球拍对着墙壁击球的游戏，因球触墙后发出的声音很像英文“squash”的发音，故这项运动被称为squash，即壁球。19世纪末，壁球被英国军官带到了英联邦国家，并迅速在世界范围内普及开来，在美国、加拿大、澳大利亚、埃及、南非、巴基斯坦、印度、马来西亚等国家和地区开展较为广泛。1967年，国际壁球联合会（1992年更名为世界壁球联合会）成立。世界男子和女子壁球锦标赛每年举办一届，世界团体壁球锦标赛每双数年举办一届，世界男女青年壁球锦标赛每单数年举办一届。传统的英联邦国家占据壁坛主导地位，如英国、澳大利亚、加拿大、印度、南非等，其中以英国水平最高。

1999年，中国壁球协会成立。1999年4月，在北京举办的首届全国壁球讲习班上，10多个省市体育局和体育单位选派了学员参加培训。同年10月，在昆明举行了第1届全国壁球冠军赛决出了第一个壁球全国冠军，促进了壁球运动的发展。随着人们生活水平的逐步提高，以及壁球知识的普及，参加壁球运动的人越来越多，参与壁球的人对这项运动产生了浓厚的兴趣，并将其作为终身运动项目。

二、壁球基本技术

（一）握拍

1. 正手握拍法

左手先握住球拍颈部，使拍面与地面垂直，右手虎口对正拍柄右上侧棱，拇指环绕球拍柄至与中指接触，大鱼际和小鱼际贴在拍柄上面，食指与中指分开，无名指和小指附于拍柄上面。（图6–7–1）

2. 反手握拍法

在正手拍握的基础上左手向顺时针方向转动球拍，使右手虎口对准拍柄左上侧棱。拇指与中指互相紧扣，食指与中指间预留一指的空间；手腕不应放松下垂，保持球拍头高于手腕。（图6–7–2）

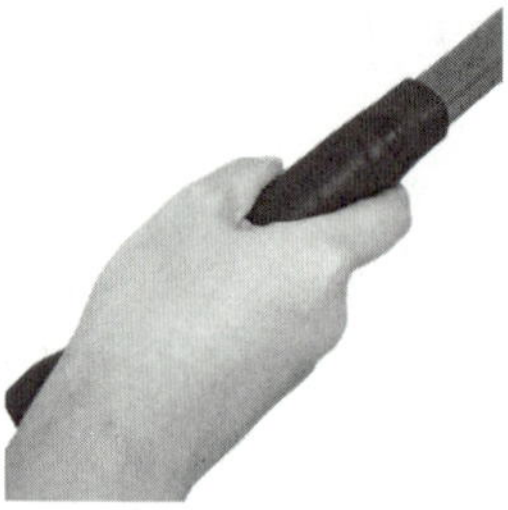

图6-7-1　正手握拍法

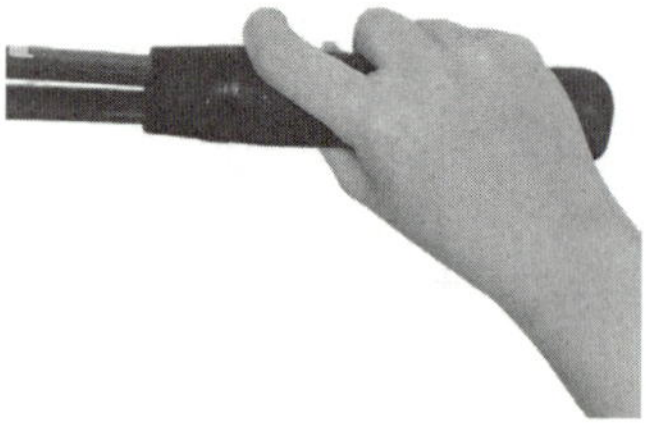

图6-7-2　反手握拍法

（二）基本姿势

两脚自然开立与肩同宽，两膝微屈，重心在两脚掌，上体稍前倾，右手持拍置于腹前，采用正手握拍方式。目视对手及来球路线，判断其击球意图，对来球方向、速度及力量做出预判。两脚同时进行轻微跳动，使身体重心随时可以向任何方向转换启动，呈现一个轻快而富有弹性的站立姿势。（图6–7–3）

在单打比赛中，队员在场上的基本站位一般在接发球线与后壁之间，也可站得稍靠前。由于该位置便于接发球或击球，故比赛双方都设法牢牢占据该区域，同时把对手挤出该区域。

图6-7-3　基本姿势

（三）击球技术

1. 正手击球

（1）准备阶段。

正手击球是壁球运动中使用频率最高的击球方法，也是壁球队员必须掌握的技术。当判断来球需要正手击球时，要迅速移动双肩，身体向右转，右臂向右后方引拍。（图6–7–4）

图6-7-4 准备阶段

（2）击球阶段。

向后引拍，在移动到位的同时，左脚在前，左臂屈肘前伸，协助转体与保持身体平衡。击球时应以上臂带动前臂、手腕以及球拍挥动，后脚蹬地内转，身体重心前移，向左转肩，右臂前挥，手腕后屈，手在前，拍在后。击球时要在基本击球点击球，基本击球点位于前脚内侧约两个球拍处，高度在膝关节与地面之间。在整个击打过程中，球拍面应保持与地面垂直。球飞行路线与地面平行。球拍与球撞击后继续向前充分随挥，球拍的打势结束在左肩的上方。在完成击球动作后，迅速回到基本姿势，以准备回击下一个来球。移动到位和确定基本击球点是技术中最重要的一环。

①后挥拍。在移动到位的同时，击球者左脚在前，身体右转，右手挥拍，目视来球（图6-7-5）。

②前挥拍。右脚蹬地内转，身体重心前移，向左转肩，右臂前挥，手腕后屈，手在前，拍在后。（图6-7-6）

图6-7-5 后挥拍

图6-7-6 前挥拍

③击球。手臂继续前挥，同时手腕内屈加速，沿击球点将球击向前壁，球拍与地面垂直，球飞行路线与地面平行（图6-7-7）。

④后随动作。身体继续左转，右手持拍在击球后自然向左肩上挥动。在完成击球动作后，迅速回到基本姿势，以准备回击下一个来球。（图6-7-8）

图6-7-7 击球

图6-7-8 后随动作

2. 反手击球

（1）反手准备阶段。

观察判断对手的动作、意图。判断来球的路线、速度及落点，迅速移动到位。反手击球点位于右脚内侧约一个球拍处，高度在膝与地面之间。（图6-7-9）

图6-7-9 反手准备阶段

（2）反手击球阶段。

①反手后挥拍。在移动到位的同时注视来球，身体向左转，右手引拍至左肩前，手腕内扣；同时右脚开始向前跨步。（图6-7-10）

②反手前挥拍。左脚蹬地，身体重心向前移动，身体开始向右转；同时右手开始向前挥拍。（图6-7-11）

图6-7-10 反手后挥拍

图6-7-11 反手前挥拍

③反手击球。右肩继续右转，右手继续向前挥拍，在击球瞬间手腕展开并加速，将球平行击向前壁。（图6-7-12）

④反手后随动作。身体继续右转至面向前壁。右手继续挥拍至右肩侧，然后回到基本姿势，以准备回击下一个来球。（图6-7-13）

图6-7-12　反手击球

图6-7-13　反手后随动作

（四）进攻性击球技术

进攻性击球技术包括两种：一是杀球，主要有直线杀球、角落杀球和吊球三项技术，其主要功能是以刁钻的落点得分；二是远球，主要有直线球、斜线球和折线球三项技术，其主要功能是以刁钻的球路得分。这两种技术的击球方式均类似正手、反手击球技术。

1. 杀球

杀球的主要方式是将球击向前壁极低的位置，以使球在极短距离和时间内反弹两次以上。这样的击球将使对方没有足够的时间移动到位接球，因而可将球一拍打死。最佳的杀球应是将球击到前壁与地面的夹角处，这样的球根本不会反弹回来，而是滚动回来，因而不给对方留一点机会。杀球对落点有很高的要求，若杀得太高则打不死对方，若杀得太低则容易杀到地板上而失误，因而在比赛中运用杀球时需要量力而行。当对方在后场时，运用杀球更为有效。

（1）直线杀球。

直线杀球是直接把球打到低处，使其在对手接到以前反弹两次以上。直线杀球的动作要领具体如下。

①击球点要低。杀球前一定要耐心，待球落到膝关节以下时才击球，若击球太早则很难控制球的落点。②拍面与前壁平行，这样落点就不会太高。③要有速度和力量，连续击球。

（2）角落杀球。

角落杀球是把球打到前壁的角落上，再打到侧壁的角落上，或打到侧壁前下角靠近地面与前壁的角落上，然后不着地直接打到前壁的角落上。角落杀球的作用和直线杀球基本相同。但球打到角落后会向侧面变向而不是像直线杀球那样反弹回来。因此，即便打得稍高一点也不易被对手接回。

角落杀球的动作要领与直线杀球的动作要领相似，但力量要减小，控制力动作增大。

（3）吊球。

当对手在后场、击球者在前场时，击球者可以将球轻轻地吊到角落里，使球死在那里。其作用与角落杀球相似，用力较小，且比较安全。因为对手很难从后场跑上来回球。当球靠近前壁时，如果击球者运用其他击球技术，球可能会大力反弹至后场。反倒让接球者有机会把球打到后场而使击球者处于不利的地位。

打吊球的动作很轻，用力小，球拍半斜，将球削向角落，这样球便不会反弹得很远、很高。

2. 远球

远球的主要方式是击球时让球路远离对方，以使对方来不及到位回球。打远球不需要很大的力量，但对球在前壁上的落点要求很高。只有将球控制在一定的范围内，才能保证球在反弹时远离对手。远球有以下几种球路。

（1）直线球。

直线球打法是在对手占据中间位置或靠近另面侧壁时将球顺壁直线击回。直线球远离对手，对方很难及时到位击球，即使是勉强到位，回球也毫无攻击性，而且容易创造出下一个进攻机会。如果击球者能将球击打得贴壁面飞，像糊墙纸一样，则使对方回球更加困难，往往对方球拍打在墙上却打不到球。

直线球的动作如同基本击球技术，拍面应尽量与前壁平行，球反弹回来时应与侧壁平行。

（2）斜线球。

斜线球打法是当对手占据后场中间位置，或与击球者靠近同侧位置时，击球者将球经前壁击到另一侧，穿过场地，远离对手。斜线球的动作如同直线球，都是将球打到远离对手以便使其难以到位回球，或迫使其勉强回球，为下一次进攻创造机会。斜线球的动作如同基本击球，拍面对准前壁中央，这样球就会反弹到另一侧。球路可低可高，如果球路较低，还可同时利用杀球技术，使对方更难以防守。

（3）折线球。

折线球打法是当对手占据中场中间位置时，将球击到侧壁上折射到后场，以绕开对手的拦击。折线球的动作以及作用与直线球、斜线球相近，但要控制好球在前壁的落点，以便使球打到侧壁时能离对手最远，球路要低，这样对手一旦接不到球就再无机会；若球路太高，飞行时间长，则对手在拦不到球时仍可转身从后壁反弹回来时再次击到球。

（五）防御性击球技术

防御性击球技术是指在比赛中，击球者已失去了有利位置或时机，已无法运用进攻性击球技术时所采用的被动防守性的击球技术。大多数防御性击球技术都是在后场运用，球的飞行路线较高，速度较慢。击球者可以利用球在空中的飞行时间重新回到中心位置。防御性击球技术包括顶棚球、高吊球、折线球、绕场球、后壁球等技术。

1. 顶棚球

顶棚球是指在比赛中击球向顶棚靠近前壁的位置上，球随即弹到前壁并以高弧度落向发球区，再弹起来从防守者的头上落到角落。这种球飞行高度高，常常把对手赶到角落去回球，而减少其杀球的机会。顶棚球的一种变化方式是先将球击向前壁高处，球马上弹到顶棚，然后下落并反弹到角落。不过这一顺序改变会减慢球的速度以及运行距离，使防守者易于回球。

顶棚球有高手、低手击球动作之分。低手击球如同基本击球技术，只是拍面要对准顶棚靠前壁处。高手击球动作类似羽毛球中击高远球的动作。

2. 高吊球

高吊球的功能类似顶棚球。击球者将球击向前壁高处，球反弹回来时从防守者的头上经过，落于角落。高吊球可迫使对方去角落里回球，或跳起来在空中拦球，这两种情况都会大大减少对方的回球攻击性。

高吊球的击球动作如同顶棚球，可用低手击球或高手击球，采用哪种击球方式，要根据来球位置而定。击球时用力较小，以便更好地控制球的飞行路线及落点。

3. 折线球

折线球是将球击向前壁靠近顶棚的侧壁处，球从前壁立即反弹到侧壁并以高过头顶的飞行路线飞向另一侧壁，然后球再以与后壁平行的路线折向原侧壁。折线球的作用是利用球的折线运动使对方难以预测球的飞行路线及落点，从而使对方难以迅速移动到位回球。另外，折线球的高飞路线亦使对方杀球困难。

折线球的击球动作亦如顶棚球，击球时要比较用力，以使球有较高的飞行路线及距离，更主要的是要控制球的落点。

4. 绕场球

绕场球的作用如同折线球，也是利用球的折线飞行使对方难以预测球的落点，从而使对方不能及时到位。绕场球的飞行路线是先击到一面侧壁上，然后继续向高飞击到前壁，再由前壁稍向下飞向另一面侧壁，然后落向后场。绕场球的击球动作亦如顶棚球。击球时要较用力，以保证球飞得高而远。击球时亦可变换方向，忽而先击左壁，忽而先击右壁，以使对手处于不断猜测之中。

5. 后壁球

后壁球是当球越过击球者，落在击球者与后壁之间时，击球者已无法直接将球击向前壁，也无法通过侧壁击向前壁，不得不采用通过后壁将球击向前壁的击球技术，由于击球者已失去了有利位置，故大多数情况下只能勉强回球，因而对球路及落点的控制就较差。后壁球的击球动作如同基本击球技术，只是击球时面向后壁而不是前壁，另外，位置角度可能亦不是很好。击后壁球的要点是击球时拍面要向上偏斜，这样击的球就会向上飞行，如同高吊球。这样会使球有足够的飞行高度，以保证球能到达前壁。击球时不必很用力，但是要控制好球路。切忌击球时用力平行击球，这种球由于飞行路线太低，大都到不了前壁。

6. 其他防守性击球技术

（1）挡球。

当球以较高高度飞向击球者时，如击球者认为一旦球飞过去，其反弹高度不利于回球或击球位置不好时，击球者可以直接把球挡回前壁。其动作不一定很标准，但给击球者赢得了时间，以调整位置准备回击下一个球。

（2）撩球。

当球飞得很低很快，击球者没有时间做准备以正规动作回球时，可顺手把球向前或向上撩回前壁。

三、壁球基本战术

（一）控制后场，打贴墙球

从发球开始，队员就运用高调球或进攻性的直、斜线球迫使对方退到左右两边后场，等待时机打出制胜一球。这种打法需要击球者有较大的击球力量，一般在开球后欲控制对方时多采用此种打法。

（二）打四角球、长短结合

用高吊球、直线球、斜线球将对手逼向后场，并用短球、侧墙球等技术调动对手跑向前场，调动对方前后左右来回奔跑，使其顾此失彼，待对方来不及回中心位置导致回击球质量差时，向其发动进攻性制胜球。这种打法要求击球者具备较快的移动速度、灵活的步伐和控制球落点的能力，否则难占上风。

（三）快速多变、控制全场

通过截击球、短球、侧墙球等技术先发制人，快速令对方忙于回球，导致对方直接失误或者不能回击好球的一种打法。这种打法是攻击性的打法，能够快速回击控制对手，对速度耐力和力量耐力都有较高要求。这种打法体力消耗较大，如果碰上防守较好的对手，体力往往成为成败的关键因素。

（四）守中有攻、攻守兼备

让对方先进攻，针对进攻方打的高吊球、四角球等加强防守，并以快速灵活的步法、多变的球路和刁钻准确的落点，诱使对方在进攻中匆忙移动，勉强扣球，造成击球失误，或当对方扣球质量较差时抓住有利战机突然进攻。这种打法要求队员具备攻中有守、守中有攻的控球和反控球能力，不仅应具备良好的速度耐力、灵活的步伐、准确快速的反应和判断能力，更要具备顽强的拼搏精神和过硬的心理素质，这样才能在逆境和被动中保持沉着冷静，并奋起反击。

四、壁球比赛规则简介

（一）比赛方式

壁球比赛项目分为团体赛和个人赛两大类。团体赛分为男子团体和女子团体。

壁球比赛使用壁球拍发球与击球，比赛应在壁球房内进行。壁球比赛的目的是通过本方的发球或回球，迫使对方不能按规定回球，从而赢得每个回合的胜利。每当一方犯规或未能按规定在球反弹两次之前回球时，则另一方获胜。每当一方发球并赢得该回合，该方即得1分。若发球方输掉这一回合，则失掉发球权。一场壁球比赛采用三局两胜制，15分为一局，先胜两局者赢得这场比赛。若双方打成一比一，则要打决胜局，决胜局为11分。

（二）发球规则

1. 决定发球

投硬币决定发球权，掷硬币胜者可选择在第一局比赛中首先发球权或首先接发球权。掷硬币败者在第二局比赛中首先发球。第三局发球员为前两局比赛中总分多者。若前两局双方总分相同，则重掷硬币。

2. 开始发球

发球员必须站在发球区内，球与脚均不能越线，但脚可以踩线。在球飞过后发球线以前不得跨出发球区。发球员必须等裁判员宣布分数或“第二次发球”后才可开始发球。

3. 发球动作

发球动作始于发球员将球掷于地上并在其反弹两次之前将球击出，动作必须连贯。球被击出后，应首先打到前壁，再直接或通过一侧壁落到后发球线后的地板上，不得触及后发球线。

4. 准备接球

在裁判员宣布分数或“第二次发球”后，发球员看到接球员已经准备好接球时才能发球。

5. 拖延

10秒钟规则同时适用于发球员和接发球员，即双方有责任在裁判员宣布后的10秒内准备好发球和接发球。拖延10秒钟以上发球员失去发球权，接发球员拖延10秒钟以上接球员失去1分。

6. 双打发球

在每局比赛前，双方都应通知裁判员本方两人的发球顺序，并在整局比赛中遵守这一顺序；每局比赛的开球队只有一人可发球，在其失误后双方两人均有发球权。发球员的同伴应背向侧壁站在双打发球区内，待球越过后发球线时才可移出，否则发球员失去发球权。

7. 失误性发球

下列发球均为失误性发球。

（1）脚步违例。发球时两脚不在发球区内，或发球员在球过后发球线前即跨出发球区，或双打时同伴未按规定站在双打发球区内。

（2）短球。球从前壁反弹回来后，落在后发球线与前壁之间。

（3）三壁球。球从前壁反弹到一面侧壁并在落地之前又直接打到另一侧壁。

（4）顶棚球。球从前壁反弹至顶棚后再落地。

（5）长球。球从前壁反弹回来后，落地之前先打到后壁上。

（6）发球出房。球从前壁反弹回来落地之前即飞出壁球房外。

（7）线外掷球。发球时将球掷在发球区外然后击球。

（8）阻碍视线。球从前壁反弹回来离发球员太近，使接球员看不清球的飞行路线。

8. 失权性发球

下列发球均为失权性发球。

（1）连续两次失误性发球。

（2）未能按规定在10秒钟内发球。

（3）漏球。掷球挥拍未击到球，或用身体其他部位，如衣服、手臂碰球，或球反弹两次以上。

（4）球击人。球从前壁反弹回来击中发球员或球拍。发球员或其同伴用手抓球或停球。

（5）假动作。发球过程中发球员使用假动作，或击球动作不连贯。

（6）非法击球。两次击球、用球拍托球或用拍把击球。

（7）非前壁发球。发球时球先打到侧壁、顶棚或地面上。

（8）夹角发球。发球时球打到侧壁与前壁的夹角，或顶棚与前壁的夹角，或地面与前壁的夹角。

（9）违序发球。双打时当一方违反发球顺序时，所得分数取消，判为失权性发球。

（10）球击同伴。球从前壁反弹回来击中站在双打区外的同伴。

9. 接发球

（1）接球位置。接球时必须站在接发球线的立体平面后接球，但伴随动作可超越该平面。

（2）非法发（接）球。即便接球员认为发球违例，也不可以在球反弹于地面两次之前将球抓住，否则判失分。

（3）合法接球。接球员必须在球落地或反弹一次后将球击回，反弹两次后即为接球违例。接球员击球后必须直接将球击回前壁，或通过侧壁、顶棚、后壁反弹到前壁，所击出的球在碰到前壁之前不可落地，否则失分。

（4）未能回球。未能按规定回球则发球者得1分。

10. 换发球

在下列情况下，运动员换发球：

（1）失去发球权。下列情况运动员失去发球权：一次失权性发球、连续两次失误性发球、发球队回球击中同伴和发球方未能按规定回球。

（2）交换发球。在单打比赛中，运动员失去发球权应换发球，在双打比赛中，一方两名队员都失去发球权时应换发球。

（3）换发球方式。换发球时，发球员变成接球员，接球员变成发球员。

（三）计分方法

国际性（英式）比赛采用9分制，队员需先获得发球权才可以得分。如果到了第8分后平手，先得8分的队员可以选择打2分（共10分），或照原本记分法打1分以9分终局。

（四）裁判人员

壁球比赛应设总裁判长1名，裁判员、记分员若干名。裁判员和记分员通常都在后墙中央的外面、上界线的上方，并且尽量靠近墙的位置。

裁判员一般不介入记分员的报分，除非认为记分员有误而需要更正。裁判员有责任保证有关比赛时间的规定，并严格执行。比赛前裁判员有责任检查场地状况，以适合比赛需要。裁判员应对比赛情况做认真记录。

第七章

形体运动

第一节　健身健美

○ 思政小课堂

大学生处于身体力量发展、肌肉增长的关键阶段，他们对追求人体美有较强烈的欲望。大学生通过学习，可以树立正确的健康观，掌握科学健身的方法，培养优雅的气质。健身健美对提高职业素养具有特殊意义。大学生通过学习，可以改善身体形态，提高社会交往能力、审美能力，适应未来职业发展的需要和终身体育习惯的养成。

一、健身健美概述

在人类社会形成之初，劳动和运动随之产生。随着人类现代文明的发展，跑、跳、攀登、跨、投、掷等运动技能都被纳入健身健美的动作领域，成为健身健美运动中的基本动态和技术形态。健身健美运动在我国的发展有着悠久的历史，如古代的武术运动本身就具有健身健美运动的形态和功能。

健身运动，从广义上讲，是指人类所进行的一切体力活动。从狭义上讲，健身运动是指以强身健体为目的而进行的一些专门的体育活动。其主要是发展和增强人体内脏器官的功能，特别是心血管系统和呼吸系统的功能以及力量、速度、柔韧、耐力、灵敏等素质，包括有氧运动、无氧运动和混合运动。由于参加者的年龄、性别和健康状况不同，所采用的内容也不一样。健身运动以有氧运动和中低强度运动为主。

健美运动是指通过徒手或利用各种器械，运用专门的动作方式和方法进行身体锻炼，以发达肌肉、增长体力、改善形体和陶冶情操为目的的运动项目。它除了具有一般体育活动所共有的锻炼身体、增进健康、增强体质的作用外，其主要特点是“雕塑形体”，即通过发达全身各部位的肌肉，来改善和矫正形体，使形体比例达到匀称而完美的状态。它不仅强调“健”，而且强调“美”，是“健、力、美”的统一，把体育与美育融为一体。健美运动既可以采用各种徒手练习，如各种徒手健美操、韵律操、形体操以及抗阻训练，也可以采用各种不同的运动器械进行各种练习，如哑铃、杠铃、壶铃等举重器械，单杠、双杠、绳、杆等体操器械以及弹簧拉力器、橡皮条、滑轮拉力器等综合力量训练器械。为了达到健美的目的，需采用专门的训练方法。例如，当采用举重器械等做各种动作时，在器械的轻重、动作的做法、次数、组数、速度等方面，都有特殊的要求和安排。

二、健身健美主要肌群练习

（一）肩部肌肉健美练习

肩部肌肉群包括胸大肌、三角肌、背阔肌、肩旋转肌群（冈上肌、冈下肌、肩胛下肌、小圆肌）和大圆肌。

1. 坐姿哑铃推举

【动作要领】

（1）起始姿势：坐在平凳上，两脚自然打开，双腿稳定住身体，收腹挺胸。

（2）双手握住哑铃中间的位置，持铃握于头部两侧，从身体两侧举起，保持上臂与前臂的夹角在90°，掌心朝向正前方。

（3）呼气，将哑铃从身体两侧推起举过头顶，直至手臂微屈，在顶端稍作停留后吸气，将哑铃下放，回到起始姿势。

【呼吸节奏】下落时吸气，推起时呼气。

【动作感觉】举起时，肩部有明显收缩感。在推举过程中，肩胛骨下沉，肌肉收紧，不要耸肩，不要过分仰头。

【常见问题及解决办法】推到顶点时，关节超伸锁死：推到顶点时，肘关节伸直即可，但不要超伸锁死，长期超伸容易出现肘关节损伤。在推举过程中肩部不适：肘部内收，内收角度是30°。（图7–1–1）

图7-1-1　坐姿哑铃推举

2. 站姿侧平举

【动作要领】

（1）起始姿势：自然站立，手臂在身体两侧自然下垂，双手各握一个哑铃，掌心相对，挺胸，收紧腹部。

（2）以肩关节为轴，手臂与哑铃成为一个整体做圆弧运动，直至手臂与地面平行。

（3）在顶端稍作停留，吸气，两臂缓慢往里合，将哑铃下放，回到起始姿势。

【呼吸节奏】上举时呼气，下落时吸气。

【动作感觉】举起时，肩部有明显收缩感，次数多后可能会出现轻微灼烧感。

【常见问题及解决办法】耸肩、上下摆动身体：可以改为坐姿，挺胸，肩胛骨向后缩，绷紧，固定。上下摆动身体、甩动哑铃：控制好动作速度，手臂不要锁死，不要耸肩，上臂不宜抬得过高。（图7-1-2）

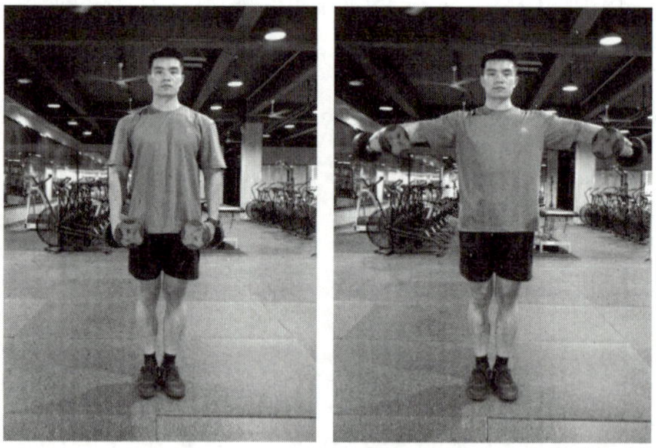

图7-1-2　站姿侧平举

3. 坐姿侧举

【动作要领】

（1）起始姿势：双手各握一只哑铃，坐在平板凳的一端，肩膀后缩下沉，身体略微前倾，手臂在身体两侧自然下垂，掌心相对。

（2）身体保持稳定，肘部微屈，呼气，将哑铃向身体两侧平举，直至手臂与地面平行。

（3）在顶端稍作停留后，吸气，将哑铃下放，回到起始姿势。

【呼吸节奏】上举时呼气，下落时吸气。

【动作感觉】举起时，肩部有明显收缩感。

【常见问题及解决办法】耸肩、上下摆动身体：动作中始终保持挺胸，尽量让肩膀远离耳朵。上下摆动身体、甩动哑铃：控制好动作速度，保持肌肉控制，不要甩动哑铃，臀、腹部收紧，稳定身体。（图7-1-3）

图7-1-3　坐姿侧举

4. 俯卧飞鸟

【动作要领】

（1）起始姿势：俯卧于长凳上，双手持哑铃于长凳下，手臂稍屈，两脚交叉伸直。

（2）控制肩胛使其往下沉向两侧推开，手有向下够地的感觉。

（3）坐在凳子上，两脚平放在地面上，膝关节微微弯曲。

（4）双手各持一只哑铃，俯身向前，将胸部贴近大腿，手臂自然下垂。收缩背部肌肉，将哑铃向两侧举起，直到手臂与地面平行。保持动作片刻，然后缓慢放下哑铃，回到起始姿势。

【呼吸节奏】双手打开时吸气，合拢时呼气。

【动作感觉】胸部主动发力收缩感明显，最高点有挤压感，下落至最低点胸部有微微的牵拉感。

【注意事项】练习时，要保持身体稳定，不要晃动。手臂举起时，要收缩背部肌肉，而不是用手臂的力量将哑铃举起。哑铃的重量要适中，不要过重，以免造成肌肉拉伤。每次进行3～4组，每组8～12次。（图7-1-4）

图7-1-4 俯卧飞鸟

5. 交替前举

【动作要领】

(1) 起始姿势：自然站立，手臂在大腿前侧自然下垂，双手各握一个哑铃，掌心朝内，挺胸，收紧腹部。

(2) 下沉肩部，两臂交替向前举起哑铃，举至手臂与地面平行，拳心始终向下；在顶端稍作停留后，吸气，将哑铃下放，回到起始姿势。

(3) 需注意在上举的过程中，保持身体稳定，肩部发力。

【呼吸节奏】上举时呼气，下落时吸气。

【动作感觉】举起时，肩部有明显收缩感，次数多后可能会出现轻微灼烧感。

【常见问题及解决办法】耸肩、上下摆动身体：可以改为坐姿，挺胸，肩胛骨向后缩，绷紧，固定。上下摆动身体、甩动哑铃：控制好动作速度，手臂不要锁死，不要耸肩，上臂不宜抬得过高。(图7-1-5)

图7-1-5 交替前举

6. 侧前平举

【动作要领】

(1) 起始姿势：自然站立，手臂在身体两侧自然下垂，双手各握一个哑铃，掌心相对，挺胸，收紧腹部。

(2) 以肩关节为轴，手臂与哑铃成为一个整体做圆弧运动，直至手臂与地面平行。

(3) 在顶端稍作停留，吸气，两臂缓慢往里合，将哑铃下放，回到起始姿势。

【呼吸节奏】上举时呼气，下落时吸气。

【动作感觉】举起时，肩部有明显收缩感，次数多后可能会出现轻微灼烧感。

【常见问题及解决办法】耸肩、上下摆动身体、甩动哑铃：可以改为坐姿，挺胸，肩胛骨向后缩，绷紧，固定；上下摆动身体，甩动哑铃：控制好动作速度，手臂不要锁死，不要耸肩，上臂不宜抬得过高。(图 7-1-6)

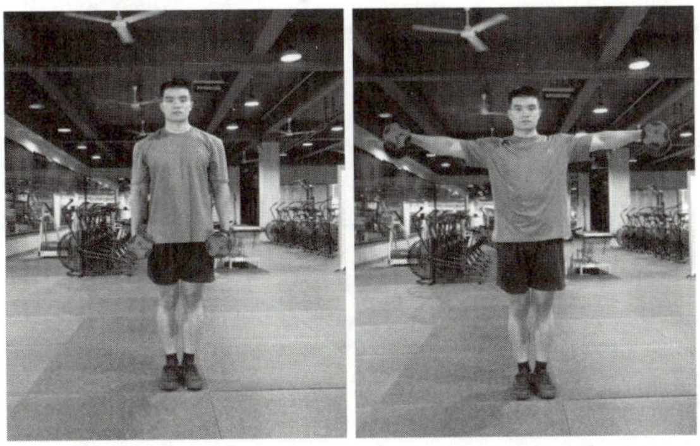

图7-1-6　侧前平举

7. 器械坐姿推举

【动作要领】

(1) 起始姿势：坐在肩推机上，选择合适的重量档；握住两侧的把手，保持肘部弯曲，与躯干成一条直线。

(2) 呼气时，使用肩部发力，向上推动把手，感受肩部被拉伸。

(3) 推至顶端稍作停留，缓慢还原至起始姿势。

【呼吸节奏】上推时呼气，还原时吸气。

【动作感觉】肩部有酸胀感，全程收紧核心，腰背紧贴靠垫。

【常见问题及解决办法】耸肩借力，肘关节超伸锁死：始终保持肩膀稳定，肘关节微微弯曲。(图 7-1-7)

图7-1-7　器械坐姿推举

8. 史密斯推肩

【动作要领】

（1）起始姿势：将一个带靠背的合适座椅放在史密斯机的下方，调整杠铃到合适高度，以便坐下后伸直手臂可以够到它；调整好高度后，坐在杠铃正下方，鼻尖需要处于杠铃正下方，两脚保持稳定不动，掌心向前握住杠铃，将杠铃从架子上解锁拿下来，完全伸直手臂将其举起。

（2）吸气，缓慢将杠铃降低到下巴位置；呼气，利用肩部力量将杠铃举起还原至起始姿势。

【呼吸节奏】推举时呼气，下放时吸气。

【动作感觉】推起时，肩部主动发力收缩感明显，在最高点有强挤压感；下落至最低点时，肩部有轻微牵拉感。

【常见问题及解决办法】耸肩借力，肘关节超伸锁死，手腕有痛感：始终保持肩膀稳定，肘关节伸直时不要锁死，手腕全程保持中立位，避免扣腕和翻腕，并且全握杠铃，避免半握发生危险。（图7–1–8）

图7–1–8　史密斯推肩

9. 史密斯颈后推举

【动作要领】

（1）起始姿势：根据身高选择适合的杠铃，走到杠铃下，将杠铃横贯于双肩后；用斜方肌和双手扛起杠铃，抬离架子，身体直立，挺胸收腹。两脚间距与肩同宽，脚尖微微向外。

（2）保持背部挺直，向下半蹲，然后向上发力跳起，利用向上的冲力将杠铃举过头顶。

（3）顶端稍作停留，慢慢将杠铃放回到起始位置。

【呼吸节奏】下放吸气，推举时呼气。

【动作感觉】推起时，肩部主动发力收缩感明显，在最高点有强挤压感；下落至最低点，肩部有轻微牵拉感。

【常见问题及解决办法】使用过大的重量，背部弯曲或腰部过度前倾：选择适当的重量，以确保可以控制动作并避免受伤；确保在整个动作中保持背部挺直，胸部挺起，避免使用腰部过度前倾来完成动作。（图 7–1–9）

图7–1–9 史密斯颈后推举

（二）胸部肌肉健美练习

胸部肌肉包括胸上肢肌（胸大肌、胸小肌和前锯肌）和胸固有肌（肋间外肌和肋间内肌）。

1. 杠铃卧推

【动作要领】

（1）起始姿势：杠铃位于眼睛正上方，双手比肩稍宽握住杠铃。

（2）两脚踩实地面，臀部收紧，绷紧腹部，保持核心稳定，肩胛骨后缩下沉，上背平贴凳，出杠时，吸气憋住，发力将杠铃移至锁骨正上方。

（3）呼气，缓慢下落至胸肌正上方，杠铃与身体间隔 1 ~ 2 厘米；在动作最底端稍作停留，胸肌发力推起至锁骨正上方，挤压胸部，全程保持身体稳定。

【呼吸节奏】推起时呼气，下落时吸气。

【动作感觉】在最低点，当胸部有较强拉伸感时，胸部主动收缩发力。

【常见问题及解决办法】推起时，肩膀借力，肩膀已经酸痛，胸部还没有感觉：肩胛骨始终保持后缩下沉，保持上背部平贴凳子。推起后，肘关节超伸锁死，导致肘关节撞击，长期超伸容易出现肘关节损伤：推起到最高点时，肘关节保持微屈，不要完全锁死伸直。手腕有痛感：手腕全程保持中立位，避免扣腕和翻腕，并且全握杠铃，避免半握发生危险。（图 7–1–10）

图7-1-10　杠铃卧推

2. 上斜哑铃卧推

【动作要领】

（1）起始姿势：坐在倾斜的长凳上，哑铃放在腿部，掌心相对，大腿发力帮助两臂向上推哑铃，身体顺势躺下，直至哑铃与肩同宽。

（2）上推过程中，向前旋转手臂使掌心朝前；缓慢弯曲手臂，将哑铃下降到胸部两侧，然后用胸部力量将哑铃推举起来。

（3）到达顶点时稍作停留，吸气，下落至起始位置。

【呼吸节奏】推起时呼气，下落时吸气。

【动作感觉】推起时，胸部主动发力收缩感明显，在最高点有强挤压感，肩部和上臂后侧有轻微收缩感；下落至最低点，胸部有轻微牵拉感。

【常见问题及解决办法】推起时，肩膀已经酸痛，胸部还没有感觉：肩胛骨始终保持后缩下沉，保持上背部平贴凳子，肩膀不要借力。推起后，肘关节超伸锁死，导致肘关节撞击，长期超伸容易出现肘关节损伤：推起到最高点时，肘关节保持微屈，不要完全锁死伸直。（图7-1-11）

图7-1-11　上斜哑铃卧推

3. 上斜仰卧哑铃飞鸟

【动作要领】

（1）起始姿势：坐在上斜凳上，双手各握一个哑铃，放在大腿上，掌心相对。

（2）大腿发力帮助两臂举起哑铃，身体顺势躺下，两臂向上伸直，挺胸收腹，手肘微屈，与肩同宽，哑铃互相接触。

（3）吸气时，开始缓慢将手臂向身体两侧打开，随着打开程度，手肘弯曲程度增大；在感受胸部肌肉拉伸后，稍作停留，然后呼气，同时将手臂变回起始姿势。

【呼吸节奏】下放时吸气，上举时呼气。

【动作感觉】打开时，胸部有被拉伸到极限的感觉，整个动作不是简单地上下推举，而是像鸟类扇动翅膀。

【常见问题及解决办法】推起时，肩膀前引，导致上背部没有一直平贴在凳面：始终保持肩膀后缩下沉。（图7–1–12）

图7–1–12 上斜仰卧哑铃飞鸟

4. 双杠臂屈伸

【动作要领】

（1）起始姿势：使用双杠臂屈伸器，站在双杠中间，双手支撑起身体，肘关节处可以锁住。

（2）吸气，躯干向前倾斜30°，缓慢下降时，肘部稍微向两侧张开，直至胸部有轻微的拉伸感。

（3）若有拉伸感，则借助胸部的力量让身体回到起始姿势。

（4）当撑起到最顶部时紧缩胸大肌。

【呼吸节奏】撑起时呼气，还原时吸气。

【动作感觉】胸部有明显收缩感，身体不可随意晃动，要保持平衡。

【常见问题及解决办法】下放太快：下放速度要慢，不要降得太低，会对肩关节产生较

大压力。（图 7–1–13）

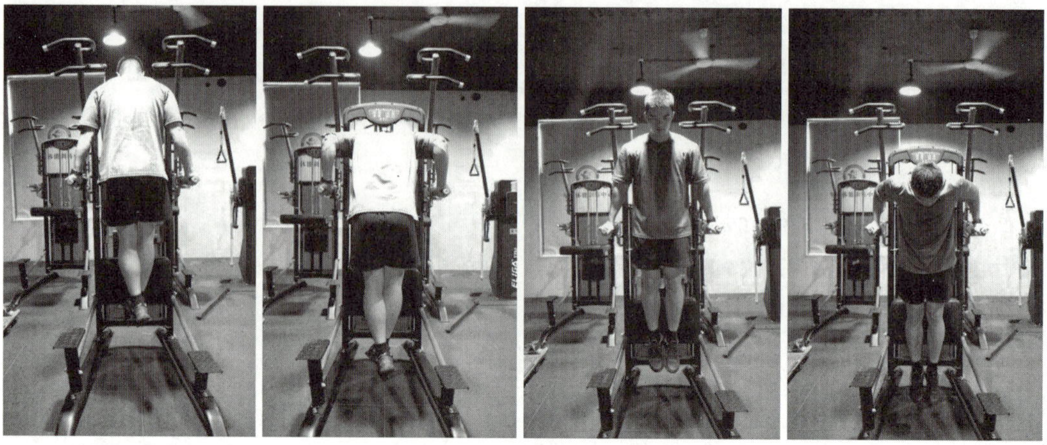

图7–1–13　双杠臂屈伸

5. 器械推胸

【动作要领】

（1）起始姿势：选择合适的重量，根据身高自行调节座椅的高度；后背紧贴椅背，两脚踩在地面上，双手握住把手，掌心向下，手肘向身体两侧打开，前臂朝身体前方，向前伸直手臂。

（2）手臂慢慢弯曲，将把手收回，同时吸气。需注意力度要适中，直至胸部有强烈的拉伸感。

（3）然后快速伸直手臂，将把手向前推出，同时呼气。

【呼吸节奏】推起时呼气，收回时吸气。

【动作感觉】保持挺胸，利用胸部肌肉的力量来推动把手，胸部有强烈的拉伸感。

【常见问题及解决办法】推起时，肘关节超伸锁死：推到顶点时，肘关节伸直即可，不要超伸锁死，长期超伸容易出现肘关节损伤。（图 7–1–14）

图7–1–14　器械推胸

（三）背部肌肉健美练习

背部肌肉包括斜方肌、背阔肌、肩胛提肌和菱形肌。健美的“V”形体型就是以发达的背部肌肉（主要是背阔肌）体现的。

1. 俯身杠铃划船

【动作要领】

（1）起始姿势：两脚打开与肩同宽，掌心朝后握住杠铃，膝关节微屈，下背部挺直，腰腹收紧，向前俯身至与地面夹角20°左右，肩膀微微前引。

（2）背部发力，肩胛骨后缩，将杠铃拉向腹部，在最高点稍作停留，缓慢卸力还原至起始姿势，不完全放松。

【呼吸节奏】下落时吸气，拉起时呼气。

【动作感觉】拉起时，背部有明显收缩感，在最高点肩胛骨中间有挤压感，当下落到最低点时，背部有轻微的牵拉感。

【常见问题及解决办法】腰酸：上身始终保持挺胸收腹，不要弓背塌腰，颈部保持中立位。（图7–1–15）

图7–1–15　俯身杠铃划船

2. 俯拉哑铃

【动作要领】

（1）起始姿势：哑铃放在平板凳的两侧，一条腿跪在凳子上，同侧手臂也放在凳子上支撑身体；另一只手提起地上的哑铃，臂垂直地面，掌心向内。

（2）背部发力，上臂贴住身体向后上方拉，至肘关节略高于躯干，在最高点稍作停留，感受背部的肌肉收缩。

（3）缓慢卸力还原至起始姿势，在最低点时控制力度，不要完全放松。

【呼吸节奏】下放时吸气，上拉时呼气。

【动作感觉】拉起时，背部有明显的收缩发力感，在最高点有一定的挤压感；下落到最低点，背部有轻微的拉伸感。

【常见问题及解决办法】在最低点时，肩部没有前引，导致拉起时背部发力充分：在最低点时，肩部前引，打开肩胛骨。(图7-1-16)

图7-1-16 俯拉哑铃

3. T杆划船“抱拉”

【动作要领】

(1) 起始姿势：将杠铃杆的一端固定在地雷架或墙角，避免杠铃滑动，在杠铃没固定的一端装上合适重量的杠铃片；双腿横跨杠铃站立，双手正握T型把手，手臂向下伸直，双膝稍弯曲，俯身向下，背部挺直。

(2) 呼气，收缩肩胛骨，弯曲肘部，将杠铃上拉至胸前，拉起时注意匀速慢拉，不要用力过猛；在顶端稍作停留，匀速呼气，慢慢回到起始姿势。

【呼吸节奏】拉起时呼气，还原时吸气。

【动作感觉】拉起时，肩胛骨先动，背部发力，收紧菱形肌和中下斜方肌；拉起后，收紧大圆肌和小圆肌，重心下移。

【常见问题及解决办法】腰酸，背没有感觉：拉起时，肩胛骨先起动，收紧菱形肌和中下斜方肌；拉起后，收紧大圆肌和小圆肌。(图7-1-17)

图7-1-17 T杆划船“抱拉”

4. 直腿硬拉

【动作要领】

（1）起始姿势：双手宽握杠铃提起，身体挺直站立，两脚与肩同宽，双膝微屈。

（2）膝关节保持稳定，放低杠铃至两脚上方，腰部弯曲，保持背部拱起。

（3）身体不断前倾直至感受到大腿后腱被拉伸，保持该拉伸状态。

（4）臀部伸展并回到起始姿势。

【呼吸节奏】拉起时呼气，下放时吸气。

【动作感觉】拉起时，臀部和大腿后侧有明显收缩发力感，整个背部有紧绷感。

【常见问题及解决办法】将膝关节伸直做成膝关节超伸：如果无法确认膝关节是否处于正常伸直状态，则需微微屈膝完成动作。（图7-1-18）

图7-1-18　直腿硬拉

5. 引体向上

【动作要领】

（1）起始姿势：手掌向前以适合的握法抓握单杠，需注意宽握时双手距离超过肩宽，中握时双手距离与肩同宽，窄握时双手距离小于肩宽；两臂伸直，握住单杠，身体后倾大约30°，下背部弯曲，保持挺胸。

（2）肩部收紧，上臂回缩，向上拉动身体直至杠杆碰到上胸部，保持呼气。

（3）保持收紧状态1秒，开始吸气，缓慢回到起始姿势，手臂完全伸直，背阔肌完全伸展。

【呼吸节奏】上拉时呼气，还原时吸气。

【动作感觉】背部有酸胀感。

【常见问题及解决办法】身体晃动借力：尽量减小身体晃动幅度。（图7-1-19）

图7-1-19　引体向上

6. 器械坐姿划船

【动作要领】

（1）起始姿势：选择合适的重量，调整座椅高度使把手与胸部等高，中立握或者正握把手。

（2）弯曲肘部，向自己方向拉动把手，肩胛收缩。

（3）动作达到最低点时稍作停顿，然后缓慢将把手还原至起始位置。重复动作时，时刻保持肌肉紧张，避免配重块完全还原。

【呼吸节奏】后拉时呼气，还原时吸气。

【动作感觉】始终保持肌肉紧张，不要放松，后拉时，背部有明显收缩发力感。

【常见问题及解决办法】手臂酸痛：手肘先动，想象不是靠手臂发力拉动，而是手肘向后收缩，即背部发力。腰酸：后缩肩胛骨沉肩，保持挺胸姿态，腰椎尽量保持不动。（图7-1-20）

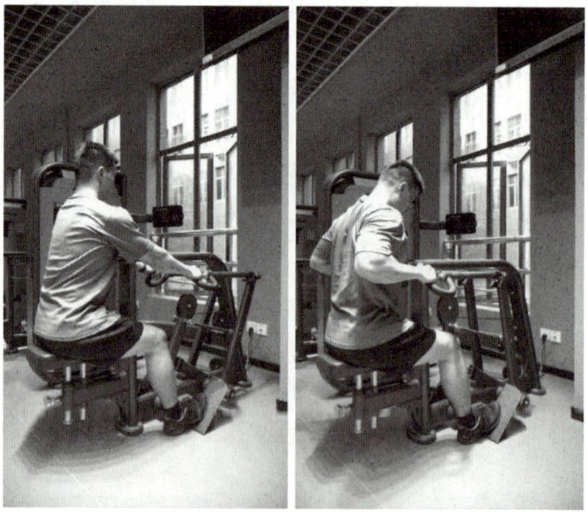

图7-1-20　器械坐姿划船

（四）臂部肌肉健美练习

臂部肌肉包括上臂肌和前臂肌。上臂肌由前群和后群肌肉组成，前群包括浅层的肱二头肌和深层的肱肌和喙肱肌，后群包括肱三头肌和肘肌；前臂肌群共有19块肌肉，又分为前群浅层肌、前群深层肌、后群浅层肌、后群深层肌四个部分。

1. 窄距杠铃卧推

【动作要领】

（1）起始姿势：平躺在凳子上，两脚在身前着地，双手窄握距握住杠铃，手臂伸直，肘部内收；将杠铃抬离杠铃架，使其略高于胸部位置。

（2）向胸部方向下放杠铃，在即将触碰到身体的位置处停止。

（3）稍作停留后，呼气，收缩肱三头肌，推动杠铃回到起始位置。

【呼吸节奏】下放时吸气，推起时呼气。

【动作感觉】在最低点时，胸部有较强拉伸感。

【常见问题及解决办法】推起时，肩膀借力，肩膀已经酸痛，胸部还没有感觉：肩胛骨始终保持后缩下沉，保持上背部平贴凳子。推起后，肘关节超伸锁死，导致肘关节撞击，长期超伸容易出现肘关节损伤：推起到最高点时，肘关节保持微屈，不要完全锁死伸直。（图7-1-21）

图7-1-21　窄距杠铃卧推

2. 下斜式俯卧撑

【动作要领】

（1）起始姿势：面朝下俯撑在地板上，两脚放在平板凳或者稳定的台子上，身体挺直，腹部收紧，手臂伸直支撑地面，双手间距与肩同宽。

（2）身体保持挺直，屈臂俯身至肘关节与躯干同高，同时吸气。

（3）均匀吐气，伸臂起身还原。

【呼吸节奏】屈臂时吸气，伸臂时呼气。

【动作感觉】下落到最低点时，胸部有轻微拉伸感，撑起时，胸部收缩发力感明显，肩前侧和上臂后侧辅助发力，有轻微收缩感。

【常见问题及解决办法】伸臂时肘关节超伸锁死：推起身体时，肘关节要伸直，但不要超伸锁死，长期超伸容易出现肘关节损伤。训练过程中塌腰或翘臀：全程保持腰背挺直，从侧面看身体成一条直线，避免受伤。抬头或低头：颈部放松，保持中立位，肩胛下沉，不要耸肩，眼睛往下看。(图7-1-22)

图7-1-22　下斜式俯卧撑

3. 仰卧臂屈伸（哑铃）

【动作要领】

(1) 起始姿势：坐在平板凳上，双手各握一个哑铃，将其放在腿上，掌心相对；身体躺下的同时，将哑铃上举到胸部上方，手臂自然伸直，与肩同宽，与地面垂直，掌心相对。

(2) 吸气的同时，上臂保持固定，肘部弯曲，使前臂以圆形轨迹缓慢放下，直至拇指接近耳朵。

(3) 然后上臂保持固定，收缩肱三头肌，使前臂以圆形轨迹回到起始姿势，并呼气。

【呼吸节奏】手臂发力伸直时呼气，还原时吸气。

【动作感觉】手臂发力伸直时，肱三头肌有明显收缩发力感。

【常见问题及解决办法】上臂围固定，胸背部借力：上臂固定，以肘关节为轴运动。(图7-1-23)

图7-1-23 仰卧臂屈伸（哑铃）

4. 哑铃轮换弯举

【动作要领】

（1）起始姿势：自然站立，手臂在身体两侧自然下垂，双手各握一个哑铃，肘部贴紧身体，掌心相对，收紧腹部，肩膀下沉。

（2）呼气，转动一侧手腕，使掌心向上，弯曲手臂抬起哑铃向上弯举，举至哑铃与肩同高，使肱二头肌完全收缩。

（3）吸气，控制速度下放哑铃，回到起始姿势并转动手腕，使掌心朝内；换边重复上述动作，需注意全程保持身体稳定不要晃动。

【呼吸节奏】弯举时呼气，下落时吸气。

【动作感觉】弯举时，上臂前侧有明显收缩发力感。

【常见问题及解决办法】弯举时，身体前后摆动借力，导致训练效果变差和腰部不适：控制好动作速度，不要甩动哑铃，臀、腹部收紧，保持身体稳定，可以先减轻哑铃的重量。耸肩、上下摆动身体：始终保持挺胸，尽量让肩膀远离耳朵。（图7-1-24）

图7-1-24 哑铃轮换弯举

5. 锤式弯举

【动作要领】

（1）起始姿势：身体直立，收紧腹部核心，肩膀后缩下沉。双手各握一个哑铃，拳心相对，拳眼朝前，手臂在身体两侧自然下垂，上臂贴近身体。

（2）上臂保持稳定，呼气，弯曲手臂抬起哑铃向上弯举，举至哑铃与肩同高，稍作停留。

（3）吸气，缓慢下放哑铃还原成起始姿势。全程保持身体稳定，尽可能不要晃动。

【呼吸节奏】弯举时呼气，下落时吸气。

【动作感觉】弯举时，上臂前侧有明显收缩发力感。

【常见问题及解决办法】弯举时，身体前后摆动借力，导致训练效果变差和腰部不适：控制好动作速度，保持肌肉控制，不要甩动哑铃，臀、腹部收紧，稳定身体，若哑铃重量太大，则可先减轻哑铃重量。耸肩、上下摆动身体：始终保持挺胸，尽量让肩膀远离耳朵。(图7–1–25)

图7–1–25　锤式弯举

6. 曲杆杠铃弯举

【动作要领】

（1）起始姿势：自然站立，手握杠铃与肩同宽，收紧腹部，上臂贴近身体，掌心向前。

（2）呼气时弯曲手臂举起杠铃，掌心向上，直至杠铃接近胸部位置，稍作停顿。

（3）吸气，控制力量缓慢还原杠铃至起始位置。做动作时，快速收缩，控制下放。

【呼吸节奏】弯举时呼气，下落时吸气。

【动作感觉】顶峰收缩时，肱二头肌完全收紧。

【常见问题及解决办法】弯举时，身体前后摆动借力，导致训练效果变差和腰部不适：控制好动作速度，不要甩动杠铃，臀、腹部收紧，保持身体稳定，可以先减轻杠铃重量。耸肩、上下摆动身体：始终保持挺胸，尽量让肩膀远离耳朵保持。(图7–1–26)

图7-1-26　曲杆杠铃弯举

7. 器械三头下压

【动作要领】

（1）起始姿势：坐在臂屈伸机上，选择重量，双手握紧手柄。

（2）肘部内收，将更多的压力置于肱三头肌上，肘部弯曲90°。

（3）收缩肱三头肌，向下伸展手臂并呼气。提示：在运动的末尾，微微弯曲肘部使肱三头肌随时保持拉伸；吸气，缓慢将手臂放回到起始姿势。

【呼吸节奏】下压时呼气，还原时吸气。

【动作感觉】手臂后侧有明显收缩感。

【常见问题及解决办法】使用过重的重量：选择适当的重量，确保能够完整完成每个重复动作。使用三角肌前束发力：双手持把手，需注意下压时是三角肌而不是三角肌前束发力。（图7-1-27）

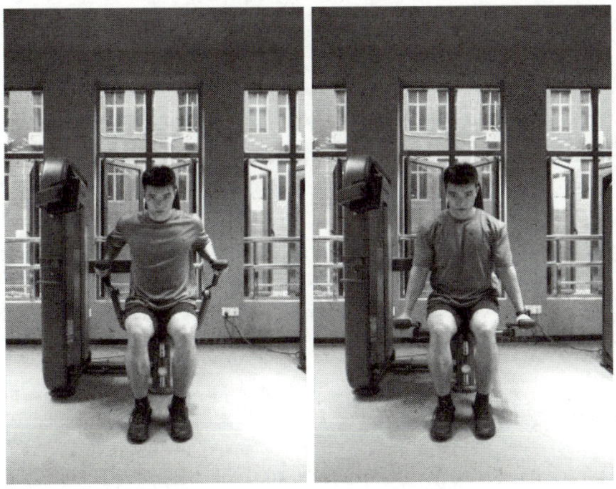

图7-1-27　器械三头下压

（五）腹肌健美练习

腹肌包括前外侧群（腹直肌、腹外斜肌、腹内斜肌和腹横肌）和后群（腰方肌和腰大肌）。

1. 负重卷腹

【动作要领】

（1）起始姿势：平躺在瑜伽垫上，屈膝，双腿分开与肩同宽，两脚踩实，双手抚于两耳旁。

（2）手拿重物、哑铃、杠铃、哑铃片等。

（3）用腹肌的力量将肩部和上背部卷离地面，在最高点略作停留，缓慢回到起始姿势。

（4）卷腹时，下背部保持紧贴地面，手肘保持向外打开。

【呼吸节奏】卷腹时呼气，下落时吸气。

【动作感觉】双腿放松，卷腹起身时，上腹部明显收缩发力，不是上身拼命往上，而是腹部往上发力的感觉。

【常见问题及解决办法】头部用力，感觉颈部酸痛：下颌始终紧靠颈部，同时后缩颈部。（图7–1–28）

图7–1–28　负重卷腹

2. 3/4仰卧起坐

【动作要领】

（1）起始姿势：平躺在瑜伽垫上，双腿弯曲，两脚放在地上；双手放在头部两侧，背部紧贴瑜伽垫。

（3）收缩腹肌，将上身向膝关节方向抬起，同时呼气，直至上身与地面垂直。

（4）在顶端稍作停留，再将身体反向归位，同时吸气，需注意不要完全躺回，只回到3/4的位置。

【呼吸节奏】下放时吸气，起身时呼气。

【动作感觉】起身时，腹部有突然收缩紧绷感，在起身后半阶段腹部有挤压感。

【常见问题及解决办法】头部用力，感觉颈部酸痛：下颌始终紧靠颈部，同时后缩颈部。（图7–1–29）

图7-1-29　3/4仰卧起坐

3. 悬垂举腿

【动作要领】

（1）起始姿势：双手抓住把手，两脚夹紧，开始做举腿动作。

（2）向上举腿时要保持上半身稳定，双腿伸直，尽可能将双腿上抬和上半身成0°。

【呼吸节奏】举腿时吸气，下落时呼气。

【动作感觉】举腿时，腹部有强烈收缩感。

【常见问题及解决办法】悬挂不稳，腿部举得太低：举腿时，尽量保持上下运动，重心要稳，双腿并拢举起时可略微屈膝。（图7-1-30）

图7-1-30　悬垂举腿

4. 仰卧抬腿

【动作要领】

（1）起始姿势：仰卧在长凳上，面朝上，双手抓住凳子顶端，双腿伸直。

（2）呼气，腹部发力抬腿，收缩腹肌，将双腿向上移动，直至臀部抬离长凳。

（3）在顶端稍作停留后，吸气，还原成起始姿势。

【呼吸节奏】抬腿时呼气，下落时吸气。

【动作感觉】抬腿时，臀部稍微抬起，下腹有明显收缩感。

【常见问题及解决办法】腹肌力竭后仍继续坚持：要循序渐进，腹肌力竭后即可休息，

避免受伤。（图 7–1–31）

图7–1–31　仰卧抬腿

5. 负重悬垂抬腿

【动作要领】

（1）起始姿势：双手抓住把手，用两脚夹住哑铃。

（2）向上抬腿时要保持上半身稳定，双腿伸直，尽可能将双腿上抬与上半身成90°。

【呼吸节奏】抬腿时吸气，下落时呼气。

【动作感觉】抬腿时，腹部有强烈收缩感。

【常见问题及解决办法】选择大重量负重：循序渐进，选择合适的重量，腹肌力竭后即可休息，避免受伤。（图 7–1–32）

图7–1–32　负重悬垂抬腿

6. 负重俄罗斯转体

【动作要领】

（1）起始姿势：坐于瑜伽垫/椅子上，双腿屈膝抬起，脚离地，下背挺直，上背略微弓起。

（2）吸气，慢慢将上半身向后倾斜，同时向左右两侧转动，尽可能靠近地面，在这个过程中，保持腹部收紧，不要让腰部下沉或者扭曲。

（3）呼气，用腹部的力量将上半身向前抬起，回到起始姿势。

【呼吸节奏】转身时吸气，还原时呼气。

【动作感觉】整个腹部始终有紧绷感，转体时，对侧腹部出现收缩挤压感。

【常见问题及解决办法】力竭后仍继续坚持：循序渐进，腹肌力竭后即可休息，避免受伤。(图7–1–33)

图7–1–33　负重俄罗斯转体

(六)腿部肌肉健美练习

腿部肌肉包括大腿肌和小腿肌。大腿肌包括前外侧群(股四头肌、缝匠肌和阔筋膜张机)、后群(股二头肌、半腱肌和半膜肌)和内侧群(耻骨肌、长收肌、短收肌、大收肌和股薄肌)。小腿肌包括前群(胫骨前肌、趾长伸肌和蹈长伸肌)、后群(小腿三头肌、趾长屈肌、蹈长屈肌和胫骨后肌)和外侧群(腓骨长肌和腓骨短肌)。

1. 颈前深蹲

【动作要领】

颈前深蹲是一个复合型动作，有助于增强股四头肌、臀肌和腿腱的力量。为了保证安全，该练习最好在深蹲架中完成。按身高调整杠铃位置，调整杠铃重量。手臂向上，稍低于杠铃，用三角肌架起杠铃，上臂与地面保持平行，手臂交叉控制好杠铃位置。

(1) 起始姿势：将杠铃抬离架子，身体直立，两脚距离与肩同宽，脚尖微向外展，目视前方。

（2）双膝弯曲，臀部后坐，保持背部挺直，身体下蹲，同时吸气，直至大腿后侧腘绳肌与小腿接触。

（3）呼气的同时，前脚掌、距骨发力举起杠铃，腿部伸直，臀部伸展并回到起始姿势。

【呼吸节奏】下蹲时吸气，蹲起时呼气。当举起的重量大时，吸气憋住下蹲，站起后调整呼吸。

【动作感觉】下蹲至最低点时，臀部和大腿前侧有牵拉感；蹲起时，臀部和大腿前侧有较强收缩发力感。

【常见问题及解决办法】膝关节与脚尖方向不同，发力感集中在大腿前侧，臀部感觉较弱，手腕不适：膝关节要与脚尖同方向，下蹲时，臀部向后向下坐，充分拉伸臀大肌，若手腕不适，请使用颈后深蹲。(图7-1-34)

图7-1-34　颈前深蹲

2. 深蹲

【动作要领】

（1）起始姿势：身体保持直立，两脚开立略比肩宽，双手向前平举。

（2）吸气，膝关节弯曲，保持背部挺直，臀部向后移动，下蹲，直至大腿与地面平行。

（3）呼气，向上伸展回到起始姿势，全程保持腰背挺直。

【呼吸节奏】下蹲时吸气，蹲起时呼气。

【动作感觉】下蹲时，臀部和大腿前侧有轻微牵拉感；蹲起时，臀部和大腿前收缩发力，臀部更加明显。

【常见问题及解决办法】膝关节伸直时超伸锁死，膝关节与脚尖不同方向，弯腰弓背：伸直膝关节，不要出现超伸锁死，保证膝关节与脚尖方向一致，动作全程保持腰背挺直。(图7-1-35)

图7-1-35　深蹲

3. 保加利亚蹲

【动作要领】

（1）起始姿势：单腿站立，另一条腿放在身后的椅子上，上半身直立，双手各握一个哑铃，放在身体两侧。

（2）吸气，前腿下蹲至大腿与地面平行，下蹲过程中身体略微前倾，保持腰背挺直，最低点时前腿膝关节尽量不超过脚尖。

（3）在底部稍作停留，呼气，用前脚的脚后跟发力，推动身体回到起始姿势。

【呼吸节奏】屈膝时吸气，还原时呼气。

【动作感觉】大腿前侧有酸胀感。

【常见问题及解决办法】下蹲时重心不稳，身体左右晃动：前腿膝关节下蹲时不要超过脚尖，保持身体稳定，腰背保持挺直。（图7-1-36）

图7-1-36　保加利亚蹲

4. 负重单腿深蹲

【动作要领】

（1）起始姿势：双手各握一个哑铃，或者将杠铃放在肩上，两脚与肩同宽，膝关节微微弯曲。

（2）抬起一条腿，将重心放在另一条腿上，保持身体平衡。

（3）重心腿做下蹲和站起的动作，蹲至最低点时，大腿后部与小腿几乎贴紧。

【呼吸节奏】下蹲时吸气，站起时呼气。

【动作感觉】当下蹲时，感觉臀部和大腿肌肉被拉伸。当站起时，感觉臀部和大腿肌肉收缩，同时保持身体稳定。

【常见问题及解决办法】平衡能力较差：可以先不负重，或者负重较轻，逐渐增加重量；在进行负重单腿蹲时，要保持身体稳定，不要晃动。（图7–1–37）

图7–1–37　负重单腿深蹲

5. 器械深蹲

【动作要领】

（1）起始姿势：背部和头部应当靠在器械上，同时双肩压在肩垫下，将双手置于把手上，两脚微微指向外侧，与肩同宽。

（2）呼气的同时前脚掌距骨发力，挤压股四头肌，使全身直立，在肌肉最紧绷的位置保持1秒。

（3）吸气的同时慢慢下蹲，大腿与平台平行就停止，回到起始姿势。

【呼吸节奏】下蹲时吸气，还原时呼气。

【动作感觉】直立时，大腿肌肉有紧绷感。

【常见问题及解决办法】膝关节锁死：不要卸力，始终控制力量，匀速蹲起，避免膝关节受力过大。（图7–1–38）

图7-1-38　器械深蹲

6. 俯卧器械腿弯举

【动作要领】

（1）起始姿势：面部朝下躺在腿弯举机上，双腿完全伸展，双手抓住器械两旁的扶手，脚趾向前。

（2）呼气的同时尽可能地屈腿，不要让大腿离开垫子。当达到完全紧绷状态时，保持1秒。

（3）吸气，然后让腿部回到起始姿势。

【呼吸节奏】还原时吸气，屈腿时呼气。

【动作感觉】快速收缩起，缓慢下放，在顶端时一定要停留1～2秒，但无须强调顶峰收缩。

【常见问题及解决办法】腰部酸痛：屈腿时小腿与大腿的夹角小于90°即可，收缩角度越小，练到臀部、腰部的可能性越大。（图7-1-39）

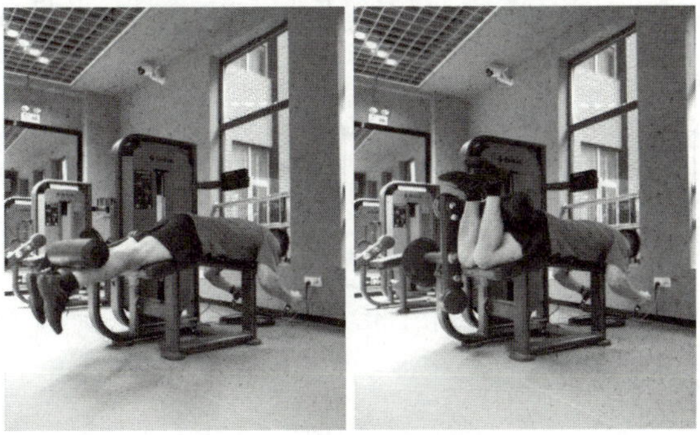

图7-1-39　俯卧器械腿弯举

7. 器械坐姿髋内收

【动作要领】

（1）起始姿势：坐在大腿内收训练器上，脚踏踏板，双腿卡在挡板的外侧，膝关节不要超过脚尖，臀部、背部紧贴座椅。双手握住器械两边的把手，上半身（腰部以上）保持静止固定。

（2）双腿发力让机器垫板缓慢靠近，同时呼气。

（3）感到肌肉收缩时保持1～2秒，吸气，将双腿还原至起始姿势。

【呼吸节奏】打开时呼气，还原时吸气。

【动作感觉】关节内侧和大腿内侧的肌肉感觉被拉伸和收缩。

【常见问题及解决办法】使用过大的力量导致动作不流畅：选择适当的阻力，确保能够控制动作的完成。背部弯曲：确保背部挺直，腰部贴近器械的背垫。（图7–1–40）

图7–1–40　器械坐姿髋内收

8. 坐姿器械髋外展

【动作要领】

（1）起始姿势：坐在大腿外展训练器上，选择一个适合的重量，双腿就位后，双手紧握住器械两边的把手，上半身（腰部以上）固定不动。

（2）呼气的同时，双腿将机器向外推开，当感到肌肉收缩时暂停保持几秒。

（3）吸气，然后将双腿收回，还原至起始姿势，需注意上半身要处于固定的姿态，避免受伤。

【呼吸节奏】双腿打开时呼气，还原时吸气。

【动作感觉】练下臀：在挺直下背的基础上，尽量让上半身前倾；练侧臀：身体微微前倾，用力收紧腹部肌肉。

【常见问题及解决办法】脚发力：向外推开时，始终是大腿外侧向外发力，而不是脚发力。（图7–1–41）

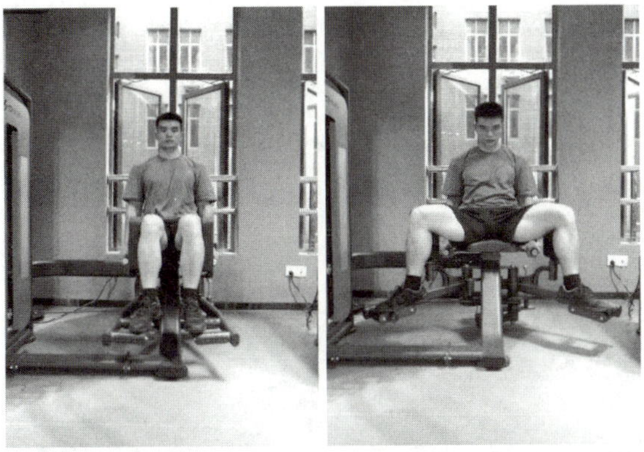

图7-1-41　坐姿器械髋外展

（七）颈部肌肉健美练习

颈部肌肉包括颈浅层肌（颈阔肌和胸锁乳突肌）、颈中层肌和颈深层肌（外侧群和内侧群）。

1. 杠铃耸肩

【动作要领】

（1）起始姿势：自然站立，挺胸收腹，两脚打开与肩同宽，双手在身前正握抓住杠铃，掌心朝向大腿，握距应比肩略宽。

（2）呼气，然后尽量抬高肩膀，斜方肌会有明显的收缩感。

（3）保持肩膀收缩状态1秒，吸气，下放肩膀还原至起始姿势。

【呼吸节奏】耸起时呼气，还原时吸气。

【动作感觉】斜方肌有明显收缩感。

【常见问题及解决办法】手臂借力：不要屈肘，当达到顶峰收缩时稍作停留。（图7-1-42）

图7-1-42　杠铃耸肩

2. 坐姿上斜仰卧哑铃耸肩

【动作要领】

（1）起始姿势：仰卧在上斜平板上，手握哑铃，置于自然垂摆状态，略宽于肩。

（2）平板顶住背部，用力收缩斜方肌至最高点。

（3）整个过程不要旋转肩膀，直上直下，在最高点停留1～2秒。

【呼吸节奏】自然呼吸。

【动作感觉】斜方肌有明显收缩感。

【常见问题及解决办法】使用过大的重量：选择适合的重量，以确保能够控制动作，避免受伤。（图7-1-43）

图7-1-43　坐姿上斜仰卧哑铃耸肩

三、健美竞赛规则

（一）健美竞赛组（级）别

1. 男子成年组（21周岁以上）

羽量级：体重60公斤以下（含60公斤）。

雏量级：体重60.01～65公斤。

轻量级：体重65.01～70公斤。

次中量级：体重70.01～75公斤。

轻中量级：体重75.01～80公斤。

中量级：体重80.01～85公斤。

轻重量级：体重85.01～90公斤。

重量级：体重90公斤以上。

2. 女子成年组（21周岁以上）

羽量级：体重46公斤以下（含46公斤）。

雏量级：体重46.01～49公斤。

轻量级：体重49.01～52公斤。

次中量级：体重52.01～55公斤。

中量级：体重55.01～58公斤。

重量级：体重58公斤以上。

3. 男子青年组（21周岁以下）

轻量级：体重65公斤以下（含65公斤）。

中量级：体重65.01～70公斤。

次中量级：体重70.01～75公斤。

重量级：体重75公斤以上。

4. 女子青年组（21周岁以下）

轻量级：体重49公斤以下（含49公斤）。

中量级：体重49.01～52公斤。

重量级：体重52公斤以上。

5. 男子元老组（45周岁以上）

A组：45～50周岁。

B组：50周岁以上。

6. 女子元老组（35周岁以上）

A组：35～40周岁。

B组：40周岁以上。

各组别的年龄界定以出生年月日为准。

（二）健美运动员级别调整及更换

（1）当运动员需要作级别调整时，必须在称量体重前由领队或教练员提交书面申请。

（2）当参赛运动员需作更换时，必须在称量体重前由领队或教练员提交书面申请。

（三）健美运动员称量体重与抽签

（1）运动员必须在赛前一天称量体重。

（2）运动员称量体重时必须着比赛服装，并由裁判长检查比赛服装。

（3）称量体重顺序为：先男后女，先轻后重。

（4）运动员体重与原报名级别不符时，允许在30分钟内重复称量。若在规定时间内仍未达到规定体重，则取消该级别比赛资格。若体重超过原报名级别，本人自愿，可升级比赛。

（5）运动员体重已与原报名级别相符时，不得降级或升级比赛。

（6）未能在规定时间内称量体重的运动员，不得参加比赛。

（7）参赛签号牌应在称量体重合格后，由运动员本人抽取。

（8）比赛时，签号牌应牢固地佩戴在赛裤的左上方，无签号牌者不得参加比赛。

注：签号牌直径为10厘米，用硬质白色树脂、塑料等材料制成圆形，号码用阿拉伯黑

体字书写。

（四）健美运动服饰

（1）男运动员穿单色赛裤。

（2）女运动员穿单色比基尼赛服。

（3）参加男女混合双人比赛的运动员，其赛服必须一致。

（4）禁止运动员在比基尼赛服内使用垫衬物，赛裤必须包臀。

（5）禁止运动员穿鞋、袜、贴胶布、扎绷带、佩戴装饰品、咀嚼食物等。

（6）在比赛中，检录长有权检查运动员的赛服。对赛服不符合规定的运动员，裁判长有权取消其比赛资格。

（五）健美运动员着色与擦油

（1）允许使用人工色剂，但不得有任何勾画。

（2）允许参赛运动员擦抹植物油、润肤膏，但用量必须适度。

（六）健美竞赛动作

1. 自然站立

运动员自然站立，吸腹挺胸，头部正直，两眼平视，两臂自然下垂于体侧，身体各部位肌肉不得故意收缩，从前、后、左、右四个方位展示体形。

2. 竞赛规定动作

（1）前展肱二头肌。

面向裁判员自然站立，吸腹成空腔，抬起两臂，弯曲肘部略高于肩，双手握拳，屈腕，用力收缩肱二头肌及全身肌肉。

（2）前展背阔肌。

面向裁判员自然站立，吸腹成空腔，双手握拳置于腰部，用力收缩背阔肌及全身肌肉。

（3）侧展胸部。

侧向（以右侧为例）裁判员自然站立，右腿屈膝，前脚掌着地，吸腹挺胸，左手握住右手腕，屈肘，用力收缩胸部及全身肌肉。

（4）后展肱二头肌。

背向裁判员自然站立，一腿后移，屈膝，前脚掌着地，抬起两臂，弯曲肘部略高于肩，双手握拳，屈腕，用力收缩肱二头肌及全身肌肉。

（5）后展背阔肌。

背向裁判员自然站立，一腿后移，屈膝，前脚掌着地，吸腹含胸，双手握拳置于腰部，用力收缩背阔肌及全身肌肉。

（6）侧展肱三头肌。

侧向（以右侧为例）裁判员自然站立，左腿后移，屈膝，前脚掌着地，右臂垂于体侧，左手经体后握住右手腕，用力收缩肱三头肌及全身肌肉。

（7）前展腹部和腿部。

面向裁判员自然站立，一腿前伸，身体重心置于后腿，屈膝，双手置于头后，用力收缩腹部、腿部及全身肌肉。

（七）半决赛内容与评分

1. 半决赛内容

自由造型和规定动作的比较评分。

2. 评分形式

经自由造型和规定动作的比较，评出每位运动员的得分，即第一名为1分，第二名为2分，依此类推。

3. 计分方法

（1）在统计运动员的得分时，若设15位裁判员评分，应去掉3个最高分和3个最低分，将其余9位裁判员的分值相加，即为该位运动员半决赛的得分。

（2）在统计运动员的得分时，若设9、11、13位裁判员评分，应去掉2个最高分和2个最低分，将其余裁判员的分值相加，即为该位运动员半决赛的得分。

（3）在统计运动员的得分时，若设5、7位裁判员评分，应去掉1个最高分和1个最低分，将其余裁判员的分值相加，即为该位运动员半决赛的得分。

（八）决赛内容与评分

1. 决赛内容

自由造型、规定动作和集体不定位自由造型。

2. 评分形式

经自由造型、规定动作和集体不定位造型的比较，评出每位运动员的得分，即第一名为1分，第二名为2分，依此类推。

3. 计分方法

与《健美竞赛规则第三十一条二，（二）》相同。

第二节 健美操

○ 思政小课堂

健美操作为健美类项目受到广大学生的青睐，目前被视为是最便捷、最简单的有氧健身方式。我国健美操项目涌现出一批优秀的运动员，如敖金平、黄子敬、李琪等，他们的故事能让学生感受到拼搏精神和家国情怀，能够培养学生的爱国主义精神和坚定政治立场，以及审美意识和团队合作精神。

一、健美操概述

健美操是指在音乐的伴奏下，以身体练习为基本手段，以有氧运动为基础，达到增进健康、塑造形体和休闲娱乐目的的一项体育运动。

健美操起源于传统的有氧健身运动，是有氧运动的一种。健美操通常采用徒手或借助轻器械进行练习，是在氧供应充足的情况下，为人体有氧系统提供能量的一种运动形式，其运动特征是持续一定时间的、中低强度的全身性运动，主要锻炼练习者的心肺功能，是有氧耐力素质的基础。

（一）健美操的起源与发展

20世纪60年代初是现代健美操的萌芽阶段，最初它是为美国为太空人设计的一种体能训练内容。1969年杰姬·索伦森融合了体操和现代舞创编了健美操。美国的健美操代表人物简·方达认为，“健康的美才是真正的美、持久的美”。

1985年，美国正式举办一年一度的健美操锦标赛，确定了竞赛项目和竞赛规则，使健美操发展成为竞技性运动项目，形成以健身、健美为主的健身性健美操和以比赛为主的竞技性健美操两种态势。

1979年我国北京、上海、广州等地相继举办了各种健美操学习班。1984年北京体育学院（现北京体育大学）和上海体育学院（现上海体育大学）相继成立了健美操教研室，开设了健美操选修课和专修课。

继1986年在广州举办我国首届“全国女子健美操邀请赛”后，1987年在北京举办了竞技健美操比赛——“长城杯”健美操邀请赛。此后每年举行一次，促进了健美操运动的蓬勃发展。1992年9月中国健美操协会在北京正式成立，标志着我国健美操运动进入一个崭新的发展阶段。1995年我国首次派队参加了由国际体操联合会举办的第一届世界健美操锦标赛，与国际之间的交流逐步增多，极大地促进了我国健美操运动的发展。

国家体育总局于1998年发布《全国健美操大众锻炼标准》(以下简称“《标准》”)。《标准》包括1级～6级由简到繁不同等级水平的动作，不仅适合于各种水平的练习者学习和锻炼，还可将通级达标作为检验练习者学习效果的一个量化指标。中国健美操协会于2003年对《标准》规定动作进行了重新编排，推出了第二套规定动作，于2004年1月起在全国执行。第二套规定动作更加科学化，更加注重有氧锻炼的原则，不仅适合于健身，同时适合于表演和比赛。

（二）健美操的作用

1. 增强体质，增进健康

经常从事健美操锻炼，对身体许多器官、系统会产生良好的影响。长期练习健美操可以使心肌增厚，心腔容量增大，血管弹性增强，进而提高心脏的功能，使心搏有力，心输出量增加，从而提高全身供氧能力。

练习健美操对呼吸系统的机能也有良好的影响。它能提高呼吸深度，增加每次呼吸时的气体交换量，这既有利于呼吸肌的休息，又可以提高呼吸系统的功能储备，从而保证在激烈运动时满足气体交换的需要，提高机能水平。

练习健美操还能提高消化系统的机能。因为肌肉活动可消耗大量能量，加之健美操的髋部全方位活动较多，刺激了肠胃蠕动，可增强消化机能，有助于营养物质的吸收和利用，从而提高对疾病的抵抗能力。

经常练习健美操，还可以提高关节的灵活性，增强肌肉和结缔组织的弹性。

2. 改善体形，培养端庄体态

体形主要是指全身各部位的比例是否匀称和谐；体态主要是指整个身体及各主要部位的姿态是否端庄优美。俗话讲，“站如松，坐如钟”。如果长时间不注意体态端正，就可能影响某些骨骼的正常生长发育，甚至造成脊柱侧弯、含胸驼背等不良体态。

健美操的独到之处，是它可以对身体比例的均衡产生积极的影响，特别是能增加胸背肌肉的体积，消除腰腹部沉积的多余脂肪，使体态变得丰满、线条优美、秀丽动人。此外，通过经常性正确的形体动作训练，能矫正不正确的身体姿势，培养正确端庄的体态，使练习者的形体和举止风度都会发生良好的变化。

3. 调节心理活动，陶冶美好情操

健美操是在音乐的伴奏下进行的身体练习。通过健美操练习，不仅能形成美的体态，而且对人的心理状态也有良好的影响。通过优美明快的音乐节奏、活泼愉快的形体动作，使人陶醉在美的韵律之中，很快消除心理上的紧张与烦恼，身心得到全面调节，精神面貌和气质修养都会有所改善和提高。特别是健美操作为一项集体运动，能使练习者体验到个人与集体的关系，把“我”置于“我们”之中，起到协调人与人之间的关系的作用。通过集体配合练习，还有助于增进友谊，结交朋友，提高团队意识。

4. 提高神经系统机能，提高身体素质

健美操练习是在中枢神经系统的支配调节下进行的。反过来，通过练习健美操能提高中枢神经系统的机能水平。它能够提高神经过程的强度、集中精力、均衡能力和灵活性，

使人的视野广阔，感觉敏锐，综合分析能力增强，生命力旺盛。同时，练习健美操还可以提高人体的全面身体素质。健美操是一项要求力度和幅度的身体练习，经常参加健美操运动可使肌肉的力量得到增强，腰肌、韧带、肌肉的弹性得以提高，从而发展了人体的力量和柔韧素质。体育锻炼中肌肉经常要工作到极限，产生酸痛和疲劳，而健美操是在音乐伴奏下进行的，可以使人忘我投入，在不知不觉中提高了身体素质。健美操动作的路线、方向、速度、类型、力度等不断变化，可以加强人的动作记忆和再现力，提高神经系统的灵活性和均衡性，全面发展人的协调性。

（三）健美操的分类

健美操具有鲜明的健身性和竞技性。根据健美操锻炼的目的和任务，其可分为健身性健美操和竞技性健美操两大类。(表7-2-1)

表7-2-1　健美操的分类

健身性健美操			竞技性健美操
徒手健美操	器械健美操	特殊场地健美操	男子单人操
有氧健美操	有氧踏板操	水中健美操	女子单人操
拉丁健美操	有氧哑铃操	固定器械健美操	混合双人操（男女运动员各一名）
搏击健美操	轻型杠铃操	功率自行车/动感单车	三人操（男子/女子/混合）
健身街舞	橡皮筋操		五人操（男子/女子/混合）
有氧舞蹈	健身球操		有氧舞蹈（8名运动员，男子/女子/混合）
身体平衡木			有氧踏板（8名运动员，男子/女子/混合）

健身性健美操保持了传统的有氧运动形式，强调动作的大众化和可接受性，注重健身、健心的锻炼效果。健身性健美操还包括另一种形式，即表演性健美操。它以表演为目的，以各种健美操步伐为基础，动作变化多样，转换流畅，展现出“健、力、美”的特点。此种健美操形式在舞台表演和基层表演中比较常见。竞技性健美操是在健身性健美操的基础之上发展产生的，它是健美操发展的更高形式。竞技性健美操以比赛或表演为主要目的，在音乐的伴奏下，展示运动员连续完成复杂的高强度动作的能力。

二、健美操运动技术

健美操运动技术包括弹动技术、控制技术、半蹲技术和落地技术。其目的是保障练习的有效性、准确性、规范性及安全性，其中弹动技术、半蹲技术和落地技术是紧密联系在一起的。

（一）弹动技术

健美操的弹动主要依靠踝关节、膝关节、髋关节的屈伸缓冲而产生。它的主要作用是减少运动对关节的冲击力，从而减少运动对人体造成的损伤。值得注意的是，在屈伸的过程中，只有腿部的肌肉协调用力才能产生流畅的弹动动作，有效预防运动损伤的发生。

（二）控制技术

1. 身体姿态的控制

在正常的运动过程中，身体应该保持自然挺拔、头部稍稍昂起的姿态，颈椎、胸椎、腰椎处于正常生理曲线的位置，并始终保持腰腹和背部肌肉收缩。从总体上讲，需保持“横平竖直”的身体姿态。

2. 操化动作的控制

健美操的每一个操化动作要求有清楚的开始动作和结束动作。开始动作位置准确，过程中肌肉用力使动作有加速度，避免用力过猛致使肌肉僵硬；结束动作有明显的停顿。给人的总体感觉是，动作有控制而不僵硬、松弛而不松懈。

（三）半蹲技术

半蹲时，身体重心下降，臀部向后下45°方向用力，膝关节不应超过脚尖，腰腹、臀部和大腿肌肉收缩，上体保持正直，重心在两腿之间，起落要有控制。分腿半蹲时，脚尖自然外开，膝关节弯曲方向与脚尖方向一致，避免膝关节内扣或过度外开。

（四）落地技术

落地缓冲的主要目的是使身体尽可能地保持稳定，同时减少地面对关节、肌肉的冲击力，以避免造成运动损伤。练习落地技术时，要求由脚跟过渡到全脚掌或由前脚掌过渡到全脚掌，然后迅速屈膝屈髋。所有动作在瞬间依次完成，用以缓冲地面对人体的冲击力；同时躯干与手臂保持良好的姿态，肌肉用力以保持动作的稳定及控制。

三、健美操的基本步法

（一）弹动类

1. 膝弹动

动作描述：两腿并拢，膝关节有弹性地屈伸。

技术要点：膝关节由弯曲到还原，还原时膝关节应处于微屈状态。

2. 踝弹动

动作描述：两腿伸直或屈膝，踝关节有弹性地屈伸。

技术要点：踝关节屈伸要有较好的弹性，重心移动要平稳自如。（图 7–2–1）

图7–2–1　弹动

（二）踏步类

踏步类动作运动强度较低，在运动过程中至少有一只脚与地面保持接触。常见的步法包括踏步、走步和“V”字步。

1. 踏步

分类：脚不离地的踏步、脚离地的踏步、高抬腿的大幅度踏步。

形式：原地踏步、移动踏步及转体踏步。

方向：向前、向后、向左、向右踏步。

动作要点：落地时，由脚尖过渡到脚跟着地；屈膝时，髋微收，两臂前后自然摆动。（图 7–2–2）

图7–2–2　踏步

2. 走步

方向：向前走、向后走、斜向走、弧形走。

动作要点：基本同踏步。（图 7–2–3）

图7-2-3　走步

3. “V”字步

分类：正“V”字步、倒“V”字步。

形式：平移的、转体的和小幅度跳正“V”字步和倒“V”字步。

动作要点：一脚迈出，另一脚随之迈出，两脚在一条直线上，两脚距离略比肩宽，两膝自然弯曲，然后依次收回。（图7-2-4）

图7-2-4　“V”字步

（三）并步类

1. 点地

分类：脚尖点地、脚跟点地。

形式：原位点地、移动点地及转体点地。

方向：脚尖向前、向侧、向后、向斜方向的点地，脚跟向前、向侧、向斜方向的点地。

动作要点：一腿稍屈膝站立，另一腿伸出，脚尖（脚跟）点地，然后还原到并腿姿势。支撑腿始终保持屈膝站立，并且随动作有弹性地屈伸。（图7-2-5）

图7-2-5　点地

2. 移重心

分类：双腿的移重心、单腿的移重心。

形式：原位的移重心、移动的移重心、转体的移重心、跳的移重心。

方向：向前、向后、向左、向右移重心。

动作要点：两脚开立，比肩稍宽，屈膝收腹重心下降，重心由两脚之间转移到右（左）脚上，左（右）腿伸直蹬出。。(图7-2-6)

图7-2-6　移重心

（四）弓步类

分类：静力性的弓步、动力性的弓步。

形式：左、右移重心的弓步，移动的弓步，转体的弓步。

动作要点：一腿屈膝，脚尖与膝关节尽量在一条直线上，另一腿伸直，重心落于另一腿。(图7-2-7)

图7-2-7　弓步

（五）半蹲类

分类：小分腿半蹲、大分腿半蹲。

形式：向侧一次、向侧两次及转体的半蹲。

方向：向侧（左或右）的半蹲。

动作要点：两腿分开稍大于肩或与肩同宽，脚尖稍外展，两腿同时屈膝和伸直。屈膝不得超过90°；屈膝时，膝关节与脚尖保持同一方向，臀部向后，上体稍前倾，膝关节不应超过脚尖。（图7-2-8）

图7-2-8　半蹲

（六）吸腿类

形式：原地吸腿及跳、移动的吸腿及跳、转体的吸腿及跳。

方向：向侧、向前的吸腿及跳。

动作要点：大腿用力上提，小腿自然下垂。（图7-2-9）

图7-2-9 吸腿（跳）

（七）弹踢类

形式：原地的弹踢腿及跳、移动的弹踢腿及跳、转体的弹踢腿及跳。

方向：向前、向侧、向后的弹踢腿及跳。

动作要点：左腿蹬地屈膝提起，然后小腿快速向前踢出。（图7–2–10）

图7–2–10 弹踢腿（跳）

（八）开合跳

分类：双起双落的开合跳、单起双落的开合跳。

形式：原位、移动及转体的开合跳。

方向：向前的开合跳。

动作要点：分腿时，两腿自然分开。膝关节沿脚尖方向弯曲。跳起落地时，注意屈膝缓冲。（图7–2–11）

图7-2-11　开合跳

（九）踢腿类

分类：弹动踢腿及跳、移动踢（弹）腿及跳、转体踢（弹）腿及跳。

方向：向前、向侧、向斜前踢（弹）腿及跳。

动作要点：腿上踢时，应加速用力、立腰，上体尽量保持不动。（图7-2-12）

图7-2-12　踢腿（跳）

（十）后踢腿跳

方向：向后踢腿跳。

动作要点：髋和膝在一条直线上，小腿尽量叠于大腿上。（图7-2-13）

图7-2-13　后踢腿跑

（十一）小马跳

形式：原位的点跳、移动的点跳、转体的点跳。

方向：向侧、向前、向后的点跳。

动作要点：点地时身体重心在一条腿上，重心随之平稳移动，需注意弹动。(图7-2-14)

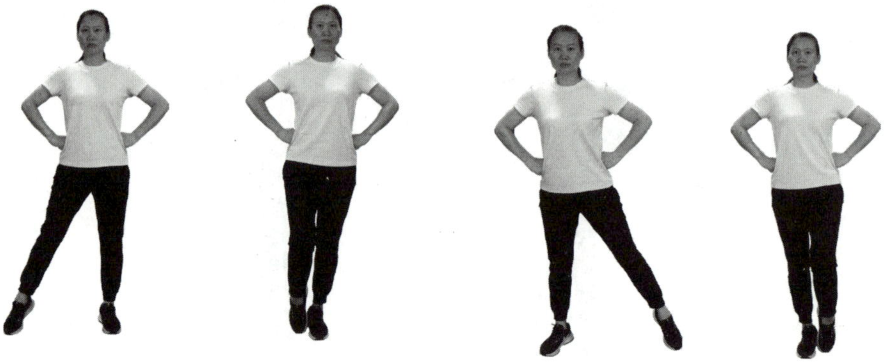

图7-2-14　小马跳

（十二）摆腿跳

形式：原地摆腿跳、移动摆腿跳、转体摆腿跳。

方向：向侧、向前、向后摆腿跳。

动作要点：摆腿时上体顺势前倾、后倒或侧倾。(图7-2-15)

图7-2-15 摆腿跳

（十三）并步跳

形式：移动的并步跳、转体的并步跳。

动作要点：一脚迈出，随之蹬地跳起，另一脚并上，身体重心随之跟上。（图7-2-16）

图7-2-16 并步跳

四、健美操徒手动作

健美操徒手动作是根据人体结构的活动特点而确定的。常见的徒手动作如下。

（一）头颈动作

1. 屈

屈（前屈、后屈和侧屈）是指头颈关节角度的弯曲。（图7-2-17）

要求：动作幅度要大，使颈部肌肉充分伸展。

图7-2-17　屈（前屈、后屈和侧屈）

2. 转

转（左、右转）是指头颈部绕身体垂直轴的转动。（图 7-2-18）

要求：头要正，不要前倾和后倒。

图7-2-18　转（向左、向右转）

3. 平移

平移（前、后、左、右平移）是指头部相对于肩横轴所做的前后和左右水平移动。

要求：头保持正直，尽量大幅度完成动作。

4. 绕环

绕环（左、右绕环）是指以头颈部为中心轴的圆形动作及弧形动作。（图 7-2-19）

要求：绕或绕环时头部运动幅度要大，上体保持正直。

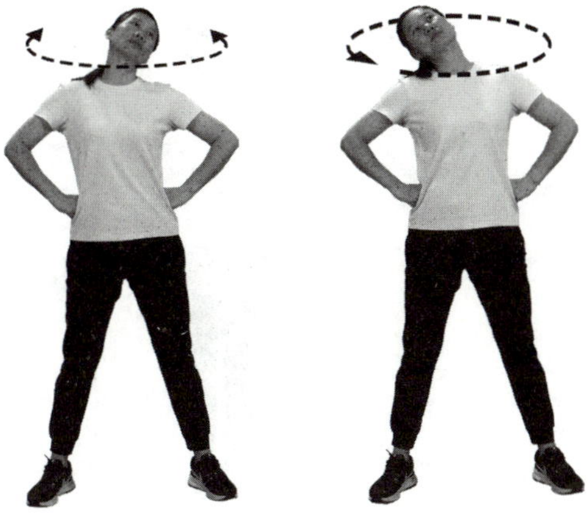

图7-2-19　绕环（左、右绕环）

（二）肩部动作

1. 提肩和沉肩

提肩是指肩部做向上的运动；沉肩是指肩部由上向下的动作。动作有单、双肩做的提肩和沉肩，两肩同时、依次做的提肩和沉肩。（图7-2-20）

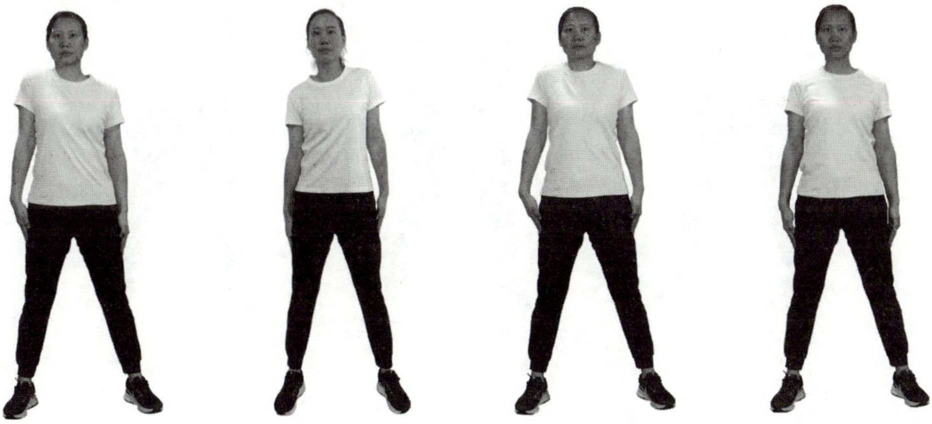

图7-2-20　提肩和沉肩

2. 收肩和展肩

收肩是指两肩同时向内收，稍含胸。展肩是指两肩同时向外展，挺胸。动作有两肩同时或依次收展等。（图7-2-21）

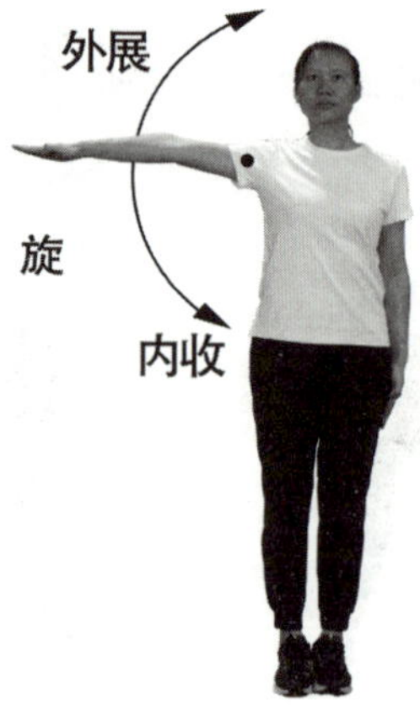

图7-2-21 收肩和展肩

3. 肩绕和绕环

肩绕和绕环是指以肩关节为轴做小于360°或大于360°的弧形或圆周运动。动作有单肩向前绕和绕环、单肩向后绕和绕环、双肩同时向前或向后绕和绕环。(图7-2-22)

图7-2-22 肩绕和绕环

(三)上肢动作

1. 手型

掌型:五指伸直并拢,包括并掌、立掌、开掌、花掌。[图7-2-23(a)]

拳型:握拳拇指在外,包括实心拳、空心拳。[图7-2-23(b)]

指型:包括一指、二指、响指。[图7-2-23(c)]

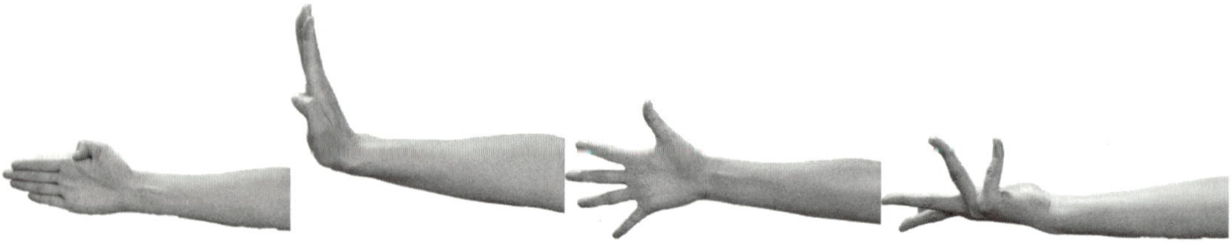

(a)

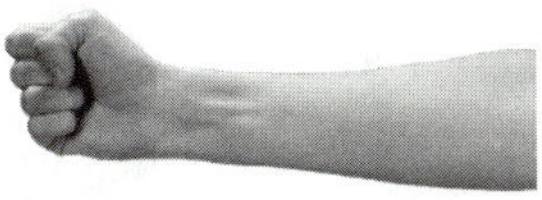

（b）

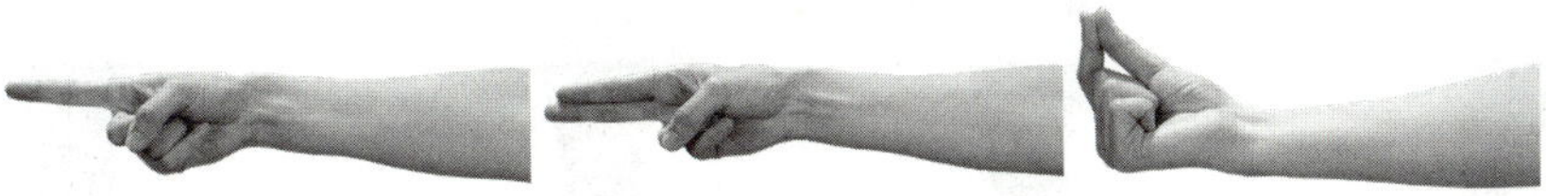

（c）

图7-2-23　手型

2. 臂屈伸

臂屈伸是指臂部的肌肉群收缩，使关节产生屈和伸的活动过程。动作主要包括手指、手腕的屈伸；肘关节的屈伸；单臂或两臂进行的向上、下、左、右、前、后及中间方位的屈伸。例如，胸前屈、胸前平屈、肩侧屈、肩上侧屈、肩下侧屈、肩上前屈、腰间屈、头后屈等。（图7-2-24）

图7-2-24　臂屈伸

3. 臂摆动

臂摆动是指以肩或肘关节为轴，向身体各方向做钟摆式运动。动作包括向前、向后或两臂前后摆动。（图7-2-25）

图7-2-25　臂摆动

4. 振臂

振臂是指以肩关节为轴，臂做最大幅度的快速运动。动作包括侧举后振、上举后振和下举后振。（图 7-2-26）

图7-2-26　振臂

5. 绕及绕环

绕及绕环是指以肩、肘、腕关节为轴，向各方向做圆周运动。范围在180° ~ 360°之间围绕，360°以上为绕环。动作包括单臂向内绕环、两臂向内绕环、单臂前后绕环和两臂前后绕环。可同时或依次向同一方向和不同方向绕环。（图 7-2-27）

图7-2-27　绕及绕环

（四）躯干动作

1. 胸部动作

含胸是指两肩内合，胸廓内收的动作。[图7-2-28（a）]

展胸是指挺胸，肩向后合，肩胛骨内收的动作。[图7-2-28（b）]

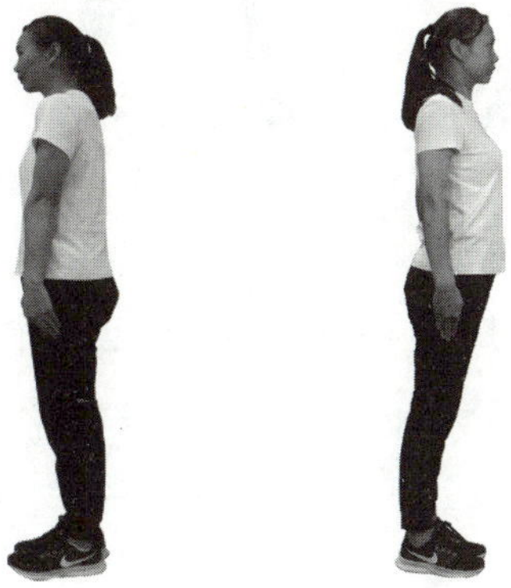

（a）　　（b）

图7-2-28　展胸

2. 腰部动作

健美操腰部动作主要包括屈、转、绕及绕环等基本类型。

屈是指上体沿矢状轴和水平轴的运动。动作包括前屈、后屈、左侧屈、右侧屈。（图7-2-29）

转是指上体沿垂直轴的扭转。动作包括腰的左、右转。（图7-2-30）

绕及绕环是指骨盆做向前、侧、后的运动。（图7-2-31）

图7-2-29 屈

图7-2-30 转

图7-2-31 绕及绕环

3. 髋部动作

顶髋是指髋关节做急速的移动动作。动作包括髋的左顶、右顶、前顶、后顶。（图7-2-32）

图7-2-32　顶髋

五、健美操的编排与实践

健美操的创编是遵照健美操的特点、规律，根据其目的、原则，结合创编者自身对健美操知识的理解和掌握，把单个动作创编成健美操练习与竞赛套路的过程。因而在创编过程中需注重健美操的本质、特点及整套动作的结构、时间、空间、运动方式、风格特点、音乐等各要素的有机结合。健身性健美操的动作编排是以32拍为一个单位，即4×8拍为一组，其结构与音乐相同。

（一）基本动作节拍

1个弹动动作为2拍，做4次，即1×8拍；1个侧并步动作为2拍，做4次，即1×8拍；1个交叉步动作为4拍，做2次，即1×8拍；1个“V”字步动作为4拍，做2次，即1×8拍。

（二）组合动作的基本方式

掌握健美操基本步法后，利用这些动作就可以进行动作组合的创编了。初学者一组动作可包括2～4种步法；对于中级水平的练习者来说则可以有5～6种步法。通常一个组合有4×8拍，即32拍。

1. 组合动作一

2个动作组成1个组合。例如，A：踏步，B：弹动。（表7-2-2）

表7-2-2　组合动作一

动作节拍	组合方式		
1×8拍	8次踏步	8次踏步	4次踏步+2次弹动
1×8拍	8次踏步	4次弹动	4次踏步+2次弹动
1×8拍	4次弹动	8次踏步	4次踏步+2次弹动

续表

动作节拍	组合方式		
1×8拍	4次弹动	4次弹动	4次踏步+2次弹动
共32拍	AABB	ABAB	ABABABAB

2. 组合动作二

3个动作组成1个组合。例如，A：踏步，B：弹动，C：“V”字步。(表7-2-3)

表7-2-3 组合动作二

动作节拍	组合方式		
1×8拍	4次踏步+2 次弹动	8次踏步	4次踏步+1次“V”字步
1×8拍	2次“V”字步	2次弹动+1次“V”字步	4次弹动
1×8拍	4次踏步+2次弹动	8次踏步	4次踏步+1次“V”字步
1×8拍	2次“V”字步	2次弹动+1次“V”字步	4次弹动
共32拍	ABCABC	ABCABC	ACBACB

3. 组合动作三

4个动作组成1个组合。例如，A：踏步，B：并步，C：交叉步，D：开合跳。(表7-2-4)

表7-2-4 组合动作三

动作节拍	组合方式		
1×8拍	8次踏步	4次踏步+2次并步	4次踏步＋2次开合跳
1×8拍	4次并步	1次交叉步+2次开合跳	1次交叉步+2次并步
1×8拍	2次交叉步	4次踏步+2次并步	4次踏步+2次开合跳
1×8拍	4次开合跳	1次交叉步+2次开合跳	1次交叉步+2次并步
共32拍	ABCD	ABCDABCD	ADCBADCB

六、健美操动作变化的基本要素

在熟练掌握简单的动作组合创编之后，就要根据动作变化的基本要素，使动作或动作组合变得更加丰富和更具挑战性。

1. 方向的变化

在完成某一个动作时可以加上不同方向和不同角度的变化。例如，向左、向右、向后转动；顺时针或逆时针方向90°、180°、360°的转动，“V”字步第3～4拍时转体180°，开合跳转体90°等。

2. 长度的变化

长度的变化是指完成动作时手臂和腿的长度变化。例如，由屈臂侧摆变成直臂侧摆，由前踢腿变成向前吸腿。

3. 冲击力的变化

在不改变动作结构的前提下，将冲击力进行改变。例如，低冲击力的漫步可变成有腾空的高冲击力漫步，高冲击力的弹踢腿可变成低冲击力的弹踢腿。

4. 路线的变化

在进行健美操练习时，可以沿不同的路线做动作。例如，“Z”“L”“W”“V”“□”“◇”形等路线。例如，交叉步可沿“□”“L”形路线移动，并步可沿“Z”“V”形路线移动。

5. 风格的变化

在不改变动作结构的前提下，改变动作的风格。例如，踏步加上摆髋可以变成拉丁健身操的风格，并步加上弹动可以变成街舞的风格。

6. 手臂动作的变化

在不改变基本步法的基础上，将手臂动作不断地进行变化。例如，“V”字步加击掌，吸腿加手臂上举。

第三节　瑜伽

思政小课堂

瑜伽具有鲜明的美学特征，即瑜伽的自然美。其自然美体现在人体动作美，瑜伽体式动作的完成需要具备基本的身体素质，要有一定的控制力和肢体的柔韧性，身体素质越强，动作完成得越精准，人体动作美呈现效果越佳。瑜伽运动的社会美，主要表现在个人的思想、性格及行为举止等方面在交际功能中的综合体现。瑜伽也体现了和谐美，是人与人、人与自然、人与社会的和谐。

一、瑜伽概述

瑜伽是印地语Yoga的译音，是指一种被称为“轭”的工具，用于驾驭牛马，由此延伸出瑜伽的含义是连结、控制、和谐、统一和平衡等，也就是我们中国人所说的“天人合一”；也有著作将其解释为“克服”或“自我克服”之意。从广义上讲，瑜伽是哲学；从狭义上讲，瑜伽是一种精神与肉体相结合的运动，是一种达到身体、心灵与精神和谐统一的运动方式。现代瑜伽主要是一系列修身养性的方法，包括调息的呼吸法、调身的体位法、调心的冥想法等。瑜伽起源于古印度，古印度人在8000米的喜马拉雅山上修炼秘术，他们将修炼的秘术传授给热情的追随者，并沿传至今。通过几千年的实践，总结出人体的科学修炼方法。目前已经在全世界广为传播，发展成为今天的瑜伽。它是印度文化遗产最早的展示之一。瑜伽传入我国最早可追溯到南北朝时期，而真正让国人认识瑜伽、了解瑜伽，是在20世纪80年代末至90年代初由美籍华人张慧兰引进并传播开来的。中央电视台曾以《瑜伽——自我身心锻炼方法》电视系列片的形式进行详细的报道和介绍。21世纪，瑜伽行业在我国迅猛发展，一些大中城市相继成立了瑜伽健身俱乐部，瑜伽也成为各健身俱乐部最受欢迎的课程之一；同时，一些高校也开设了瑜伽选修课。现如今，瑜伽这项既传统又时尚的健身方式及新型的健身产业，在我国呈现出勃勃生机和广阔的发展前景。

二、瑜伽基本动作

（一）瑜伽体位

1. 山式

（1）动作要领。

两脚并拢站立，两脚脚跟内侧相互碰触，跖骨头接触地面，伸展所有脚趾平放于地面。小腿肌肉外旋收紧、膝部收紧、髌骨上提，大腿收紧内旋。

腹部肌肉收紧，挺胸，肋骨内收，肩膀顺锁骨展开，然后向后、向下沉；下颌微收，颈部舒展，头顶向上延展，两臂自然向下伸展。肩胛骨向身体中间靠拢，胸腔扩开，尾骨向下卷。身体的重量均匀分布在整个脚掌，脚趾放松。（图7–3–1）

图7–3–1　山式

（2）功效。

这是瑜伽的基本站立姿势，是可以恢复身体活力和能量的姿势，可以增强身体的平衡感和稳定感。

2. 树式

（1）动作要领。

山式站立。弯曲左腿，左手帮助左脚跟放在右大腿的根部、脚掌放于右大腿内侧，脚趾朝下。膝关节朝正侧方并向下沉，髋关节朝正前方。右腿直立，支撑身体重量；双手胸前合掌，保持身体平衡。双手合掌向上伸展，举过头顶，手指并拢、伸直，肩膀下沉。保

持这个姿势3～5秒。深长地呼吸，双掌分开，放平手臂，左腿伸直、落地，恢复山式站立。（图7-3-2）

图7-3-2 树式

（2）功效。

增强腿部肌肉和平衡感。

3. 下犬式

（1）动作要领。

双手双脚撑地，跪立在垫子上，把双手置于肩部正下方，均匀张开手指，使手掌及各个手指紧贴地面，努力向下伸展。吸气，由手部至肩部拉紧肌肉，呼气，收拢肩胛骨。呼气，身体从地面抬起，臀部向后上方顶起，手臂伸直，外旋两臂，头部自然向下，双眼注视两脚掌之间，颈部放松。大腿肌肉收紧，前侧肌肉向后推送大腿向后，带动双膝伸直，脚后跟下压。脚后跟和脚底完全压实地面（初级练习者可以适当离地），两脚掌平行，脚趾朝正前方。保持这个体式3～5次呼吸（可根据练习目的拉长时间）。呼气，回到婴儿式放松。（图7-3-3）

图7-3-3 下犬式

（2）功效。

恢复精力，消除疲劳。缓解肩胛骨僵硬，改善肩周炎。缓解脚后跟的僵硬，软化跟骨骨刺。

4. 战士二式

（1）动作要领。

山式站立。两脚开步大约一肩半宽呈四肢伸展式。深吸气，两臂侧平举与肩齐，掌心朝下，左脚脚尖朝正前方，右脚左转90°，左腿从大腿根部开始外旋，膝关节正对左侧；右脚向内旋30°左右，右腿伸直，膝部绷直，髌骨上提，大腿收紧。呼气，弯曲左膝直到左大腿与地面平行。左小腿胫骨与地面垂直，左膝正对左脚趾尖的方向。弯曲的膝关节不能超过脚踝。双手向两侧尽量延伸。脸转向左侧，眼睛注视左掌。完全拉伸右腿后部的肌肉。腿后部、脊背及臀部应在一个垂直面上。胸腔向上提并打开，肩胛骨向背中央靠拢并下沉。尾骨下卷，趾骨微上提，使骨盆端正。（图7–3–4）

图7–3–4　战士二式

（2）功效。

通过练习此体式，可以使腿部肌肉更匀称、强健；可以缓解大小腿肌肉痉挛，增强腿部和背部肌肉弹性；强健腹部器官。学生掌握该站立体式，可以为今后挑战高难度的体式做准备。

5. 眼镜蛇式

（1）动作要领。

俯卧。吸气，双手置于胸部两侧。同时，两脚背压地，大腿肌肉、腹部、背部收紧。双肩向后展开，胸腔向前、向上提，颌头、胸部、腹部依次抬离地面，最后两臂推地，帮助身体保持上抬，两臂微曲。呼气，双肩放松下沉，锁骨外展，下颚上扬，背部肌肉放松，腰放松，小腹松沉贴地。（图7–3–6）

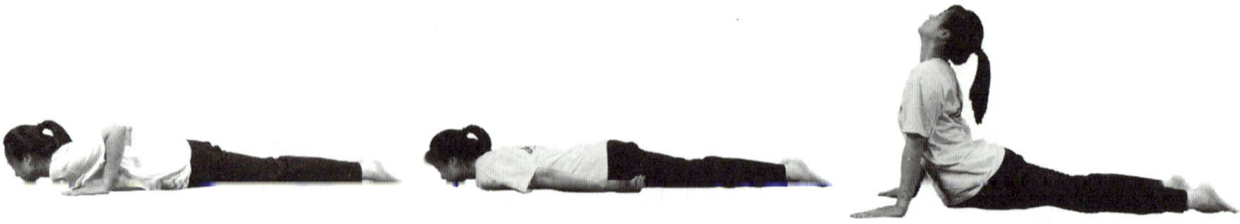

图7–3–6　眼镜蛇式

（2）功效。

强健胸部、腹部，对肺部及喉部有益；充分伸展身体前侧肌肉。

6. 战士一式

（1）动作要领。

山式站立。两脚开步大约一肩半宽。吸气，两臂由前至上举，掌心相对；两臂从根部开始向中间夹紧；上提肩胛骨。呼气，右脚向内转30°，左脚外旋90°，然后躯干向左转90°。边转边拉伸上臂，该体式的效果也就越明显。吸气，两臂、脊柱向上延展，并将髋摆正。呼气，左腿屈膝成弓步，大腿与地面接近水平，均匀地呼吸。最低保持3 ~ 5次呼吸（中级练习者可以加长）。另一侧练习，方向相反。（图7–3–7）

图7–3–7　战士一式

（2）功效。

扩展胸部，伸展颈部，延缓衰老，增强人的平衡感及集中注意力的能力，消除下背部及肩部的肌肉紧张。

7. 骆驼式

（1）动作要领。

跪立于地面，两臂放于身体两侧，双大腿、双膝及两脚并拢，脚前背着地，脚趾朝向后方；保持躯干挺直，呼吸均匀。初学者，双膝可以稍分开，这样使脊柱更灵活。呼气，将双手放于身体两侧，稍稍前推大腿肌肉，然后朝腹股沟上提。将肩胛骨收入身体，然后缓缓地弯曲背部，让背部朝地面方向下落；同时扩展胸部并上提胸部，持续而均匀地呼吸，将双肩向后展开。吸气，头向后顶，双手抓住两脚踝，大腿垂直地面，并朝双腿方向下推脊柱；均匀呼吸。两脚背朝地面下推，用手掌按压脚掌，收紧臀并内收尾骨，向后推肩胛骨，头部尽量向后，但勿让喉咙收紧。在此体式中保持3 ~ 5次呼吸。（图7–3–8）

图7-3-8　骆驼式

（2）功效。

有助于矫正身体姿态；消除肩膀、背部及脚踝的僵硬感；改善身体各器官的血液循环。

8. 三角伸展式

（1）动作要领。

山式站立。深吸气，两脚开步大约一肩半宽。抬两臂拉长侧腰，并向两侧伸展，上提胸腔，眼睛直视前方。右腿稍向左转约30°，保持伸直；然后左脚向左转90°，同时右髋上提。呼气，左臂带动身体向左伸展，然后，以大腿根部为轴向左下侧曲躯干，并保持两侧腰的伸展不变，左手放于脚踝或脚跟后侧压地面。保持双肩、臂和脚跟在一个垂直面上。转头看上侧手，保持3 ~ 5次呼吸。反方向动作相同。（图7-3-9）

图7-3-9　三角伸展式

（2）功效。

增强脊柱的柔韧性，舒缓背痛。强健骨盆和脚踝，缓解经期不适。

9. 三角侧伸展式

（1）动作要领。

山式站立。两脚开步约一肩半宽，大腿内侧收紧并向上顶髋部。右脚掌内旋30°，左脚外展90°，保持左脚脚跟正对右脚正中央，保持髋朝正前方。吸气，屈右膝，使大腿平行地面，膝不超过脚尖。呼气，左手臂带动身体向左侧伸展，然后躯干向左侧屈，左手掌放于左脚正外侧地面，右手顺势举到头顶，拉伸右侧腰，然后转肩向后、头向上，眼看左上方。保持3～5次呼吸。反方向动作相同。（图7–3–10）

图7–3–10　三角侧伸展式

（2）功效。

提高肺活量，强健心肌；减轻坐骨神经痛和关节炎引起的疼痛；减少腰部和臀部的脂肪。

10. 加强侧伸展式

（1）动作要领。

山式站立。两脚开步约一肩半宽，双手在背后合掌，指尖朝上，肘和肩尽量向后展。将双掌向上移到中背部，小手指贴靠背部，然后继续向上移直到其落于两肩胛骨的中间。手指互相抵压，双肘互推，打开胸腔。吸气、调整重心，使身体重心平衡在两脚间。左脚向左转90°，右脚向左转75°～80°，同时身体转向持侧。保持躯干朝正前方，收紧左腿左膝，延展胸部、腰部与髋部。呼气，身体前屈，让胸骨引领躯干。左膝始终伸直（膝关节力量不足者，可屈膝进入练习），最后下巴贴放在左膝上，保持5～8次呼吸。反方向动作相同。（图7–3–11）

图7-3-11　加强侧伸展式

（2）功效。

缓解肩、颈、肘、手腕的关节炎。改善消化系统，强健肝脾。

11. 双角式

（1）动作要领。

山式站立。两脚开步约一肩半宽，脚尖外展。吸气，双手十指背后交叉，脊背随气息上拔，膝关节上提，腿部绷直。呼气，手掌放在肩部正下方，与肩同宽。

吸气、抬头，胸部向前送，延展脊柱。呼气，弯曲手肘，头顶向下触地，双肘内夹，两臂尽量向头的上方和后方伸展。双手落在两脚之间，重心稍向前移至前脚掌。可以闭上眼睛，保持5～10次呼吸。吸气、抬头、伸直两臂，同时将手掌移至肩膀正下方，延展脊柱。双手扶髋，腰带动身体还原到直立。双手向两侧伸展，吸气，屈双膝跳回到山式。（图7-3-12）

图7-3-12　双角式

（2）功效。

增强脑部循环，使心脏和肺部充满活力；减轻下背部疼痛；强健膝关节，使髋关节更灵活。

12. 坐角式

（1）动作要领。

坐立，吸气，大腿收紧并向两侧分开。双肩和背部在一个平面上，保持背部挺直。身体的重量落在两坐骨上，手掌位于髋两侧，眼看正前方。意念引领全身肌肉（背、腰、臀、腿）放松，在此停留10个呼吸。呼气，身体前弯，把头放在地面上。然后伸展颈部，把下巴放在地面上，双手食指和中指抓住脚踝，试着把胸部贴在地面上。吸气，躯干从地面抬起。呼气，松开双手，还原双腿到手杖式。(图7-3-13)

图7-3-13 坐角式

（2）功效。

缓解坐骨神经痛，伸展腿部筋腱，促进骨盆区的血液循环。

13. 前屈背部伸展式

（1）动作要领。

山式站立。吸气，双手向上举至头顶上方，掌心相对。呼气，以腹股沟为轴身体前屈，腹部尽量贴向大腿，头部自然放松下垂，手置于脚两旁，或抓脚踝或小腿，头顶带动背部充分伸展向下，保持3～5次呼吸。吸气，两脚推地，身体慢慢回到直立，双手贴近耳朵伸展向上，还原成山式。(图7-3-14)

图7-3-14 前曲背部伸展式

（2）功效。

治疗失眠，消除疲劳。增加大脑供血，安抚大脑细胞和交流神经系统。增强和拉伸腘绳肌，强健膝关节及其周围的组织和肌肉。

14. 弓式

（1）动作要领。

俯卧，额头触地，弯曲双膝，双手抓住脚踝外侧；吸气，两脚向后拉伸手臂、肩，将头肩和胸抬离地面，然后两脚尽量向上抬高，大腿抬离地面，身体像平滑之弓，保持3 ~ 5次呼吸。呼气，将背部放松柔软，使脚下落，膝触地，然后松开双手，将身体伸展平铺放松。（图7–3–15）

图7–3–15　弓式

（2）功效。

增强脊柱弹性，拉伸并按摩腹肌，消除多余脂肪，增强膝关节力量。

15. 船式

（1）动作要领。

仰卧，两腿伸直，两臂平放于体侧，掌心向下。吸气，双腿保持伸直，慢慢向上抬起约60°，躯干向后靠，保持平衡。两臂前伸，掌心向下，支撑点在坐骨上，保持3 ~ 5次呼吸。呼气，双腿有控制地下落地面，回到手杖式。（图7–3–16）

图7–3–16　船式

（2）功效。

强健腹部、脊柱和颈部，伸展大腿。

16. 卧英雄式

（1）动作要领。

英雄式跪立。十指落于地面，分别位于脚趾的旁侧。手掌按压在地面，弯曲双肘，背部斜靠向地面。依次将前臂、背部慢慢下落于瑜伽垫上。将双手举至头顶或放于身体两侧，翻掌向上，停留1 ~ 20次呼吸。为了避免给骨盆区域或大腿带来压力，尽量将双膝紧紧贴靠地面（腰部压力大，则可以稍分开双膝）。吸气，两臂屈肘、收腹、低头，提起胸腔向上，回到英雄式。（图7–3–17）

图7-3-17　卧英雄式

（2）功效。

增强肺组织的弹性，缓解消化不良，减轻膝部的炎症，缓解痛风和风湿痛。消除长时间站立所带来的疲劳。伸展腹部器官和髋关节。

17. 肩倒立式

（1）动作要领。

仰卧，双腿伸展，绷直膝部，双手放在腿侧，手掌朝下。呼气，弯曲膝关节，膝关节朝胸腔靠拢，直到大腿贴近胸部，配合2次呼吸。吸气时，臀抬起、屈肘，把手放在腰部，用手帮助躯干向上抬起，直至胸部碰到下巴。呼气，双腿向上伸直，脚趾朝上，使腿和躯干成180°。呼气，先松手，再放脚，腹部收紧，缓缓落背。（图7-3-18）

图7-3-18　肩倒立式

（2）功效。

舒缓慢性头疼；坚持练习，慢性头疼渐渐消失。强健腹部、盆腔内脏。患有高血压的人，先练习犁式，如犁式能坚持3分钟，再练习肩倒立式。

18. 全神猴式

（1）动作要领

跪立于瑜伽垫，吸气，双手置于身体两侧，右腿向前伸展。呼气，慢慢将右脚向前滑动，左脚向后滑动，直到臀部放低到垫面，双手合掌于头顶。右脚向前滑行时，始终将大腿收入髋关节窝，有意识地将髋往回拉，左脚向后滑行时，也要将左髋往回顶。保证两侧髋骨平行，使髋摆正。保持躯干挺拔向上，停留3～5次呼吸。吸气，双手分开撑地，慢慢收回两腿。呼气，还原成跪立。反方向练习动作相同。（图7–3–19）

图7–3–19　全神猴式

（2）功效

增强大腿、小腿、髋部的血液循环，保持腿部健康。

19. 至善式

（1）动作要领。

坐立。弯曲左膝，用双手托住右脚，把左脚后跟向会阴处贴近，左脚脚掌贴于右大腿内侧，弯曲右腿，把右脚放在左踝上，右脚脚跟抵住耻骨。右脚脚掌放在左腿大腿和小腿之间。身体始终在坐骨上，两臂前伸，手背放在两膝上，使掌心朝上。拇指和食指并拢，颈部和头部挺直，双眼轻合。松开双腿，放松还原，然后反方向做同样的体式。（图7–3–20）

（2）功效

缓解膝关节僵硬，预防风湿，可增强脊柱下部区域和腹部血液循环。

图7-3-20　至善式

（二）注意事项

1. 保护与帮助

（1）衣着。

练习瑜伽时不戴首饰，以防止伤害身体；上装和下装都为贴身紧身着装，主要是为了方便自己和教师能及时发现动作的错误，方便及时纠正。

（2）饮食。

尽可能保持空腹练习，如果做不到练习前后1小时空腹，至少要做到练习前半小时吃易消化的流质食物。不能吃得太多，否则练习瑜伽过程中会出现眩晕，从而影响身体健康。

（3）女生生理期注意要点。

①避免做倒立体式。

②避免做腹部接触地面的体式。

③避免做封闭式扭转的体式。

④避免做强烈扭转的体式。

⑤避免做腹部强烈收紧的体式，包括手臂上举。

⑥避免做过度拉伸腹部的后弯体式。

⑦只能以舒缓的、仰卧的、开放式的练习为主。

（4）心脏病、高血压、低血糖、眩晕症人群注意要点。

①上述人群不适合做手臂上举的动作，做倒立体式时也要非常小心。身体某个区域有疾患的人群要告知教师采用不同的练习方法。

②所有前屈的动作对于患有高血压或低血压的人都有益处。

（5）自我练习瑜伽的注意事项。

①必须在空旷、有足够伸展空间的地方练习。

②保持呼吸顺畅，呼吸带给身体灵敏度、清晰度。没有特殊情况，保持鼻吸鼻呼（因为鼻毛可以过滤空气，还可以温润空气）。

③感冒的人和初学者、不适应鼻吸的人，可以用嘴呼吸。

④保持深长缓慢的呼吸，这样既可以保持平和的心情，还可以延长寿命。

⑤注意力始终放在呼吸和体式感觉上，不管在哪个位置都是正确的。

⑥不与他人攀比体式练习的难度，循序渐进。

2. 常见错误与纠正方法

（1）头颈与脊柱没成直线。

常见错误：练习瑜伽时，上体过于紧张或放松，都易导致头、颈和躯干不在一条直线上。（图7–3–21）

纠正方法：在练习时，要想象脊柱挺直伸展，头部向远端延伸，头颈与脊柱成一条直线。（图7–3–22）

图7–3–21　头颈与脊柱没成直线

图7–3–22　纠正方法

（2）肩部耸起。

常见错误：在做支撑类动作时，肩部耸起，这说明肩颈部过于放松，没有得到充分伸展。（图7–3–23）

纠正方法：肩部伸展开来，手臂有力地支撑躯体。（图7–3–24）

图7–3–23　肩部耸起

图7–3–24　纠正方法

（3）脊柱弯曲。

常见错误：背部没有挺直，脊柱弯曲，这说明脊柱处于紧张状态，意味着脊柱神经没有得到应有的刺激。（图7–3–25）

纠正方法：背部挺直，时刻意识到体位是围绕脊柱进行的，需注意练习时对脊柱的刺激。（图7–3–26）

图7-3-25　脊柱弯曲

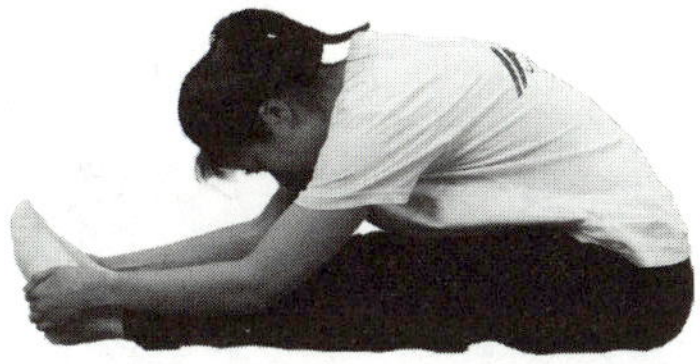
图7-3-26　纠正方法

（4）两臂与肩没成直线。

常见错误：肩部、手臂紧张，脊柱的扭转不充分，都易导致肩臂不成一条直线。（图7-3-27）

纠正方法：充分向两端伸展肩和两臂，配合呼气放松脊柱。（图7-3-28）

图7-3-27　两臂与肩没成直线

图7-3-28　纠正方法

（5）膝关节超过脚尖。

常见错误：屈膝时，膝关节超过脚尖，致使膝关节承受负荷过重，易造成膝关节损伤。（图7-3-29）

纠正方法：屈膝时保持膝关节投影点不超过脚尖。（图7-3-30）

图7-3-29　膝关节超过脚尖

图7-3-30　纠正方法

（6）膝关节向前歪出。

常见错误：从身体的侧面观察上身、腿部、头在完成体式时是否在同一平面上，如膝

关节向侧前弯曲，则胯部就没有充分展开。（图 7–3–31）

纠正方法：让膝关节指向正侧方，将胯部充分展开。（图 7–3–32）

图7–3–31 膝关节向前歪出

图7–3–32 纠正方法

（7）髋部弯曲

常见错误：在进行倒立体位动作练习时，背、腰、髋或腿部过于放松，导致体后侧肌肉和脊柱未能充分伸展。（图 7–3–33）

纠正方法：练习时，背部、腰部、髋部和腿部保持在一条直线上，并尽量垂直于地面向上延伸，以充分伸展体后侧肌肉和脊柱。（图 7–3–34）

图7–3–33 髋部弯曲

图7–3–34 纠正方法

第八章

游泳运动

○ 思政小课堂

游泳运动在我国体育教育教学中受重视的程度越来越高，很多家长在孩子的童年时期就开始培养其游泳能力，不仅将强身健体作为训练目标，同时还期望能磨炼孩子的意志，培养其永不服输、顽强拼搏的精神，体现出游泳运动的价值。当观看奥运会游泳接力比赛时，通过队员之间的共同努力与拼搏，获得奥运冠军，更能激发学生的集体精神和爱国思想。

第一节　游泳运动概述

一、游泳运动的发展简况

游泳运动是人类有意识、有目的地运用自身肢体与水的相互作用力在水中进行的技能性运动，是人类在自然界中谋求生存与发展的产物。

现代游泳运动起源于英国。1828年，英国在利物浦乔治码头修造了第一个室内游泳池。1837年，在英国伦敦成立了第一个游泳组织，同时举办了英国最早的游泳比赛。1869年1月，在伦敦成立了大城市游泳俱乐部联合会（英国业余游泳协会前身），并把游泳作为一个专门的运动项目正式固定下来。1908年国际游泳联合会（2023年更名为世界游泳联合会，以下简称“世界泳联”）成立，继而把游泳运动传遍全世界。

新中国成立以来，在党和国家的高度重视下，我国游泳运动得以迅速发展。1952年第一次全国游泳运动大会有106名男运动员和59名女运动员参赛，比赛共设17个项目。在1952年芬兰赫尔辛基奥运会上，吴传玉代表中国参赛，成为新中国游泳运动员参加国际比赛的第一人。此后，他在1953年8月举行的第1届国际青年友谊运动会上获得了男子100米仰泳冠军，使五星红旗首次在国际泳坛升起，这也是首次在国际体坛升起五星红旗。1956年中国游泳协会成立，推动了中国游泳事业的发展，培养了不少优秀游泳运动员。1957—1960年，我国著名游泳运动员戚烈云、穆祥雄、莫国雄3人，先后5次打破男子100米蛙泳世界纪录。1992年第25届奥运会游泳比赛，中国游泳队的庄泳、杨文意、林莉、钱红等，一举夺得4枚金牌、5枚银牌、两项第四、一项第六和一项第八的好成绩，同时还创造了两项世界纪录，以骄人的成绩迈入世界先进行列。

二、游泳运动的概念及特征

（一）游泳运动的概念

游泳是利用水的浮力作用支撑身体，通过水对人体动作所形成的支撑反作用力和升力推动身体向前游进。游泳时身体在水中没有固定的支撑。

游泳练习大部分在水中进行。水的压力、阻力、浮力对人体产生的作用常使得游泳练习者在水中出现站立不稳、胸闷、呼吸困难、呛水等现象，有时甚至发生溺水事故。上述情况使部分练习者产生“怕水”心理，严重者将会形成心理障碍，影响游泳的学习效果。

在陆上体育运动中，身体常以直立姿势进行运动，而游泳时，练习者采用仰卧或俯卧姿势在水中进行运动。由于身体运动姿势的改变，人体空间定向、定位感觉及大脑前庭分析系统也随之发生改变，使得人在日常生活中所形成的走、跑、跳等身体基本技能在水中无法得到合理运用，从而增加了游泳练习的难度。

（二）游泳运动的特征

游泳属于以体能为主导的速度性和耐力性项群，并且属于周期单一固定的结构类型，具有技术单一、固定的特点。体能在游泳项目中属于关键因素之一。体能是完美技术的支撑，良好的技能要通过合理技术来表现。其他各项素质的基础，只有建立在充沛的体能基础之上，才能发挥队员自身的条件。在高水平的游泳竞技比赛中，由于高手间技术的差别很小，因此体能的因素可以被看成取胜的关键。

游泳运动能改善人体的循环系统、呼吸系统、神经系统和消化系统的功能，促进人体正常的生长发育和新陈代谢，提高全身的协调性、肌肉力量和耐力，增强耐寒能力。游泳运动对于身体瘦弱的人和慢性疾病患者还是一种有效的体育医疗手段，现已成为许多身体瘦弱的人和慢性疾病患者的一种有效锻炼方法。另外，游泳运动在生产、科研和国防建设中也有很高的实用价值。游泳还能磨炼人的意志，有助于培养勇敢、顽强的意志品质。

游泳运动员在比赛中的心理承受能力越来越成为影响其竞技水平发挥及运动成绩的重要因素。运动员的体能、技能、战术及运动智能，只有在其良好的心理能力的参与和配合下，才能得到充分的体现。现代游泳运动员之间的技术水平越接近，竞争就越激烈。当比赛双方技术、战术、身体素质等方面势均力敌时，胜负往往取决于心理因素。也就是说，运动员体能、技术的发挥，最佳竞技状态的获得以及战术的运用，均应以良好的心理素质为基础。

第二节 游泳项目分类

一、蛙泳

（一）蛙泳概述

蛙泳是模仿青蛙游泳动作的一种姿势，是最古老的一种游泳姿势，早在4000年前，在中国、罗马、埃及就已有类似这种姿势的游泳。

蛙泳较省力，易持久，实用价值大，具有广泛的用途。18世纪中期，在欧洲，蛙泳被称为“青蛙泳”，它的特点是两腿分得很开，做两膝较宽的蹬夹水动作。

蛙泳的缺点是速度慢，运动的速率较低。

（二）蛙泳技术

1. 身体姿势

身体不是固定在一个位置上，而是随着手、腿的动作在不断地变化。当一个动作周期结束后，身体应展胸、稍收腹、微塌腰，两腿并拢，两臂尽量伸直，颈部稍用力，头置于两臂之间，眼睛注视前下方。(图8-2-1)

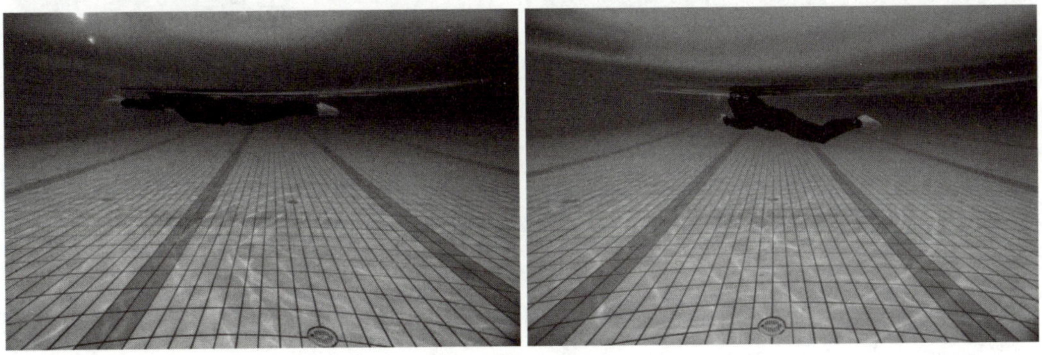

图8-2-1 身体姿势

2. 蛙泳腿部技术

蛙泳游进过程中身体前进主要依靠腿部力量。它的主要动作可分为收腿、翻脚、蹬夹水和滑行四个阶段，这四个阶段是紧密相连的完整动作。

（1）收腿。

收腿时，两腿随着吸气的动作自然放下，同时两膝自然分开，小腿向前回收，回收时两脚放松，脚跟向臀部靠拢，边收边分。收腿时力量要小，两脚和小腿回收时要收在大腿的投影截面内，以减少回收时的阻力。

收腿结束后，大腿与躯干约成120° ~ 140°角。两膝内侧大约与髋关节同宽。大腿与小腿约成40° ~ 45°角，并使小腿尽量成垂直姿势，这样能为翻脚、蹬夹水做好有利的准备。(图8-2-2)

图8-2-2　收腿

（2）翻脚。

当脚向腿部靠拢时，两脚迅速翻转勾脚踝，脚跟相对，脚尖向外，以加大对水的对抗力。(图8-2-3)

图8-2-3　翻脚

（3）蹬夹水。

蛙泳的主要推动力来自腿的蹬夹水。蹬水时，应由腰部和大腿发力，以小腿和脚底向外蹬水，当两脚距离与肩同宽时，伸直脚板，用力夹水，直到两脚并拢伸直。(图8-2-4)

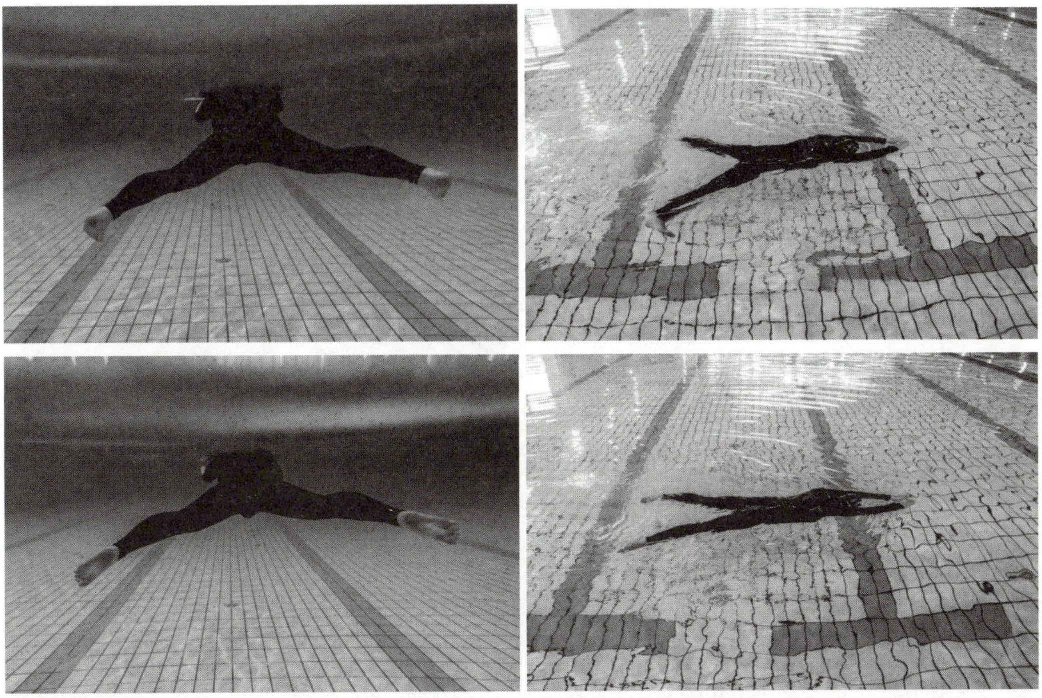

图8-2-4 蹬夹水

（4）滑行。

蹬夹水结束后，两腿伸直并拢，使身体保持水平，依靠腿蹬夹水获得的速度向前滑行，准备做下一个循环动作。（图8-2-5）

图8-2-5 滑行

3. 蛙泳手臂技术

蛙泳手臂的动作可分为开始姿势、抓水、划水、收手和向前伸臂五个动作。

（1）开始姿势。

当蹬夹水动作结束时，两臂自然向前伸直，并与水面平行，掌心相对，手指自然并拢，身体成一条直线，呈现出较好的流线形。（图8-2-6）

图8-2-6 开始姿势

（2）抓水。

从开始姿势起，手臂先向前伸，并使重心向前，同时肩关节略内旋，双手掌心略转向外斜下方，并稍屈手腕。双手分开向侧斜下方压水。当手掌和前臂感到有压力时，就开始抓水。抓水动作一方面能创造有利条件，另一方面对身体能起到上浮和向前推进的作用。抓水的速度根据个人水平的不同而不同，水平较高者抓水较快，反之则慢。（图8-2-7）

图8-2-7 抓水

（3）划水。

肘关节逐渐弯曲，并保持较高位置。划水的路线是向侧、向下、向后加速划水。（图8-2-8）

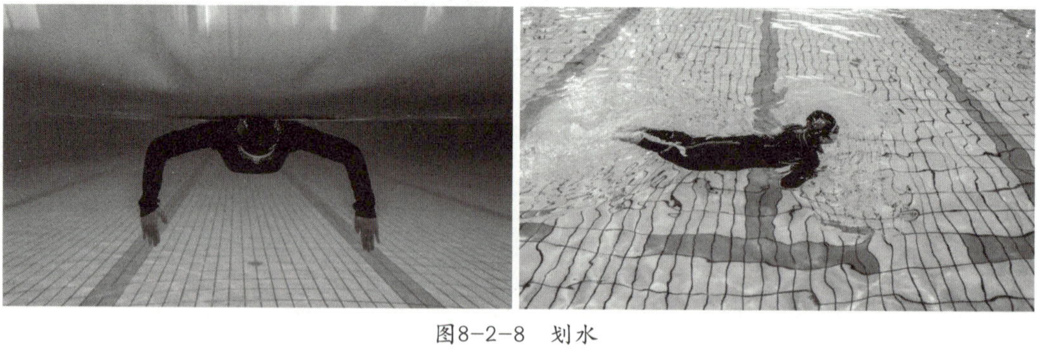

图8-2-8 划水

（4）收手。

收手是划水阶段的继续。收手时的运动方向为向内、向上、向前。手的迎角约为45°，前臂外旋，掌心逐渐转向内。收手动作应有利于做快速向前的伸手动作，并且肘关节要有意识地做向内夹的动作。当手收至头前下方时，双手掌心由后转向内、向上的姿势，这时上臂不应超过两肩的横向延长线。在整个收手动作中，手的动作应积极、快速、圆滑，收手结束时，肘关节应低于手，上臂与前臂的角度应小于90°。（图8-2-9）

图8-2-9　收手

（5）向前伸臂。

肩向前，肘、手快速向前伸，手臂边伸边内旋，掌心逐渐转向下方，使臂靠近水面。（图8-2-10）

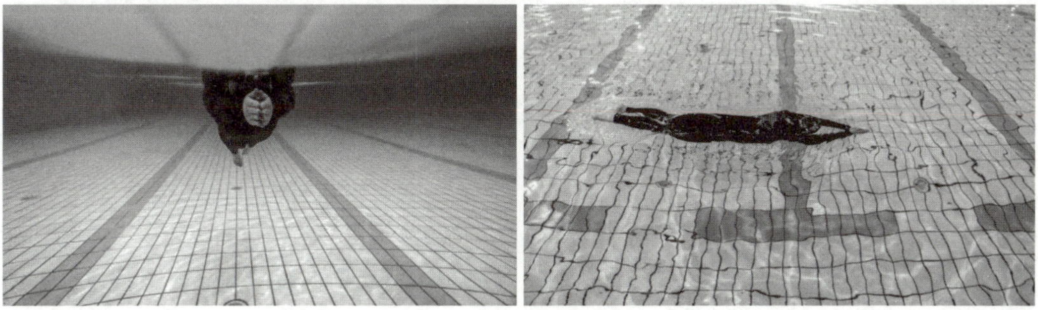

图8-2-10　向前伸臂

4. 蛙泳配合技术

手臂抓水的同时，开始逐渐抬头，这时腿保持自然放松、伸直的姿势。手臂划水时，头抬至眼睛露出水面，腿保持不动。只有收手时才开始收腿，并稍向前挺髋，这时头抬至口露出水面，并快速、有力地吸气。伸手臂的同时低头，用鼻或口鼻呼气，并且在手臂伸到将近1/2处时，做蹬夹水的动作，让身体伸展滑行一段距离，等速度降低时做第二个周期的动作。

在蛙泳的游进过程中，一般都是一个周期呼吸一次，这样有利于机体的有氧供应，从而降低疲劳速度。需注意在抬头吸气前，必须将体内的废气全部吐完，然后吸进新鲜的氧气。（图8-2-11）

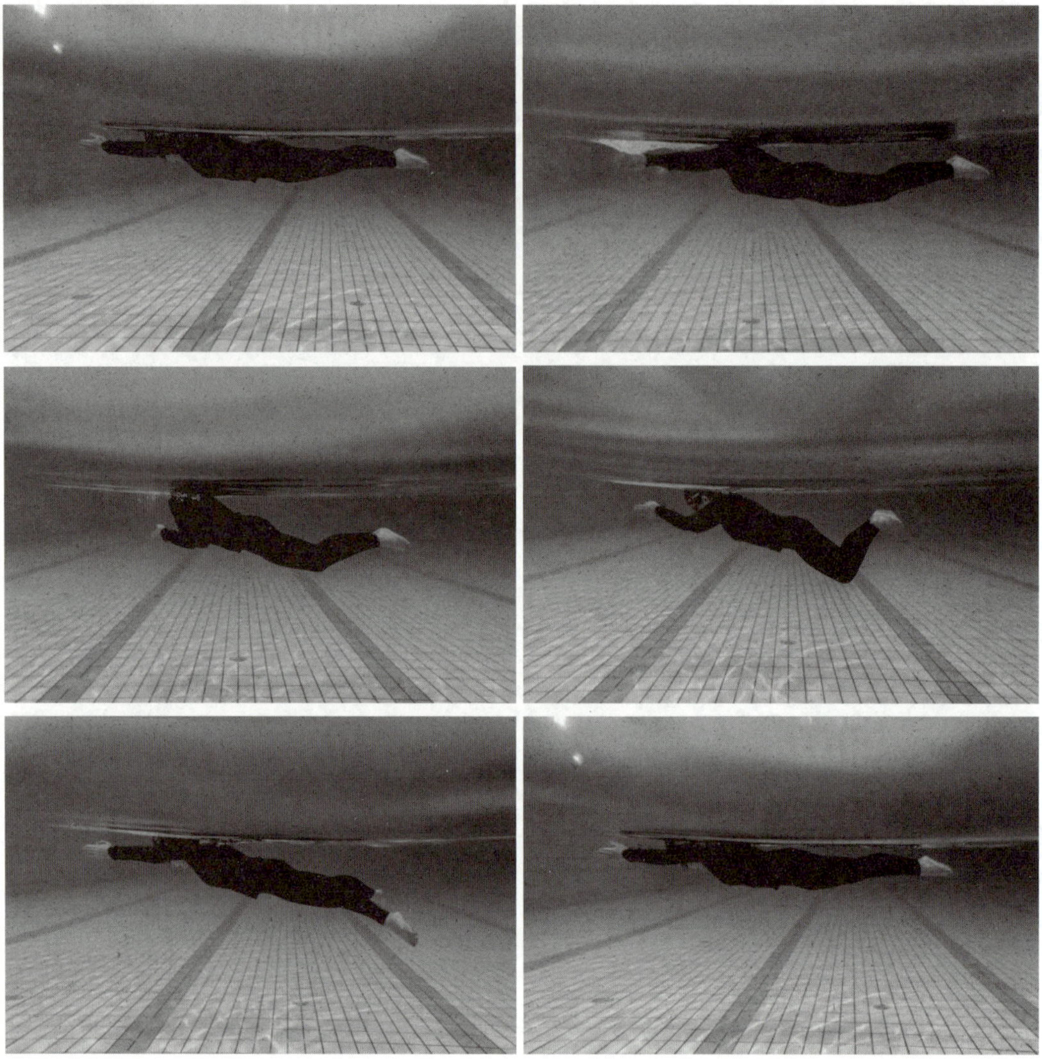

图8-2-11　蛙泳配合技术

二、自由泳

（一）自由泳概述

自由泳又称爬泳，是因为在自由泳的比赛中所有的运动员多年来都采用爬泳而得名。爬泳时，运动员几乎水平地俯卧在水面上，两腿交替做上下鞭状打水，两臂轮流由前向后划水，动作像是爬行，所以这种姿势称为爬泳。

自由泳是四种竞技泳式中游得最快的一种，在各种国际游泳比赛中占有2/5的项目，所以，各国游泳队都将自由泳放在首位，并成为衡量一个国家游泳运动水平的标志。

自由泳的起源历史久远，从我国和世界其他国家的古代遗物中，都可以得到考证。人类为求生存，在与大自然的斗争中，在水中所采用的泅水姿势，有的就类似爬泳的动作，如两臂轮流划水。我国春秋战国时代的铜壶上的浮雕中和公元前570年前的一个希腊花瓶上都发现了类似爬泳的动作。

最初的游泳比赛，蛙泳是最基本的游泳姿势，后来人们为了寻求更快的游泳姿势，经过多次变革，先是出现了侧泳，进而又出现了两臂轮流划水，并提臂经空中前摆的大抡臂爬泳，但是,当时的腿尚未成鞭状打水。直到20世纪20年代，英国运动员理查·卡维尔（Richard Carver）首先采用两腿有节奏地向后下方打水技术，这是自由泳技术的新起点。

1922年，美国运动员韦斯摩勒开创了自由泳技术的新纪元，无论是身体姿势，还是臂腿和呼吸配合等技术都接近了现代的自由泳。当时韦斯摩勒用新技术创下了自由泳的世界纪录。

随后又经过不断变革和改进技术动作，先后出现了6：2：1、4：2：1和2：2：1的腿、臂和呼吸的配合技术；与此同时，又出现了“规则打水”和“不规则打水”等配合技术，使自由泳不断趋于完善。

现代自由泳技术的特点是：身体姿势高且较平，采用高肘屈臂曲线划水和晚呼吸配合技术。

我国的自由泳项目在20世纪50年代曾取得过较好的成绩。进入20世纪80年代后期，我国的游泳运动有了一个较大的进步。女子运动员杨文意在第3届亚洲游泳锦标赛上打破了女子50米自由泳世界纪录，并夺得冠军，这是我国女子第一次打破游泳世界纪录。在第24届奥运会上，杨文意夺得女子50米自由泳银牌，庄泳夺得女子100米自由泳银牌，中国队还夺得了女子4×100米自由泳接力第四名。

在1992年巴塞罗那奥运会上，杨文意获得50米自由泳金牌，并打破了由她自己保持的50米自由泳世界纪录；庄泳夺得女子100米自由泳金牌。在自由泳竞赛中，我国运动员显示出了优秀的技术和令人信服的运动成绩。

（二）自由泳技术

1. 自由泳腿部技术

自由泳腿部技术主要起保持身体位置和身体平衡的作用，同时对身体也起一定的推进作用，但随着游速的加快，其推进作用逐渐减小。

良好的打腿动作能维持身体平衡，使身体保持流线型，并能与划水动作协调配合。自由泳腿部技术由向下打水和向上打水两个部分交替进行。

（1）动作要领。

向下打水时，由屈腿动作开始，打腿时，踝关节伸直，脚尖稍内扣，腰部发力，大腿带动小腿朝后下方用力做鞭状打水动作。向上打水时，大腿带动小腿直腿向上移动，当腿脚移至水面并与水面平行时，大腿停止上移，而小腿由于惯性作用继续上移，当大小腿弯

曲成约160°角时，转入向下打水。(图8-2-12)

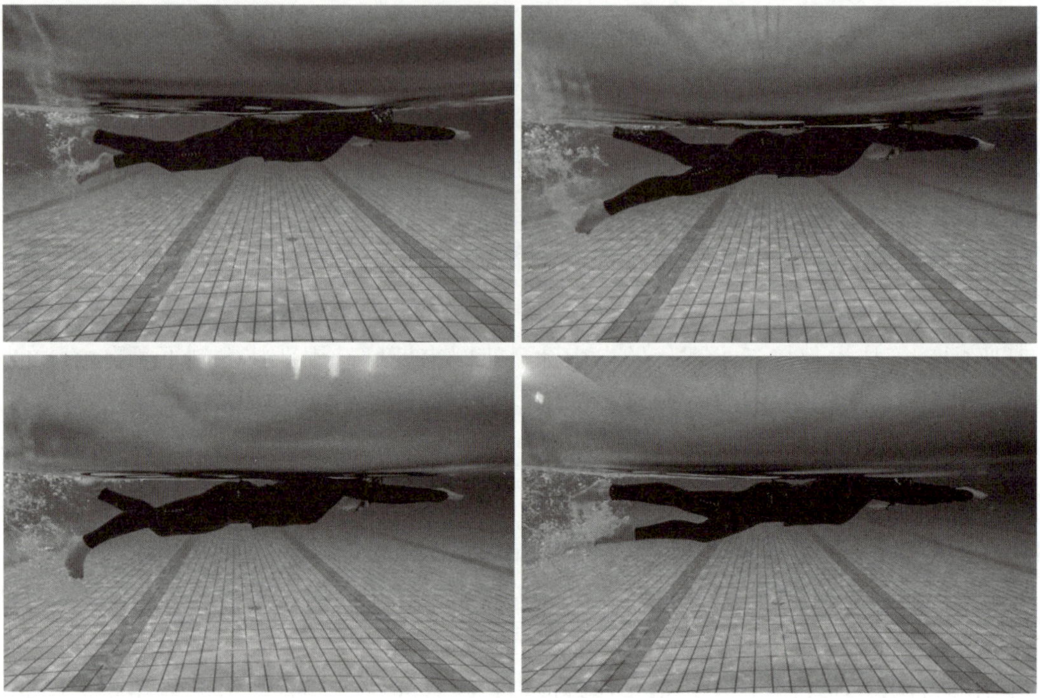

图8-2-12 自由泳腿部技术

(2) 注意事项。

直腿向上打水、屈腿向下打水。向下打水时，腰部先发力，大腿带动小腿，做上下交替鞭状打水动作。

2. 自由泳手臂技术

(1) 入水。

臂入水时，肘关节略屈，并高于手，手指自然伸直并拢，向斜前下方前捕入水。需注意手掌向外，动作自然放松。手入水的位置应在肩的延长线上，或在身体的中线和肩的延长线之间。入水的顺序为：手、前臂、上臂。手切入水后，手和前臂继续向前下方伸展。手由向前、向下、稍向内的运动变为向前、向下、稍向外的运动。(图8-2-13)

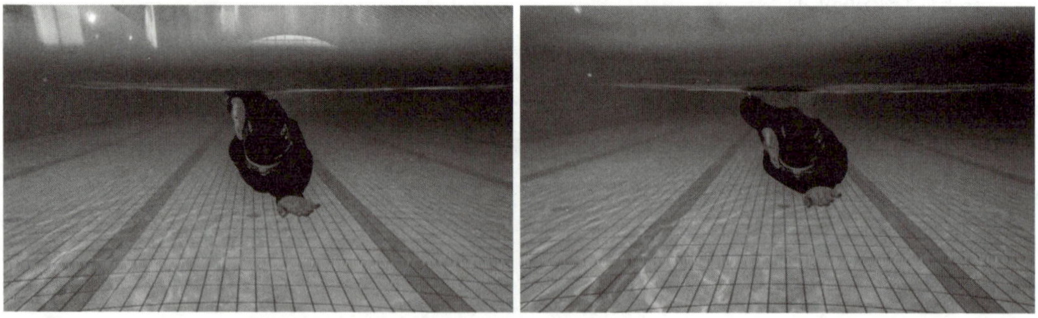

图8-2-13 入水

（2）抱水。

臂入水后，应积极插向前下方，此时前臂和上臂应外旋，并屈腕、屈肘。在形成抱水的动作中，开始手臂是直的，当手臂划下至与水平面约成15°～20°角时应逐渐屈肘。在划水开始前，也就是手臂约与水面成40°角时，肘关节屈至150°左右。（图8-2-14）

抱水动作主要是为划水做准备，因此它是相对放松和缓慢的，抱水就好像用臂去抱一个大圆球一样。抱水时手的运动轨迹为向后、向下、向外。

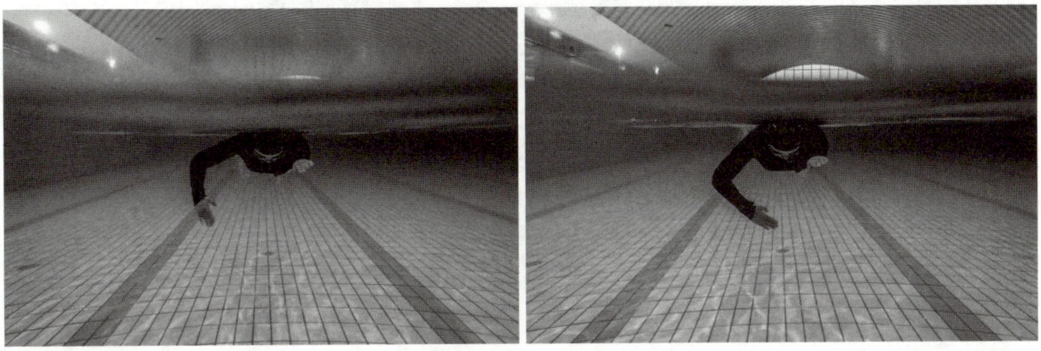

图8-2-14　抱水

（3）划推水。

手臂在前方与水平面成40°角，在后方与水平面成15°～20°角，起止的运动过程都是划水动作。它分为两个阶段：从抱水结束到划至与水面垂直之前称为拉水，过垂直面后称为推水。拉水时，应保持高肘姿势，手向内、向上、向后运动。当拉水结束时手在身体下方接近中线，这时，肘关节弯曲的角度为90°～120°，前臂由外旋转为内旋，掌心由向内后方变为向外后方。划推水动作见图8-2-15。

向后推水是通过屈臂到伸臂来完成的。在推水的过程中，手向外、向上、向后运动。肘关节要向上、向体侧靠近，并且手掌始终要与水平面保持垂直。整个划推水的过程，手掌的运动路线并不是始终在一条直线上和同一平面上，实际上是一个较复杂的三度曲线。从身体的额状面来看，是一个“S”形，从身体的矢状面来看是一个“W”形。

在整个划推水的过程中，肩部应配合手臂进行向前、向下、向后的合理转动，这样有利于加长划推水路线和加大划水力量。

图8-2-15　划推水动作

（4）出水。

在划水结束后，手臂由于惯性的作用很快靠近水面。这时，由上臂带动肘关节做向外上方的“提拉”动作，将前臂和手提出水面。前臂出水动作要比上臂稍慢一些，掌心向后上方。手臂出水动作应迅速而不停顿，同时应柔和，前臂和手掌尽量放松。（图8–2–16）

图8–2–16 出水

（5）空中移臂。

手臂在空中前移的动作是手臂出水动作的延续，不能停顿，一臂的动作应放松自如，尽量不要破坏身体的流线型，要与另一臂的划水动作协调一致，并且需注意节奏。在整个移臂的过程中，肘部应始终保持比手部高。（图8–2–17）

图8–2–17 空中移臂

3. 自由泳配合技术

（1）两臂配合技术。

自由泳的两臂配合有三种方式：前交叉、中交叉和后交叉。前交叉是当一臂入水时，另一臂处于肩前方，与水平面约成30°角；中交叉是当一臂入水时，另一臂处于肩部下方垂直部位，与水平面约成90°角；后交叉是当一臂入水时，另一臂划水至腹部下方，与水平面约成150°角。

（2）呼吸与臂的配合技术。

自由泳的呼吸动作比较复杂，主要是在水面上用嘴吸气，在水面下用嘴和鼻呼气。以右转头吸气为例：当右手入水后，嘴和鼻慢慢呼气，右臂划水至肩部下方，向右侧转头，呼气量加大，右臂推水结束、手臂出水时快速将余气吐出，同时下颌向右肩靠，使嘴露出水面，张嘴吸气，吸气结束并开始转头复原，右臂经空中移臂后入水。（图8-2-18）

图8-2-18　呼吸与臂的配合技术

（3）完整的自由泳配合技术。

完整的自由泳配合技术多样，常见的有6 ∶ 2 ∶ 1，4 ∶ 2 ∶ 1，2 ∶ 2 ∶ 1等配合技术。而其中应用最为广泛的是6 ∶ 2 ∶ 1，即6次打腿、2次划臂、1次呼吸配合技术。一般而言，6次打腿技术较适合于游泳初学者和短距离项目，4次和2次打腿技术则适合于中、长距离项目。

完整的自由泳配合技术要领：两臂前后对称划水，两腿向后下方上下交替打水，侧头吸气，低头吐气，身体绕纵轴左右转动。（图8-2-19）

图8-2-19　完整的自由泳配合技术

（4）注意事项。

①保护与帮助。为了避免出现屈膝过大或不会以大腿带动小腿打水，初学者可先学习直腿打水，然后再过渡到屈腿打水。在基本掌握直臂划水后，要及时转入学习屈臂划水技术。需注意划水时屈臂高肘，掌心向后划水。划水结束时，通过练习用手触及大腿后提肘出水的练习来纠正出水过早、划水路线过短的错误动作。安排练习时，不一定是上一个练习完全掌握后再进行下一个练习，有的练习可以穿插进行，如将臂、呼吸组成一套动作进行，反复练习，以此来提高动作质量。

②常见错误与纠正方法见表8-2-1。

表8-2-1　常见错误与纠正方法

部位	常见错误	原因	纠正方法
腿部	小腿打水	1.动作要领不清； 2.屈膝太大	1.明确动作要领； 2.先用直腿打水，体会大腿带动小腿打水
	屈髋打水	躯干没充分展开或收腰	1.多做陆上模仿练习，注意大腿上抬或用直腿打水； 2.水中练习要展髋，打腿时大腿上摆
	勾脚打水	踝关节灵活性差	1.要求绷直脚尖打水； 2.多做踝关节灵活性练习
臂部	臂入水后下压水	1.直臂入水； 2.过早用力划水	1.入水时手指先入水，此时肘高于手； 2.入水后臂向前下方伸，抓到水后再划水
	手在肩外划水和划水路线短	1.手入水点偏外侧，并向外侧划水； 2.没有推水动作	1.强调屈臂，手沿身体中线做“S”形划水或要求在肩前入水，划水时向腹下抱向同侧大腿处推水； 2.可用矫枉过正法，要求在身体中线处入水，超过中线向后划水，划水结束时手触同侧大腿
	划水结束时，身体下沉和手出水困难	划水结束时，掌心向上，没有向后推水	要求划水后程以掌心向后推水，利用惯性提肘带动臂出水前移
完整配合	配合不协调	1.动作过分紧张； 2.下肢沉或呼吸无节奏	1.放松慢游，逐渐增加游程； 2.多次打水和呼吸
	抬头吸气	1.动作概念不清； 2.怕呛、喝水，不敢抬头	1.明确转头吸气； 2.吸气时，可绕纵轴转动，转头时作“咬肩”动作
	吸不进气	不会呼吸或不会在水中吐气	1.在水中做呼吸的基本动作； 2.强调水中吐气； 3.掌握转头吸气的时机，将出水时猛吐气、快吸气

第三节　游泳的准备活动及注意事项

一、准备活动

游泳前的准备活动一定要有针对性，内容设置合理，活动充分，以确保游泳运动达到健身的效果和保障安全。准备活动的量一般根据天气情况而定，不要急于下水。树立下水前要做准备活动的意识。一般情况下准备活动的时间在5～10分钟，气温和水温低时，如阴天、风天，准备活动的时间要长且量稍大。准备活动要积极投入，动作准确，协调有力，舒展流畅。准备活动充分表现为血液循环加快，身体发热、出汗，关节灵活，动作轻松有力。

做好专项准备活动，防止膝关节半月板损伤和水中抽筋。防止半月板损伤的准备活动有跪地后仰和深蹲转膝等。跪地后仰的要领是双手扶地，两踝关节外翻着地，膝关节反复向地面下压。深蹲转膝的要领是体前屈双手扶膝深蹲后绕环。利用这两种方法来充分伸展膝关节内外侧韧带，提高关节的灵活性，防止在蹬夹水时损伤膝关节半月板。

防止水中抽筋的最有效的准备活动是脚趾运动。动作要领是直腿坐于地面，一腿直腿抬起并用手分别反复扳脚趾，以提高脚趾和大小腿后侧肌肉群的柔韧性。准备活动的内容主要包括以下几点。

（一）慢跑热身

个人可以根据以往跑步的经验，选择适宜的时间和距离，达到身体发热，微微出汗即可。

（二）头部运动

双手叉腰站立，头部分别按照前、后、左、右4个方向进行活动，每个方向完成2拍，一个8拍完成4个方向的活动，共完成4个8拍的活动。之后，头部分别按照顺时针和逆时针方向进行转动，两个方向交替进行，一个8拍旋转1圈，完成4个8拍（共4圈）的头部旋转。需注意在做头部活动时应放慢节奏，不可用力过猛。

（三）躯干及上肢运动

1. 伸展运动

正常站立，两臂置于身体两侧。保持手臂伸直，两臂（掌心朝向身体外侧）侧平举过肩，尽力向上，然后由肩上位置收回到开始时的位置。每两拍两臂上下摆动一次，完成4个8拍。做这个动作时，可以在开始时两臂摆动慢些，然后逐渐加快手臂的摆动速度（注意摆臂速度不要过快，容易失去控制）。完成之后，可以再以掌心朝向身体内侧的摆臂方式进行伸展活动，同样是4个8拍。

2. 扩胸运动

正常站立，两臂侧平举，掌或拳心朝下，然后直臂做扩胸运动，两臂一收一展为两拍，完成4个8拍。

3. 两臂上举

正常站立，上臂张开与地面平行，前臂与上臂成90°角，手掌展开伸直，然后两臂夹紧尽力靠近头部，积极上举，双手重叠，完成后，返回开始时的动作姿势。做这个动作时，两臂上举放下为2拍，完成4个8拍。

4. 两臂绕环

两脚平行站立，与肩同宽，躯干前倾呈俯卧状，保持背部伸直和腹部肌肉紧张；然后两臂绕肩关节向前、向后绕环（可以进行两臂同时向前、向后绕环；两臂分别向前、向后绕环），要求肘关节尽量伸直。做绕环动作时，可以根据自身能力情况来决定绕环的速度，一般来说，按节奏数拍子的话，完成4个8拍为宜，时间大约为30秒。

（四）下肢运动

1. 半蹲运动

两脚平行站立，与肩同宽，双手抱头于脑后。完成动作时，脚跟着地，腰背挺直下蹲至大腿与小腿成90°角，然后站直。蹲下—站直为2拍，完成4个8拍。需注意蹲下时一定要蹲到位，腿部不能发软，一定要有力度感。

2. 弓步压腿

两脚并拢站立，腰背挺直，两臂于头两侧向上伸直。单腿向前迈出一步，屈膝下蹲，保持腰背挺直，每下压拉伸一次为1拍，然后略微放松，之后继续下压拉伸，完成4个8拍。最后保持直立。

二、注意事项

（一）游泳前要进行体检

游泳前进行体检的重要意义包括以下几点。

1. 及时发现传染性疾病，并杜绝传染病的传播

游泳是在水中进行的运动，由于水是流体，病菌容易以此作为媒介，在游泳者中进行传播，如红眼病、沙眼、体癣、足癣、传染性肝炎等疾病，都可通过游泳活动进行传播。在游泳前进行体检，能发现这些疾病的患者，并禁止其进入游泳池游泳，从而阻断了这些

疾病的传染源，杜绝了它们传播和流行的可能性。

2. 对不适于游泳的某些疾病的患者，采取限制性的保护措施

游泳是十分有益于人体健康的大众化的体育运动项目，但并非所有人都适宜参加游泳。有些疾病患者，虽然不会传染他人，但下水后因寒冷刺激、运动量过大、情绪紧张等因素的影响，可能会加重自己的病情。例如，心脏病、肺气肿、严重高血压等疾病患者，均应在游泳前进行体检，以避免游泳时加重病情和导致意外事故的发生。精神病人和癫痫病人在发病时不能有效地控制自己的意识和行为，必须对其采取严格的限制性保护措施，因此绝对禁止其入池游泳。

此外，还需注意的是，游泳前进行体检必须在每年开始游泳前，对参加游泳者进行一次体检，绝不可检查一次管几年，因为人的健康情况是不断变化的，体检时间相隔过久，就会失去检查的意义。

（二）不宜游泳的人群

夏季炎热，游泳既可以锻炼身体，又可以防暑降温。游泳虽然是一项非常普及的运动，但是并非对每个人都适宜，下列几种人就不适宜游泳。

(1) 严重的心脏病、高血压、气管炎、肺气肿等慢性疾病患者。

游泳是在水中进行的运动，由于水的阻力和导热性，使人在水中体力和热量消耗都大大高于陆上运动，人体的生理负担量也相应增大。因此，这些患者难以承受游泳运动时的生理负荷，必须对游泳“敬而远之”。

(2) 中耳炎患者。

水进入发炎的中耳，犹如“火上加油”，可使炎症加重、扩散，甚至可经血液扩散到颅内，发生严重危及生命的颅内感染。

(3) 外伤未愈者。

为防细菌随水进入伤口，造成伤口感染、化脓和败血症等并发症的发生，此类人群也不宜游泳。

当然，上述患者也并非永远不能游泳，其中大多数患者经过治疗，痊愈后，仍可参加游泳运动。

（三）酒后不能游泳

酒后下水，是我国民间流传多年的泅水习惯，在民间传说和古典小说中，常常把游泳和饮酒联系在一起。水泊梁山中的“阮氏三雄”，个个都是“能饮善泳”的英雄豪杰。不少人认为，饮酒之后身体发热，可增强身体的抗寒能力，从而延长在水中活动的时间。还有人认为，酒能提高人的兴奋性，酒后乘兴下水游泳，比不饮酒时游兴更高。

其实以上这些看法都是不科学的，甚至是危险的。酒后游泳，不仅不符合游泳的卫生要求，而且还会危及游泳者的安全。

众所周知，酒的主要成分是乙醇（酒精），当它进入胃内，首先会刺激胃黏膜，吸收后通行全身，从而使心率加快，体表的皮肤扩张，血流量增加，大部分人酒后面色发红、体表发热。此时若下水游泳，身体热量不仅会因为水温与皮肤温度相差较大而大量散失，而且还会因散热量突然加快而引起头晕、低血糖性晕厥和抽筋，甚至导致溺水事故的发生。

乙醇对人体的中枢神经系统还有抑制作用。乙醇进入人体后，很快对大脑产生麻痹作用，使人的自控能力、思维判断能力、平衡能力和动作精细控制能力降低，从而使酒后的游泳者动作笨拙而不协调，同时还会出现头昏脑胀、呕吐、休克等不良反应。如果这些反应发生于深水游泳过程中，不仅会损害游泳者的健康，还会危及游泳者的生命安全。

（四）空腹不宜游泳

游泳是一项水浴、空气浴、日光浴三者结合的运动，是夏季体育锻炼的最佳项目，历来为人们所喜爱。但在游泳池或海滨游泳场上游泳者晕倒的现象时有发生，据了解，这些现象多是空腹游泳导致的。那么，为何空腹游泳容易晕倒呢？

游泳时，除运动本身要消耗大量的能量之外，还因为水是良好的导热体，能从体表吸收不少热量。据研究，人在12摄氏度的水中停留4分钟，比在同样温度的空气中停留一小时所消耗的热量还要多。游泳之后常感饥饿，就是大量能量被消耗的结果。空腹游泳时，一旦体内能源储备供不应求，低血糖现象随即发生，大脑皮层缺乏能量供应，就会出现头晕、无力、面色苍白、出冷汗，甚至晕倒。所以空腹游泳非但无益，反而有害。

（五）游泳的最佳运动量和游泳时间

游泳作为一项全身性的运动，对人体有多方面的益处，如提高心肺功能、减肥塑形、增强肌肉力量、改善关节灵活性、提高能量代谢等。然而，游泳和其他任何一项体育运动一样，运动量过大或过小均难以达到锻炼身体的目的。研究表明，下列运动量是最适当、最科学的：

30岁及以下的成年人每次1100 ~ 1200米；

31 ~ 40岁的成年人每次950 ~ 1100米；

41 ~ 50岁的成年人每次850 ~ 950米；

51 ~ 60岁的成年人每次700 ~ 800米；

61 ~ 70岁的成年人每次500 ~ 600米；

71岁以上的成年人每次300 ~ 400米。

研究证实，自由泳和蛙泳对任何年龄的人都是最佳的游泳姿势。同时，游泳中宜沉着，要心平气和，不慌不忙。

游泳时，水温一般低于体温，加之水的导热性又是同温度空气的25倍，因而人体的热量易于通过传导而大量散失，并导致体温的下降。过长时间在水中活动，会因体表温度的下降而降低神经肌肉的兴奋性，引起肌肉僵硬，不易放松，动作协调性受到破坏，过早出现疲劳，运动能力下降，甚至出现抽筋，导致溺水事故的发生。因此，游泳时必须根据体温的变化，正确地掌握游泳时间。游泳者要正确掌握游泳时间，必须了解人体在水中体温调节机能的变化规律，注意游泳时出现的体征。游泳时，人体的体温调节机能会发生以下四个阶段的变化。

第一阶段：白反应时期。初下水的几分钟，由于冷水刺激，引起皮肤毛细血管的收缩，皮肤发白。

第二阶段：红反应时期。下水后30 ~ 60分钟，由于皮肤血管反射性舒张，流向皮肤的血液增多，皮肤发红。游泳者主观上有温暖感。

第三阶段：寒颤期。下水30 ~ 60分钟以后，由于身体热量散失过多，引起肌肉不自主地收缩，出现寒颤，以增加热量。此时游泳者感到寒冷。

第四阶段：紫反应时期。游泳时间过长，小动脉收缩，人体血液大量停滞在静脉之中，皮肤发紫。

不同的游泳者，上述各个阶段的出现和维持的时间各有不同。经常参加游泳锻炼的人，红反应时期出现得早，且维持得久，故在水中停留较长时间也不觉得寒冷。不经常参加游泳的人，红反应时期来得晚且较短暂，而寒颤期却提前到来，因而在水中游不了多久，就会全身发冷、瑟瑟发抖。

游泳时，当身体出现寒颤时，应起水上岸，保暖休息，或做些陆上活动，以加快人体的产热过程。若继续停留在水中，就有可能导致感冒和抽筋现象的发生。

一般情况下，在25摄氏度的水温中，经常游泳的人，可在水中游80 ~ 90分钟；而不经常下水的人，最好是将水中活动的时间控制在60分钟以内。如果水温降低，游泳时间还应相应缩短。

三、急救与自救

（一）急救

1. 间接急救

一般适用于对溺水程度较轻，神志比较清醒，还能使用救生器材的溺水者。在间接救助时，救助者在岸上或池边借助救生器材即可对溺水者施救。游泳场所一般都应备有救生圈、竹竿、木板及输氧设备等。下面介绍几种常用的救护器材和使用方法。

（1）救生圈。

最好在救生圈上系一根绳子，当发现溺水者时，可将救生圈掷给溺水者。如果在江河里，就向溺水者的上游掷去，溺水者得到救生圈后，将其拖至岸边。

（2）竹竿。

溺水者离岸（船）较近时，救助者可在岸边或船舷将竹竿伸向溺水者，待溺水者抓住竹竿后，将其拖到岸（船）边。

（3）绳子。

在绳索的一头系一漂浮物，将绳子盘成圆形，救助者握住绳子的一端，然后将盘起来的绳子掷向溺水者的前方，使溺水者抓住绳子上岸。

（4）漂浮物。

救助者将泡沫塑料块、木板、游泳用的浮板、浮球等物品中的任意一种抛掷给溺水者，溺水者得到漂浮器材后，依扶这些器材游向岸边。

2. 直接急救

救护溺水者是每个公民应尽的义务。参加救助工作的人员一定要在确保自身安全的前提下，使用正确的游泳救助方法对溺水者施救。

直接急救是救护者不借助任何救生器材，徒手对溺水程度较重，已神志不清，无法使用救生器材的溺水者施救的一种技术。直接急救技术大致可分为入水前的观察、入水、游近溺水者（包括拖运、上岸、急救）等过程。

（1）入水前的观察。

入水前，对周围环境要做简单的观察，如辨别溺水者的方位、距离、水流方向、水面的宽窄等。救护者要遵循入水后尽快游近溺水者进行施救的原则，迅速选择入水地点。

（2）入水。

入水要快，并且要注意目标。救助者下水前，要迅速脱掉衣服、鞋、袜，准确判断溺水者的方位，迅速入水。要根据天然水域中湖泊（无水流）和江河（有水流）的不同情况，选择入水位置。救助者在湖泊岸边发现溺水者时，要选择溺水者距离岸边较近的地方入水；如救护者乘船在湖泊中发现溺水者时，要使船尽量靠近溺水者，再入水救护。当在江河岸边发现溺水者时，救助者应迅速从岸边向溺水者的上游跑去，在距离溺水者的斜上方入水；如救助者乘船在江河中发现溺水者时，要将船划到溺水者上游接近处入水。

游泳救护中通常采用的入水方法：①头先入水。在熟悉的水域中（如游泳池、游泳场），应采用游泳出发式入水（头先入水）救助溺水者，因为这种姿势出发速度最快，距离最远，又便于起游。这种入水法适用于救护水面或水下的溺水者。②脚先入水。在不熟悉的水域，可采用“八一”式脚先入水的动作。起跳后，两臂侧前举，一腿前伸微屈，另一腿稍向后屈。当身体接近水面时，两腿夹水，手臂迅速压水。这种入水方法不会使身体下沉过多，并能防止碰到石头或暗桩，而且从起跳到开始游泳能始终看到目标。③河边斜坡滑下法。一般河边都是倾斜的，不宜跳水，救助者跑至河边后，降低身体重心，从河边滑下，走至深水处起游。④在较高的桥上入水时，应采取屈腿团身抱膝入水的方法，防止入水时拍伤身体。

无论采用哪种入水方式，均应注意入水动作应迅速，并且始终注意目标。

（3）游近溺水者。

救护者为了快速地接近溺水者，一般采用速度较快的抬头自由泳，亦可采用头不入水的蛙泳，以便观察溺水者的情况。当游到离溺水者2～3米处时，深吸气后再接近溺水者，以保存自身体力。如溺水者面向自己，则潜入水中，游到溺水者身旁，双手扶住其腋下，将其转至背向自己，然后进行拖运。

另一种方法是正面游近溺水者后，用左（右）手握住其左（右）手，用力向左或右边一拉，借助惯性使溺水者的身体转至背向自己，然后进行拖运。如溺水者背向自己，可直接游近溺水者，用手托其手臂，使其口鼻露出水面后进行拖运。

①拖运。一般采用侧泳或仰泳进行拖运。侧泳拖运方法是救助者侧卧水中，一手扶住溺水者，另一手在体侧划水，两腿使用侧泳蹬剪水的动作。

侧泳的拖运法有两种：一种是一臂伸直托住溺水者的后脑，一手在体侧划水，两腿用侧泳蹬剪水的动作；另一种是左手（右手）从溺水者的背后沿左肩（右肩）通过溺水者的胸前，握住右或左腋窝后面的肩背，右（左）手在体侧划水，腿使用侧泳蹬剪水前进。

仰泳拖运法是指救助者仰卧水中，一手或双手扶住溺水者，以反蛙泳腿的动作使身体前进。一种是救助者仰卧水面，两臂伸直，双手扶住溺水者的两颊，用反蛙泳腿动作使身体前进，另一种是仰卧水面，两臂伸直，以双手的四指挟着溺水者的两腋窝下，大拇指放在溺水者的肩胛骨上，以反蛙泳腿的动作使身体前进。

②上岸。当遇到处于昏迷状态的溺水者时，将其拖运到岸边后，还需要将其抬上岸以便抢救。下面介绍两种在游泳池上岸的方法。

A.池边上岸方法。救助者用右手握住溺水者的右臂，并将其右手先放到岸边。随后用左手将溺水者的右手压在岸边，用右手和两腿的力量支撑上岸。然后迅速用右手拉住溺水者的右手腕，再用左手拉住溺水者的左手腕，将溺水者沉入水（头不要没入水中），借溺水者身体向上的浮力，把其提拉上来，并立即进行抢救。

B.扶梯上岸方法。将溺水者拖运至梯前，搭在自己的右肩上，双手握住扶梯，稳步上岸。当溺水者的臀部够到池边时，慢慢放下，随后将右脚踏在池边上，右手托住溺水者的颈部，左手抓住扶梯，弯腰向前，慢慢将溺水者放倒，立即进行抢救。

间接急救与直接急救也可结合进行。如发现溺水者时，救护者可先掷一个救生器材给溺水者，然后再跳入水中帮助溺水者借助救生器材将其拖带上岸。

③急救。溺水者被救上岸后，如已昏迷，呼吸微弱或刚停止，应立即采取措施进行急救或送医院抢救。

A.清除口鼻中杂物。先将溺水者的衣服和腰带解开，擦干身体，清除口鼻中的淤泥、杂草、泡沫和呕吐物，使上呼吸道畅通。如有活动假牙，应取出，以免坠入气管内。如溺水者牙关紧闭，救助者可用双手大拇指由后向前顶住溺水者的下颌关节，并用力向前推，同时双手食指与中指向下搬其下颌骨，使口张开。为了防止已开的口再闭上，可将小木棒放在上、下牙床之间。

B.控水。在完成上述处理后，应立即进行控水，将进入溺水者呼吸道和腹中的水排出。常用的方法是救助者一腿跪地，另一腿屈膝，并将溺水者腹部放在腿上，使其头部下垂，然后用一手扶住溺水者的头使嘴向下，另一手压其背部，使水排出，并立即进行人工呼吸。

C.人工呼吸。进行人工呼吸抢救时，一定要连续不断，需要的时间较长，因而要有耐心，最好有两人以上轮流操作。现场要保持空气流通，环境安静，随时注意溺水者的情况变化。尽早送医救治。

（二）自救

游泳者溺水的自救，是在没有他人救助的情况下，溺水者通过自己的努力，使自身获救的救生方法，具体做法如下。

当游泳者因呛水、抽筋或体力不支而发生溺水时，切勿惊慌失措，要保持镇静，并迅速将身体翻转成仰卧或踩水姿势，使口鼻露出水面，以保持呼吸道的畅通。呼吸时，应用口充分吸气，用鼻缓缓呼气，但不要将气呼完，以使肺中潴留部分空气，使身体保持较大的浮力。同时，溺水者的两臂应连续而有节奏地在体侧轻微用力，做较小的划水、压水动作，两脚不停地向下蹬水或打水，以增加身体上浮的反作用力，从而使身体能浮于水面而不致下沉。

溺水时，溺水者切忌将手伸出水面挣扎或呼救，因为身体的任何部位必须在水中才能受到水的浮力作用，当上肢和上体离开水面后，不仅使身体上浮的浮力减小，而且使身体下沉。一般情况下，溺水者只需将口、鼻露出水面，使呼吸道保持畅通，即可保证自己的安全，因此，游泳者应将除头部以外的躯体和四肢全部置于水中。溺水者的臂、腿做划水、压水和蹬、打水时，动作应轻、缓，用力不可过猛，切忌在水中用力猛划、乱蹬，以免加快身体的疲劳，加速身体的下沉。

溺水者经过短暂的休息，待情绪稳定后，再根据发生溺水的原因进行自我解救。如抽筋，可采用拉长肌肉的办法排除；如呛水，可采用调整呼吸的办法排除；如体力不支，可采用踩水和仰卧的办法进行休息，待体力恢复后，再游向岸边。

游泳者发生溺水后，如遇他人救助，必须对救助者的救助予以积极配合。此时，溺水者应绝对服从救助者的指挥，迅速抓住救助者递送的救生器材，但绝不可抓住救助者的身体，否则不仅会因救助者无法施展游泳和救生技术而使营救工作功亏一篑，而且还有可能使溺、救双方发生意外。

游泳时，身体各部肌肉都可能发生抽筋现象，抽筋通常是由于下水前没做好准备活动，身体过于疲劳，水温过低，过分紧张或动作失调等因素引起的。发生抽筋时，必须保持镇静，不慌张，可呼救也可自救。抽筋后不应继续再游，应立即靠边上岸，注意保暖，按摩抽筋部位。在水中自我消除抽筋的方法主要是拉长抽筋的肌肉，使抽筋的肌肉松弛和伸展，具体做法如下。

（1）手指抽筋。

将手握拳，然后用力将手掌张开。这样迅速反复做几次，直到抽筋消除为止。

（2）小腿或脚趾抽筋。

先吸足一口气，用抽筋部位异侧的手握住抽筋的脚趾，腿伸直，用力向身体方向拉，同时用同侧的手压住抽筋腿的膝关节，帮助抽筋腿伸直。

（3）大腿抽筋。

大腿抽筋可采用拉长抽筋肌肉的办法消除抽筋。

第九章

武术运动

○ 思政小课堂

武术作为中华民族优秀传统文化的瑰宝，源远流长，底蕴深厚。它不仅是一项体育运动，更是民族精神与智慧的集中体现。在数千年的历史演进中，武术融汇诸子百家之精髓，兼容并蓄，其形式与内涵不断丰富，成为中华文化的生动缩影，也是传承民族精神、彰显中华气节的重要载体。进入新时代，武术的文化、教育与艺术价值愈发凸显。其所倡导的"以武修身、以德养性"理念，与社会主义核心价值观高度契合，为培养青年学子的家国情怀、尚武精神与健全人格提供了宝贵的精神滋养与实践路径。

第一节　武术概述

一、武术的起源与发展

"物竞天择、适者生存"，在人与兽斗的自然抗争中，人以木棒、兽骨、石器等作为生产生活的工具，加之身体灵敏，逐渐掌握了一些规避、跳跃、翻滚之类的徒手动作，同时学会了运用简单器具进行劈、砍、刺等技法，这就是武术的雏形。

商周时期青铜制造水平的提高，推动武器形制不断演变。军事武艺向着实用化、规范化的方向发展，主要体现在当时"庠、序"的教育中武艺占有重要地位，武艺兼有习礼与舞蹈相结合的内容。随着武术文化的丰富、功能的多样化和技法的理论化，武术成为人们有目的、有组织、有意识进行的社会活动。到了秦、汉、三国时期出现关于武术的著作，初步形成不同风格的流派，有了较为系统的理论支撑，因而从单一的军事技能向着竞技方向发展。至此，具有技击性的角抵、手搏、相扑、击剑等竞技项目相继出现，同时具有表演性的剑舞、斧舞、钺舞、刀舞等项目得到丰富，逐渐形成了简易的套路。进入隋、唐、五代时期，武术文化形态得到了大发展，中外文化相互交融。

1958年，中国武术协会在京成立。1990年10月，国际武术联合会在北京正式成立。北京2008武术比赛是经国际奥委会特批的于北京奥运会期间在北京举办的一项国际性武术比赛。2009年，国家体育总局武术研究院专门组织专家、教授和各拳种代表人，编制了以各拳种技术要素为基础、以练打结合为形式的《中国武术段位制系列教程》，并在全国大力推广。2017年12月，中共中央办公厅、国务院办公厅印发的《关于实施中华优秀传统文化传承发展工程的意见》指出，丰富拓展校园文化，推进传统体育等进校园；加强对外文化交流合作，创新人文交流方式，支持中华武术等中华传统文化代表性项目走出去，这进一步推动了武术与民族传统体育项目的整理研究和保护传承。

二、武术的内容与分类

根据武术拳种和类别的不同，套路有长有短，有刚有柔，有单练有对练，有徒手有器械。经常习练某一功法技能可以强健体魄，同时攻防技击的搏斗更蕴含着武术独有的魅力。在原有传统套路的基础上不断发展创新，按照当前运动形式的分类方法，武术可分为套路运动、格斗运动和功法运动三大类。

（1）套路运动是指以技击动作为素材，以攻守进退、动静疾徐、刚柔虚实等矛盾运动的变化规律为依据编成的套路练习形式。其主要内容包括拳术、器械、对练和集体演练。

（2）格斗运动是指两人在一定条件下按照一定的规则进行斗智、较力、较技的实战练习形式。目前武术竞赛中正在开展的有散打、推手、短兵等项目。

（3）功法运动是指以武术单个动作练习为主体，达到内外兼修、强身健体，或增强身体某一方面体能的运动形式。其按形式与功用可分为桩功、气功、软功等。

三、武术的特点

（1）既有套路演练又有攻防技击性。套路运动中映射着格斗的技法，寓攻防技击于格斗和套路。在原始的格斗基础上把踢、打、摔、拿、击、刺等攻防动作素材经过艺术构思整编成套，达到强身、强心、强智的目的。

（2）具有内外合一、形神兼备的练功方法。注重形体规范、通神达艺和内外合一的整体观，套路演练过程中在技术上要求把内在精气神与外部形体动作紧密相合，完整一气，做到“心动形随”“形断意连”“势断气连”。以“手眼身法步，精神气力功”八法的变化来锻炼身心，形成了独具民族风格的练功方法。

（3）练习形式多样，有着广泛的适应性。格斗虽然是武术原有的本质属性，但在其发展过程中套路运动逐步占据武术的主要地位，且内容、形式流派绚丽多彩，灿如众星。功法是武术运动的一种独特练功内容。其有适合演练的各种拳术、器械和对练，有竞技对抗性的散手、推手、短兵，还有与其相适应的各种练功方法，可供不同群体、不同体质的人练习，根据自身的条件和兴趣爱好有选择地进行锻炼，对场地、器材的要求不高，简便易行。

四、武术运动的锻炼价值

（一）健身价值

矫正身体姿态，提高大脑的兴奋性，增强肌肉力量，增强关节和韧带的柔韧性，提高身体的协调性、灵活性及平衡能力。

（二）修身价值

培养坚忍、顽强、勇于战胜困难的意志品质和良好的武术道德，以及团结、协作的精神。

（三）观赏、娱乐价值

人们观赏武术表演和比赛，感受力与美的结合，可以提高审美能力，陶冶情操。

（四）国防价值

提高士兵的擒拿格斗技术、身体力量及快速反应能力，对国防和社会治安有保障作用。

（五）交流价值

促进社会交往，通过国际比赛，加强各国人民之间的交往与合作，促进武术运动的普及。

五、武术的基本功

武术的基本功涵盖的内容极为广泛，就训练目的而言，大致有两点：一是以改善和提高身体基本的运动能力为主要目的；二是以提高武术的技术水平为主要目的。武术的基本功包括以下几种。

（一）手型

拳：四指并拢蜷缩，拳面平整，大拇指盖于食指、中指的第二关节处。[图9-1-1（a）]

掌：四指伸直并拢，拇指弯曲紧扣虎口，立腕指尖向上。[图9-1-1（b）]

勾：手腕向下弯曲，五指并拢成勾型。[图9-1-1（c）]

爪：五指张开，第二、第三指关节弯曲成虎爪。[图9–1–1（d）]

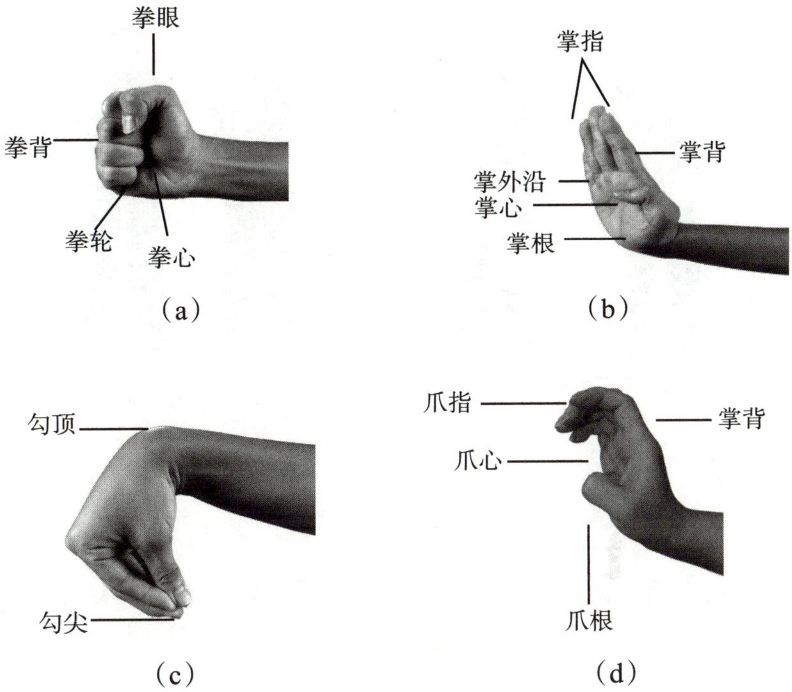

图9–1–1　手型

（二）手法

抱拳：两拳沿大腿两侧向上提拉至腰间髂骨处，两肘夹紧。[图9–1–2（a）]

冲拳：拳从腰间髂骨处内旋转臂快速冲出，与肩同高，力达拳面。[图9–1–2（b）]

架拳：右拳由下向上经左体前架起，臂成弧形，拳轮朝上，拳眼垂直头顶。[图9–1–2（c）]

劈拳：拳由上而下直臂快速劈砍，抡劈时成立圆，力达拳轮。[图9–1–2（d）]

推掌：掌由腰间髂骨处内旋立掌推出，与肩同高，臂伸直力达外沿。[图9–1–2（e）]

亮掌：右臂举至头顶抖腕翻掌，臂伸直掌心向上。[图9–1–2（f）]

格肘：以肘或前臂为力点，前臂竖立，肘略低于肩部，保持上臂和前臂的角度，以肩关节为轴，使前臂竖立体侧向体前或由体前向体侧格拨。

（a）　（b）　（c）　（d）　（e）　（f）

图9–1–2　手法

（三）步法

弓步：支撑腿脚尖朝前微内扣，屈膝半蹲成水平，后腿绷直脚尖内扣，前弓后绷，重心趋于前腿。[图9–1–3（a）]

马步：两脚左右开立脚尖朝斜前方向，距离为脚长的3倍左右，屈膝半蹲，大腿处于水平状态，重心在两腿之间。[图9–1–3（b）]

仆步：支撑腿大腿与小腿紧贴屈膝全蹲，膝与脚尖外展，平衡腿伸直平铺临近地面，脚尖内扣，重心在支撑腿上。[图9–1–3（c）]

歇步：两腿交叉屈膝全蹲，前脚脚掌着地外展，后脚脚跟离地，臀部外侧与小腿贴合。[图9–1–3（d）]

虚步：支撑腿屈膝半蹲略外展，脚掌着地大腿临近水平，平衡腿伸直微屈，脚面绷紧内旋，前脚掌点地。[图9–1–3（e）]

（a）　（b）　（c）

图9–1–3　步法

（d）　　（e）

图9-1-3　步法（续）

（四）腿法

正踢腿：支撑腿挺直站立，摆动腿挺直脚尖勾起前踢，临近前额，踢腿时快速有力，上体保持正直。[图9-1-4（a）]

侧踢腿：支撑腿挺直站立，摆动腿经体侧脚尖勾起踢至后脑位置。[图9-1-4（b）]

里合腿：支撑腿挺直站立，摆动腿从体侧踢起经前额向内侧下压，脚背保持紧张。[图9-1-4（c）]

外摆腿：支撑腿挺直站立，摆动腿正踢经体前向外摆动呈扇形，脚背保持紧张。[图9-1-4（d）]

弹腿：支撑腿挺直站立，摆动腿由屈到伸向前弹起，与腰持平或略高，脚背紧绷快速弹出，力达脚背。[图9-1-4（e）]

蹬腿：支撑腿挺直站立，摆动腿由屈到伸脚尖勾起蹬出，与腰持平或略高，力达脚掌。[图9-1-4（f）]

侧踹腿：支撑腿微屈挺髋，上体侧倾，摆动腿由屈到伸脚尖勾起内扣踹出，高踹超过腰部，低踹与膝持平。[图9-1-4（g）]

（a）　　（b）　　（c）　　（d）

图9-1-4　腿法

（e）　（f）

（g）

图9-1-4　腿法（续）

第二节　形意拳

○ 思政小课堂：

形意拳在培育和提高技击能力方面的三大要点：一是改善生理机能，善养浩然之气；二是深化、拓展、完备劲力的性能与性质；三是创造动作群，由本能感知生克之理以拓展、完备技击技法。学生通过学习形意拳，可以提升精神品质，改善生理机能，塑造完美人格。

一、形意拳概述

形意拳，是中国传统拳术之一。在民间它与太极拳、八卦掌统称为内家拳。虽然起源说法不一，但广泛认可的最初创始人是明末清初山西蒲州人（今永济市）姬际可（1602—1680年）。形意拳创立之初叫心意六合拳，即心与意合、意与气合、气与力合、肩与胯合、肘与膝合、手与足合。现行流传的形意拳为道光年间河北深州人李洛能在心意拳的基础上改革创立而成，形意拳讲究内意与外形的高度统一。形意拳脱胎于心意六合拳而自成体系，在1856年以后开始以形意拳为名流传于世，后世尊李洛能为形意拳祖师。此拳讲究“象其形，取其意”，要求“心意诚于中，肢体形于外”，以养身、健身、技击于一体，注重内功修炼、陶冶情操、强健体魄、完善人格。基本内容为三体式桩功、五行拳和十二形拳。形意拳根据中华传统文化中的阴阳五行学说为理论支撑论述五行拳的运动规律，以三体势为基本桩法，以五行拳：劈、崩、钻、炮、横为形意母拳。取用十二种动物的形象和特点，用形意拳的技击理论，结合武术实用技击招式编组而成十二形拳，以龙、虎、猴、马、鼍、鸡、燕、鹞、蛇、鲐、鹰、熊为基本拳法，以八字功：斩、截、裹、胯、挑、顶、云、领为技击手法；还包括器械类：刀、枪、剑、棍和其他稀有兵器等。

二、形意五行拳动作图解

预备势：束身下气，吸气开胸，意勿外弛，诚心守中。成立正姿势，身体转体45°，两脚张开约45°，左脚尖正对前方；双膝微屈，膝关节与脚尖垂直；双手握拳，右拳心朝上。顶头，竖项，松肩，坠肘，胸涵而背拔，虎口撑圆，目视前方，成三体势。(图9-2-1)

图9-2-1 预备势

1. 劈拳头若顶天，项须直竖，闭口藏舌，津液还丹

两拳以抱口中去，前拳上钻如眉齐；后拳随跟紧相连，双手抱肋如心齐；气随身法落丹田，双手齐落后脚随；四指分开虎口圆，前手高低与心齐；后手只在肋下藏，手足鼻尖三对尖；小指翻上如眉齐，劈拳打法向上钻；脚手齐落舌尖顶，进步换式阴掌落。(图9-2-2)

图9-2-2 劈拳头若顶天，项须直竖，闭口藏舌，津液还丹

2. 崩拳意贯周身，运动在步，双手往来，势如连珠

崩拳出式三尖对，虎眼朝上如心齐；后手阳拳肋下藏，前脚要顺后脚丁；后脚稳要人字形，崩拳翻身望眉齐；身站正直脚提起，脚起膝下横脚趾；脚手齐落剪子股，前脚要横后脚顺；崩拳打法舌尖顶，前手捋肘往上托；进步出拳先打肋，后脚是连紧随跟。（图9–2–3）

图9–2–3 崩拳意贯周身，运动在步，双手往来，势如连珠

3. 钻拳肘不离肋，手不离心，钻翻进步，总要齐全

前手阴掌向下扣，后手阳拳往上钻；出拳高钻如眉齐，两肘抱心后脚起；眼看前拳四梢停，钻拳换式身法动；前脚先步后脚随，后手阴掌肘下藏；落步总要三尖对，前手阳拳打鼻尖；小指翻上肘护心，钻拳进步打鼻尖。（图9–2–4）

图9–2–4 钻拳肘不离肋，手不离心，钻翻进步，总要齐全

4. 炮拳气聚中脘，机关在腰，两肩在腰，取其虚中

两肘紧抱脚提起，两拳一紧要阳拳；前手要横后手丁，两拳高只肚脐抱；气就身法入丹田，脚手齐落三尖对；拳打高只与心齐，前拳虎眼朝上顶；后拳上钻眉上齐，虎眼朝下肘下垂；炮拳打法脚提起，落步前拳往长钻；拳脚齐落十字步，后脚是连紧随横。（图9–2–5）

图9-2-5　炮拳气聚中脘，机关在腰，两肩在腰，取其虚中

5. 横拳胸膛开展，小腹下垂，臀弗欠起，彀道上提

前手阳拳后手阴，后手只在肘下藏；换式出手脚提起，身法一站气能通；舌尖上卷气外发，横拳换式剪子股；斜身要步脚手落，后手翻阳往外拨；落步阳拳三尖对，鼻尖脚尖紧相连；横拳打法后拳阴，前手阳拳肘护心；左右开弓往外拨，脚手齐落舌尖卷。（图9-2-6）

图9-2-6　横拳胸膛开展，小腹下垂，臀弗欠起，彀道上提

第三节　二十四式简化太极拳

○ 思政小课堂：

二十四式简化太极拳是中华武术文化的智慧结晶，在教学过程中应从二十四式简化太极拳传承故事、技术动作、战术技击、练习要素等视角出发，引导学生弘扬中国传统文化，践行社会主义核心价值观，培育学生道德修养，树立不畏艰难、勇于探索的信念；加强学生对文明、和谐、友爱的理解，落实立德树人的根本任务，努力培养学生成为担当民族复兴大任的时代新人。

一、二十四式简化太极拳概述

太极拳是中国传统拳术之一，在我国广为流传。随着武术在世界范围的推广，太极拳以其独特的运动风格和显著的健身效果闻名于世。二十四式简化太极拳是由国家体育运动委员会于1956年组织专家编纂而成。它是以杨式太极拳为基础，简化原有的套路而创编的，保留了传统太极拳的主要技术内容及基本动作要领，去掉了繁杂的动作。按照去繁就简、由易到难的原则，整套动作分为8组，包括24个动作。二十四式简化太极拳动作简练，易学易练，体现了太极拳动作柔和、缓慢、圆活、连贯的特点。

二、动作名称及要领

1. 起势

头颈正直，下颌微收，身体放松，收腹敛臀，气沉丹田，两臂自然垂于体侧；两臂上抬时配合吸气；两肩下沉，两肘松垂，手指自然微屈；屈膝，松腰，敛臀，身体重心落于两脚之间；两臂下落与身体下蹲的动作要协调。（图9–3–1）

图9–3–1　起势

2. 左右野马分鬃

一动：转腰、抱手、收脚，转身上步，弓步分手；二动：坐腿转腰撇脚，抱手收脚，转腰上步，弓步分手；三动：同一动。两臂分开时要保持弧形，弓步与分手的速度要协调一致；身体转动时要以腰为轴带动上肢做动作；身体重心移动时，上体要保持平稳，不可前俯后仰；胸部宽松舒展。（图9–3–2）

图9-3-2　左右野马分鬃

3. 白鹤亮翅

跟步合抱，坐腿转腰分手，虚步亮掌。双手抱球动作与右脚跟进半步要协调一致，身体重心后移与右手上提、左手下按要协调一致；转动动作要以腰带臂，虚步动作要收腹敛臀，臀部与脚跟在同一个垂直面上。（图9-3-3）

图9-3-3　白鹤亮翅

4. 左右搂膝拗步

一动：摆手、收脚、转体，上步、屈臂收手，弓步搂手推掌；二动：坐腿、转腰撇脚，上步、屈臂收手，弓步搂手推掌。成弓步的同时，手掌向前推出；身体不可前俯后仰，要松腰、松胯；推掌时，要沉肩坠肘、坐腕舒掌，同时需与松腰、弓腿协调一致。（图9-3-4）

图9-3-4　左右搂膝拗步

图9-3-4　左右搂膝拗步（续）

5. 手挥琵琶

跟步，坐腿、“错手”，稍有转体，虚步合手，两手成侧立掌。以身体重心的移动带动上肢动作，上下肢协调配合；左手上起时要由左向上、向前移动，微带弧形；身体姿势要平稳自然，沉肩坠肘，胸部要放松。(图9–3–5)

图9-3-5　手挥琵琶

6. 左右倒卷肱

一动：撤手、转腰、翻掌，提脚退步卷肱，屈臂收手；坐腿、虚步、推掌，手收于腰间；二动至四动：动作相同，方向相反。前推的手臂要微屈，后撤的手臂随转体走弧线；前推时，要转腰、松胯，双手的速度要均匀一致；转体时，前脚以脚掌为轴扭正；左脚后退时略向左后倾斜，右脚后退时略向右后倾斜，避免两脚落在一条直线上。(图9–3–6)

图9-3-6 左右倒卷肱

7. 左揽雀尾

掤出时，两臂肘部微屈保持弧形；分手、松腰、弓腿三个动作需协调一致。坐腿转腰后捋。转身搭手，弓步前挤时，上体保持正直，挤的动作要与转腰、弓腿相协调。身体重心右移时，要松腰、坐胯，两臂收至腹前。向前按时，双手需走弧线，按掌与弓腿要协调一致，腕部高与肩平，两肘微屈。（图9-3-7）

图9-3-7 左揽雀尾

图9-3-7　左揽雀尾（续）

8. 右揽雀尾

右揽雀尾的动作要点与左揽雀尾相同，只是方向相反。（图9-3-8）

图9-3-8　右揽雀尾

9. 单鞭

坐腿转腰左云手，坐腿转腰右云手，翻掌勾手、收手、收脚，转身上步，弓步翻推掌。完成定势时，右肘稍下垂，左肘与左膝上下相对，两肩下沉；左手向外翻掌前推时，要随转体边翻边推出，翻掌不要太快或最后突然翻掌；全部过渡动作，上下肢要协调配合。（图9–3–9）

图9–3–9　单鞭

10. 云手

坐腿右转腰，左手下落向右云摆划弧，勾手松开；左转腰左云手并步，右转腰右云手开步。身体转动要以腰为轴，松腰、松胯，身体重心不可忽高忽低；两臂随腰转动而运转，动作自然圆活，速度缓慢均匀；下肢移动时，身体重心要稳，两脚的脚掌先着地再踏实，脚尖向前；视线随左右手移动。做三次云手，当第三次云手做右脚最后跟步时，脚尖微内扣，以便接单鞭动作。（图9–3–10）

图9–3–10　云手

11. 单鞭

单鞭的动作要点与前述单鞭相同。（图9–3–11）

图9-3-11　单鞭

12. 高探马

跟步翻掌，坐腿屈臂收手，虚步推掌，左手收至腹前。上体左转与推右掌、收左掌协调一致；跟步转换身体重心时，上体保持正直，不要上下起伏。（图9-3-12）

图9-3-12　高探马

13. 右蹬脚

双手分开时，腕部与肩平齐；蹬右脚时，左腿直立，右脚脚尖回勾，力达脚跟；分手与蹬脚要协调一致，右臂与右腿上下相对。若面向南起势，则蹬脚方向应为正东偏南约30°。（图9-3-13）

图9-3-13　右蹬脚

14. 双峰贯耳

收脚并手，落脚收手握拳，弓步贯拳，方向为右前方30°。完成定势时，头颈正直，松腰、松胯，两拳松握，沉肩坠肘，两臂均保持弧形。（图9–3–14）

图9–3–14 双峰贯耳

15. 转身左蹬脚

坐腿转身分手、扣脚，坐腿、抱手收脚，分手蹬脚，与右蹬脚方向对称。（图9–3–15）

图9–3–15 转身左蹬脚

16. 左下势独立

收脚摆手提勾，屈蹲、落手、伸腿、铲步，扑步左穿掌；捻脚、弓腿挑手，左手坐腕，右手旋臂至勾尖向上；独立挑掌。左手、左小腿回收时动作要协调一致；成仆步时，左脚脚尖与右脚脚跟在一条直线上。右腿提起时，右手上挑。独立时，上体保持正直。（图9–3–16）

图9-3-16　左下势独立

17. 右下势独立

落脚、转体、提勾，屈蹲、伸腿、铲步，仆步右穿掌，捻脚弓腿挑掌时，变右弓步，独立挑掌。右脚脚尖触地后再提起向下仆腿，其他动作要点均与左下势独立相同，只是方向相反。（图9–3–17）

图9-3-17　右下势独立

图9-3-17 右下势独立（续）

18. 左右穿梭

落脚转体，抱手收脚，上步转体挫手，弓步架推掌。左、右穿梭的方向分别为左、右斜前方约30°；架掌、推掌与弓腿动作要协调一致；上体保持正直。（图9-3-18）

图9-3-18 左右穿梭

19. 海底针

右脚跟步落手中轴线上，坐腿、转腰、提掌至肩；虚步斜下插掌，左手落手左胯旁。（图9-3-19）

图9-3-19 海底针

20. 闪通臂

上托架功，右架左推向前拥；推掌、架掌与弓腿动作要协调一致。身体要先向右转再向左转，完成定势后面向西，上体微前倾。上下肢需协调配合。（图9-3-20）

图9-3-20　闪通臂

21. 转身搬拦捶

右手收至体前，左手收至额头前上；重心回移至左腿，右手向右、向下变拳经腰前划弧摆至左肋旁，拳心向下至右肋前，左手置于头前掌心斜向上，眼看前方。搬拳垫步，左手安于体侧；转体收脚、摆手收拳；上步拦掌。弓步打拳。向前冲拳时，右肩随拳略向前伸，沉肩坠肘，右臂微屈。身体右转时，左脚尽力内扣；垫步时勿抬脚过高，迈出时脚尖外撇。（图9-3-21）

图9-3-21　转身搬拦捶

22. 如封似闭

插手翻掌，掌心向上；坐腿引手翻转；弓步前按掌。身体后坐时，应避免后仰，臀部不可凸出；两臂随身体收回时，肩部、肘部略向外展，不要直臂抽回；双手推出时，间距

不要超过肩宽。（图9–3–22）

图9–3–22　如封似闭

23. 十字手

坐腿转身扣脚，弓腿分手，坐腿扣脚，交叉搭手。双手分开与合抱时，上体不要前俯；站起后，上体自然正直，头要微向上顶，下颌稍向后收；两臂环抱时要圆满舒适，沉肩坠肘。（图9–3–23）

图9–3–23　十字手

24. 收势

翻掌分开，垂臂落手，并步还原。双手左右分开下落时，全身放松，同时气息徐徐下沉（呼气略加长）。呼吸平稳后，左脚收至右脚旁。（图9–3–24）

图9–3–24　收势

第四节　格斗

○ 思政小课堂

格斗是体魄与意志的双重锤炼。在对抗中磨砺坚韧品格，在博弈中培育竞争意识，最终实现身心同修、人格健全的育人目标。它以“野蛮其体魄”锻造担当底气，以“文明其精神”涵养武德修为。通过竞技切磋，以武会友，共同进步；同时传承尚武精神，传递止戈为武的和平理念，在交流互鉴中彰显文化自信，从而实现“体魄强悍”与“精神文明”的辩证统一，让尚武精神成为新时代奋斗征程的精神灯塔。

一、格斗概述

格斗是以踢、打、摔、拿为主要内容，以站立格斗和地面缠斗为主要形式，敌我双方在一种规则极为开放的竞技场进行攻防转换，其讲求利用身体各个部位或辅助器械技法制服对手。也可以说格斗是一种综合搏斗技能，是一种双方的体能、心理、技巧、耐力等素质的多重较量。格斗比赛使用分指拳套，赛事规则允许双方站立打击，也能地面缠斗。其动作简单实用，攻防分明，技法多样，易于开展，具有较高的实用价值。练习格斗能够充分调动身体的全面活动，有效促进人的心理和身体素质良好发展，激发身体潜能。

二、格斗的形成与发展

在公元前648年古希腊时期的第33届古代奥林匹克运动会上，格斗被称为Pankration。参赛者不仅需要高超的武技，而且心理素质和战术安排也是决定比赛的关键因素。古时的格斗是一场无规则的生死搏斗，参赛者可以使用任何格斗术。近年来，综合格斗竞技成为世界擂台竞技的主流，1993年，美国举办了世界上第一次终极格斗大赛。为了最大限度地接近实战，比赛允许使用不同的技法在统一的规则下决出胜负。巴西柔术霍伊斯·格雷西爆冷夺得冠军，打破了人们的传统武术观，格斗由此开始风靡世界。随着终极格斗大赛实践的不断深入，格斗技术全面结合，立体运用。终极格斗冠军赛（Ultimate Fighting Championship，UFC）被世界公认为是最具娱乐性与竞技性的体育赛事之一。UFC的成功影响了世界范围综合格斗运动的发展，综合格斗比赛成为全球化的流行运动。

三、格斗的特点

（一）动作迅猛，对抗性强

格斗在攻防转换激烈的情况下，多以突发性质的对抗为主，所以，格斗的动作大都迅猛、凶狠。格斗者通过连续击打一个或数个要害部位，制服对方或者使对方瞬间丧失反抗能力。

（二）技术多变，规则开放

在格斗过程中，格斗者会利用身体的各个部位和所能运用的武器，最大限度地发挥作用来击倒对方。在避免受伤的同时有效击打对方要害，这就要求格斗者技术全面且过硬。

（三）避敌锋芒，以巧制敌

格斗中要及时避开攻击先对方而动。主要击打对方要害部位及关节，攻击效率要高。通过击打对方要害部位或使用某一技法使其丧失反抗力，从而达到制敌的目的，也就是“拿起一点，制其全身”。

（四）动作简练，效果突出

格斗与其他竞技比赛项目不同，没有过多的缓冲时间，往往通过一两种组合技术动作就能分出胜负，所以在格斗过程中应避免与对方过多纠缠，力求简单直接，一招制胜。

（五）比赛过程，变化莫测

格斗中双方的缓冲时间有限，所以能否达到预期效果就要因人而异。往往反应灵敏、动作熟练的一方会占得先机。另外，心理素质也很重要，当遇到对方的猛烈攻击时，是手足无措还是头脑清晰，对格斗的过程影响很大。

四、格斗基本技术

（一）基本姿势——格斗式

在立正姿势的基础上，身体半面右转的同时，右脚后撤一步略比肩宽，两脚朝向侧前方，两腿膝关节微屈，身体重心在两脚之间，左脚全脚掌着地，右脚脚跟稍离地面。同时，双手轻握拳上提与肩略高，拳眼向内；左臂弯曲90°～130°，右拳置于下颌旁成60°，肘部轻贴右肋部，含胸收腹，下颌微收，口齿闭合，沉肩坠肘。（图9-4-1）

图9-4-1　格斗式

（二）基本技法——拳法

1. 直拳

直拳是最基本的拳法，是指从出拳到被击目标，沿直线轨迹击拳的一种击打方法。左直拳可作为配合右直拳或腿法进攻的引拳，右直拳是重拳，可迎击重创对手。

(1) 左直拳。

格斗式准备，左臂迅速用弹力伸直，同时左肩前送，上体略向右转，以加大出拳的速度和力量。同时，左拳内旋成直线击出，后脚（右脚）脚掌蹬地发力，前脚（左脚）顺势向前滑步，身体重心移至前脚。在出拳的同时还要利用腿、腰、髋发力以增加击打力量。出拳时放松肌肉，触及目标时瞬间蓄力。右拳成保护防守姿势。待击打后迅速收回成格斗式。(图9-4-2)

(2) 右直拳。

格斗式准备，以右侧前脚掌蹬地发力，同时右侧髋关节前送带动腰部和右肩前送，以增加右直拳的力量和距离。(图9-4-3)

图9-4-2　左直拳

图9-4-3　右直拳

2. 摆拳

摆拳是从左到右或者从右到左沿弧线击拳的方法。一般适用于近距离击打对方头部和腮部。出拳隐蔽、时间短而有力，可直接击打侧面或配合脚步移至侧面攻击对手。

（1）左摆拳。

格斗式准备，上体略微左转，身体向右转髋转体，左膝内扣，左脚跟提起外摆；出拳时，左肘弯曲约130°，拳心向下，拳面向右，沿左侧成弧线摆击，拳保持身体中线位置，右拳成保护防守姿势，待击打后迅速收回成格斗式。（图9–4–4）

（2）右摆拳。

格斗式准备，右脚前脚掌蹬地，脚尖内扣，腰部向左拧转。同时右臂抬起稍向外张，右拳向左侧横击，拳心向下，力达拳面。（图9–4–5）

图9–4–4　左摆拳

图9–4–5　右摆拳

3. 勾拳

勾拳是一种弧线击打的拳法，一般适用于近距离击打腹部、肋部和下颚，出拳隐蔽、时间短而有力，可直接击打要害或配合灵活的脚步攻击对手。

（1）左勾拳。

格斗式准备，左腿微屈，重心稍向左下沉，左臂成90°。左脚掌蹬地蓄力向右转体，带动左拳向斜前上方勾击，力达拳面；右拳成保护防守姿势，待击打后迅速收回成格斗式。（图9–4–6）

（2）右勾拳。

两膝微屈，重心下沉，右臂稍下降，右脚掌蹬地发力带动腰部向左拧转蓄力，同时右拳从下向斜前上方勾击，拳心向内，力达拳面。（图9–4–7）

图9-4-6 左勾拳

图9-4-7 右勾拳

（三）基本技法——腿法

1. 正蹬腿

正蹬腿是由下向上、向前的直线运动的腿法，其具有百腿之母之称。正蹬腿在实战中可以进行试探敌情，同时还可以进行有效阻击和进攻，一般击打对手头部、躯干和腿部。由于正蹬腿具有快打快收以及隐蔽性的特征，其在实战中可以达到出其不意的效果。

（1）左正蹬腿。

右脚向前上一步，左腿屈膝上提，勾脚，身体重心略向后移，当膝关节高于腰部时，以脚领先，同时快速挺腰、送髋，左腿由屈到伸，向前方蹬出，力达脚掌，击打后快速落地，恢复实战姿势。（图9-4-8）

图9-4-8 左正蹬腿

（2）右正蹬腿。

右脚蹬地，重心前移至左脚，右腿屈膝上提，勾脚，当膝关节高于腰部时，以脚领先，同时快速挺腰、送髋，右腿由屈到伸，向前方蹬出，力达脚掌，击打后快速落地，恢复实战姿势。（图9-4-9）

图9-4-9　右正蹬腿

2. 侧踹腿

侧踹腿属于直线性腿法，其攻击威力特别大，杀伤力较强。侧踹腿在实战中主要进行试探、进攻和防御阻击，一般击打对方腹部、腿部等。由于侧踹腿具有快打快收以及隐蔽性的特征，其在实战中可以达到出其不意的效果。

（1）左侧踹腿。

右脚向前垫步，重心移至右腿，右腿微屈，左腿屈膝快速上提与髋同高，脚尖勾起，躯干向右侧倾斜约40°，左膝关节由屈到伸，展髋挺膝，直线蹬击，力达脚掌，左手握拳自然伸直，右手握拳护于右下颌，眼看对方。（图9-4-10）

图9-4-10　左侧踹腿

（2）右侧踹腿。

右脚蹬地，重心移至左腿，并向左旋转180°，左腿微屈，右腿屈膝快速上提与髋同高，脚尖勾起，躯干向左侧倾斜约40°，右膝关节由屈到伸，展髋挺膝，直线蹬击，力达脚掌，右手握拳自然伸直，左手握拳护于左下颌，眼看对方。（图9-4-11）

图9-4-11　右侧踹腿

3. 鞭腿

鞭腿，即散打中弧线腿法的统称，有高鞭腿、中鞭腿、低鞭腿。鞭腿从侧面进攻对手，具有进攻力量大、速度快、变化多的特点，其在实战中可以击打对方腿部以上各个部位。

（1）左鞭腿。

右脚向前垫步，躯干略向右侧倾斜，左腿屈膝由外向内沿弧线快速鞭击目标，力达脚背，右手握拳护于右下颌，左手自然后摆，眼看对方。（图9-4-12）

图9-4-12　左鞭腿

（2）右鞭腿。

右脚蹬地，重心移至左腿，并向左旋转，左腿微屈，右腿屈膝由外向内沿弧线快速鞭击目标，力达脚背，左手握拳护于左下额，右手握拳自然后摆，眼看对方。（图9-4-13）

图9-4-13　右鞭腿

五、格斗防御技术

（一）左躲闪

当对方使用直线拳法对我方头部进攻时，身体重心向左侧躲闪进行防御。（图9-4-14）

（二）右躲闪

当对方使用直线拳法对我方头部进攻时，身体重心向右侧躲闪进行防御。（图9-4-15）

图9-4-14　左躲闪

图9-4-15　右躲闪

（三）后躲闪

当对方使用拳法或腿法对我方头部、躯干进攻时，身体重心向后躲闪进行防御。（图9-4-16）

（四）下潜躲闪

当对方对我方头部进攻时，我方两腿屈膝下蹲，身体重心向下躲闪进行防御。（图9-4-17）

图9-4-16　后躲闪

图9-4-17　下潜躲闪

六、格斗组合技术

（一）三直拳组合

格斗式准备，第一、二拳的发拳动作要求与原地左右直拳相同。当第三拳发力时，首先左脚蹬地蓄力，重心前倾，踝、膝、髋向内侧转动，右脚配合蹬地发力，腿部外拧，身体侧转。（图9–4–18）

图9-4-18　三直拳组合

（二）直直摆组合

格斗式准备，身体重心移向左脚，右脚掌蹬地，脚跟提起，左右直拳向前相继击出。随后身体向右转髋转体，左膝内扣，脚跟提起外摆；同时，左肘弯曲约130°，拳心向下，拳面向右，沿左侧成弧线摆击，拳保持身体中线位置，力达拳面，右拳成保护防守姿势，目视攻击方向。（图9–4–19）

图9-4-19　直直摆组合

（三）直勾摆组合

格斗式准备，身体重心移向左脚，右脚掌蹬地，脚跟提起，左直拳向前击出，左腿微屈，重心下沉；左脚掌蹬地蓄力，向右转体，带动右拳由下向斜前上方勾击，力达拳面；随即身体向右转髋、转体，左膝内扣，左脚跟提起外摆，左肘弯曲约130°，拳心向下，拳面向右，沿左侧成弧线摆击，左拳保持身体中线位置，右拳成保护防守姿势。（图9-4-20）

图9-4-20　直勾摆组合

（四）直摆侧踹组合

在实战姿势下，左脚快速上步出右拳，右拳收回的同时，右脚跟半步，左摆拳（重拳）顺势出击打击对方面部，右拳收回至腮部，右脚蹬地提膝侧踹出击，击打对方腹部，目视对方。（图9-4-21）

图9-4-21　直摆侧踹组合

（五）直拳正蹬组合

在实战姿势下，左脚快速上步出左刺拳，左刺拳收回的同时，右脚跟半步，右后直拳（重拳）顺势出击打击对方面部，而后迅速收回至腮部，右脚蹬地提膝正蹬出击，击打对方腹部，目视对方。（图9-4-22）

图9-4-22　直拳正蹬组合

七、摔法技术

（一）夹颈过背摔

夹颈过背摔是近身摔法技术，通过控制对方颈部并结合背摔动作将对方摔倒。当对方使用右摆拳击打我方头部时，我方快速近身左挂挡并顺势抓臂，同时以左脚为轴向右上步转身，两脚平行微屈膝，将对方卡至我方身后，右手屈肘夹颈，然后迅速蹬地、提臂、下拉、后撩腿，摔击对方。（图9-4-23）

图9-4-23　夹颈过背摔

（二）抱腿顶肩摔

当对方使用右（左）摆拳击打我方面部时，我方快速上左步下潜，同时双手臂环抱对方双腿膝窝处，左肩紧贴膝关节上侧，双手抱腿合力回拉，肩前顶，摔击对方。（图9-4-24）

图9-4-24　抱腿顶肩摔

（三）单抱腿勾踢摔

当双方在实战近距离对峙时，我方迅速上左步贴身下潜，然后双手搂抱对方左腿，右手用力回拉，使对方左脚离开地面，而后左脚由前向后勾踢对方支撑脚；同时右手继续上举对方左腿，摔倒对方。（图9-4-25）

图9-4-25　单抱腿勾踢摔

（四）抱腰压摔

当与对方缠抱摔击时，我方双手紧扣其腰部，右脚抬起勾踢对方右脚，身体重心顺势下压，摔倒对方。（图9–4–26）

图9–4–26　抱腰压摔

（五）抄抱推摔

当对方以右鞭腿击打我方时，我方迅速上步左手由外向内抄抱，扣锁对方攻击腿，右脚勾击对方支撑腿；同时右手推压其肩部，破坏身体重心，摔倒对方。（图9–4–27）

图9–4–27　抄抱推摔

（六）抱腿上举摔

当对方以正蹬腿或侧踹腿击打我方时，我方迅速撤身双手抓握其脚踝，然后顺势向前上举腿，破坏身体重心，摔倒对方。（图9–4–28）

图9–4–28　抱腿上举摔

（七）抱腿侧身摔

当对方以正蹬或侧踹腿击打我方时，我方迅速撤身双手抓握其脚踝，然后右手回拉对方腿至体前，左手背后抱腰上提，左脚扫击支撑腿，由上向下摔击对方。（图9–4–29）

图9–4–29　抱腿侧身摔

（八）接腿前勾踢摔

当对方以左鞭腿击打我方肋部时，我方身体右转，左手臂接抱对方左鞭腿，然后右手抓握对方颈部回拉至体前，右脚扫击支撑腿，同时右手迅速压低颈部，摔击对方。（图9–4–31）

图9–4–30　接腿前勾踢摔

第五节　摔跤

思政小课堂

摔跤运动是两个人身体在直接接触中进行的徒手对抗性项目，它要求在比赛规定时间内以及摔跤规则允许范围内，利用自己的实力和灵活的技战术将对方摔倒在地并控制住对手，同时使自己保持在一个支撑点上。摔跤在民族文化的滋养中蕴含着高风亮节的民族气节。随着社会的发展和世界范围内对体育事业的重视，现代摔跤项目已越来越频繁地展现在奥运会和各类世界性大型比赛的竞技舞台上。学生在学习的过程中，可以切实体会自强不息的民族精神，实现严于律己、修身养性的价值追求。

一、摔跤运动概述

在古代，摔跤是为满足社会生活需要而兴起的。原始社会时期，由于社会生产力水平的低下，除手持棍棒、石块、兽骨等进行狩猎和防御外来威胁外，在不得已的情况下还要进行徒手搏斗，摔跤就此萌发。随着社会生产力的发展，人们开始重视在战争中积累经验，学习自卫和生存的各种方法，摔跤成为一项重要的技能。由于摔跤具有简单实用、易学易懂的特点，深受人们喜爱，随即各种形式的摔跤比赛在不同国家应运而生。

公元前708年，第18届古代奥运会把摔跤列为正式比赛项目。古希腊人称摔跤是“科学和艺术”的运动，许多著名的哲学家、诗人和军事将领都是摔跤高手。1892年，在法国举行了第1届世界古典式摔跤锦标赛。1896年，第1届现代奥运会把古典式摔跤列为正式比赛项目。比赛时可以手足并用，可以抱头、颈、躯干、上下肢，可以缠腿、勾足、挑腿等，但不允许抓衣服，不允许使用反关节和窒息动作。将对手摔倒后使其双肩触及垫子者为胜，如在规定的时间内未出现这种情况，则按两个回合中得分的多少判定名次。1904年，在美国圣路易斯举办的第3届奥运会上，增添了一项摔跤项目——自由式摔跤。自由式摔跤允许队员用腿来压迫、挑起和绊倒对手，也允许扭抱对手腰部以上或腰部以下的部位。在最初的比赛中，摔跤手不分级别参加比赛，比赛呈现一边倒的局面。于是在2004年第28届奥运会摔跤比赛中，开始按体重分级别进行自由式摔跤和古典式摔跤比赛。

二、摔跤基本技术

（一）站立姿势

基本姿势也称实战姿势，队员一脚站于另一脚的斜前方，两脚之间的距离约为一脚宽，两膝微屈，上体略前倾，两肘置于两肋前，前臂向前伸出，身体重心在两腿之间，以此来最大限度地增强稳定性和移动速度。

根据队员两脚放置的位置，把实战姿势分为平行站立、左式站立、右式站立。平行站立为队员两脚沿一条直线开立[图9-5-1（a）]。左式站立为平行站立时，队员把左脚向前迈出一步，左脚在前右脚在后。右式站立为平行站立时，队员把右脚向前迈出一步，右脚在前左脚在后。[图9-5-1（b）]

（a） （b）

图9-5-1 站立姿势

根据重心的高低，实战姿势可分为高位站立和低位站立。高位站立为队员站立时，重心较高，两膝微屈[图9-5-2（a）]。低位站立为队员站立时，膝关节弯曲成半蹲，重心较低。[图9-5-2（b）]

（a） （b）

图9-5-2 高位站立和低位站立

（二）跪撑姿势

队员两膝跪地，两脚分开，足尖撑地，两膝距离约与肩同宽，双手撑垫，距离略宽于肩，手与膝、肩的距离大于20厘米。（图9-5-3）

图9-5-3 跪撑姿势

（三）抓握方式

摔跤队员在抓握对手时，除单手的正常抓握外，双手联合抓握方式有：①双手掌心相对，手指相对并互握；②一手握住对手手腕处或前臂；③一手放在对手一手上，掌心相接触。（图 9–5–4）

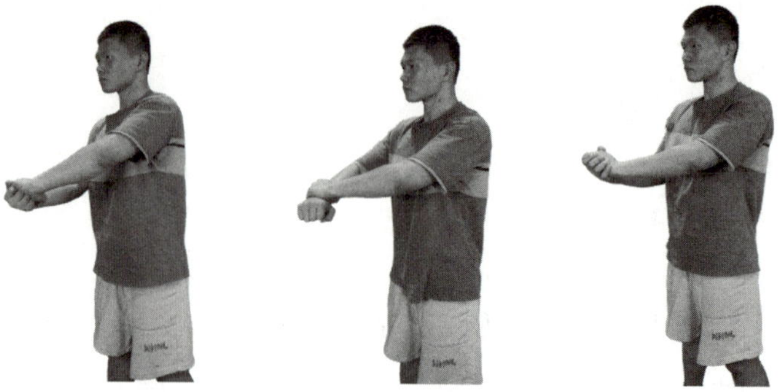

图9–5–4　抓握方式

（四）步法移动

在摔跤比赛中，双方队员攻防转换迅速，必须随时进行移动，调整距离，寻找适宜的进攻机会或者阻止对手的进攻。

1. 上步和跟步

队员两脚平行站立，左（右）脚先向前迈出一步，为上步；右（左）脚立即再上一步，称为跟步。（图 9–5–5）

图9–5–5　上步和跟步

2. 后撤步

队员两脚平行站立，右（左）脚向后撤一步或两脚同时后撤一步。（图 9–5–6）

图9-5-6 后撤步

3. 背步

队员两脚平行站立，右脚先上步至对方右脚前，然后左脚从自己右脚跟后上步至对方左脚前，同时身体左后转，背对对方，重心保持平稳或下降。（图9-5-7）

图9-5-7 背步

（五）转移

转移是摔跤比赛中运动员常用的站立和跪撑技术之一，一般是指得分分值小，动作幅度不大，改变身体位置，移动到对手身后把持对方的技术。

1. 接臂转移

以右实战姿势组合为例。甲左手抓乙右手腕处，用右手从里抓握乙右上臂，并向右下方用力拉；同时右脚上步于乙右脚内侧，以右脚为轴，上左步于乙右脚后，左手环抱乙腰部，右手迅速与左手搭扣环抱乙腰部，准备使用抱腰过胸摔等其他动作；或是右手继续向右后下方用力拉，整个身体向右后方倒，迫使乙成跪撑姿势，甲在乙上面把持住。（图9–5–8）

图9–5–8　接臂转移

2. 推臂潜入转移

以右实战姿势组合为例。趁乙向前顶的时机甲身体突然下降；同时左手推乙右上臂，右手抱乙左侧腰部向自己身体方向拉，头潜入到乙右腋下；同时上左步于乙右脚后，左手环抱乙腰部，迫使乙成侧卧姿势，从后面将乙把持住。（图9–5–9）

图9–5–9　推臂潜入转移

3. 握颈潜入转移

甲乙互相搭扣锁颈，或甲右手握乙颈部，左手插捧，乙用右臂锁甲左肩时，甲用左臂上架住乙右臂，右手向右下方拉乙颈部；同时上左脚于乙右脚后，头从乙右腋下潜入，左手握抱乙腰部，迫使乙成跪撑姿势，转移到乙身后把持住。（图9–5–10）

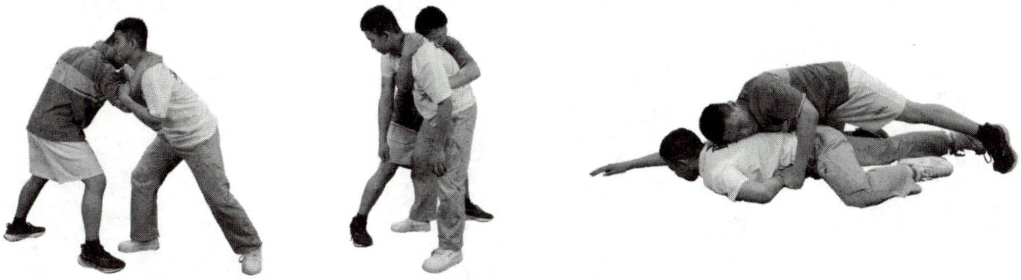

图9–5–10 握颈潜入转移

4. 后倒背转移

甲乙互相插捧，甲用左臂夹住乙右前臂于左腋下，上左步于乙右脚外侧；同时右脚上步于乙右脚后侧，右手从乙右腋下插入并环抱乙右上臂，乙身体向后倒（挺胸）并向左转体。甲左手环抱乙腰部，头从乙右腋下抽出，迫使乙成跪撑姿势，把持住乙。（图9–5–11）

图9–5–11 后倒背转移

5. 抱单腿转移（自由式摔跤动作）

甲乙右势站立，甲上右步于乙两脚之间，头部紧贴乙右腹部，双手抱住乙右大腿，右脚上步于乙右脚外侧，同时向右甩头并向右转体，右手环抱乙腰部，将乙转移成俯撑姿势并在身后把持住。（图9–5–12）

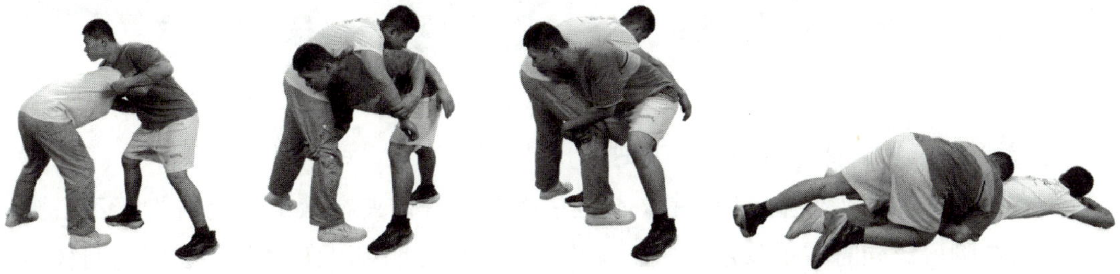

图9–5–12 抱单腿转移（自由式摔跤动作）

6. 绊腿接臂转移（自由式摔跤动作）

双方右势站立，甲左手抓乙右手腕处，右手抓乙左手腕处。甲用右手抓乙右上臂内侧，并向自己右下方用力；同时右脚上步于乙两脚之间靠近乙右脚内侧，以右脚为轴，身体右转，上左步于乙右脚外侧，左手环抱乙腰部，右手继续向右后下方用力拉，整个身体向右后方下倒，右腿绊住乙右腿，迫使乙成跪撑姿势，甲在乙身后把持住。（图9-5-13）

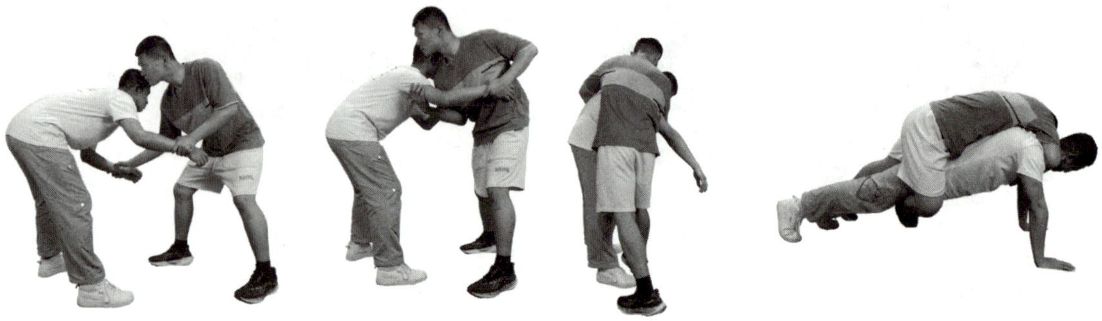

图9-5-13　绊腿接臂转移（自由式摔跤动作）

（六）过背摔

过背摔是指以自己的腰部为支点，将对方从背上摔过的技术。该动作幅度大，得分分值较高。

1. 握颈和臂过背摔（夹颈背）

甲乙右势站立，甲左臂将乙右臂夹在腋下或用左手握乙右臂，右手（臂）握乙颈部；上左步于乙左脚前，左脚背步于乙左脚前，转体填腰，降低身体重心，屈膝将乙背在腰上；伸膝蹬双腿、提腰，背起对方；同时左手向下夹压乙颈部，左手拉，向左甩脸，将乙从背上摔出，并控制住乙于垫上。（图9-5-14）

图9-5-14　握颈和臂过背摔（夹颈背）

2. 握臂和躯干过背摔（后把背、下把背）

甲乙右势站立。甲左手握抱乙右臂或用左臂将乙右臂夹在腋下，上右脚于乙右脚前，背左步于乙左脚后；同时右手从乙左腋下穿出扶在乙的后背部，转体填腰，降低身体重心，屈膝将乙背在腰上；同时发力蹬双腿（伸膝、提腰），左手拉，右手向上捧，上体前倾，向

左甩脸，将乙从背上摔出，并控制乙于垫上。(图9-5-15)

图9-5-15 握臂和躯干过背摔(后把背、下把背)

3. 抱肩颈过背摔

甲乙右势站立，甲左手从乙右腋下插入，右手从乙颈部左侧圈住乙头颈并与左手搭扣，甲双手向右后方向引移乙；上右脚于乙右脚前，背左步于乙左脚前，转体填腰，降低身体重心，屈膝将乙背在腰上；同时发力蹬腿，双手向下压，向左甩脸，上体前倾并向左转，将乙从背上摔倒成压桥姿势。(图9-5-16)

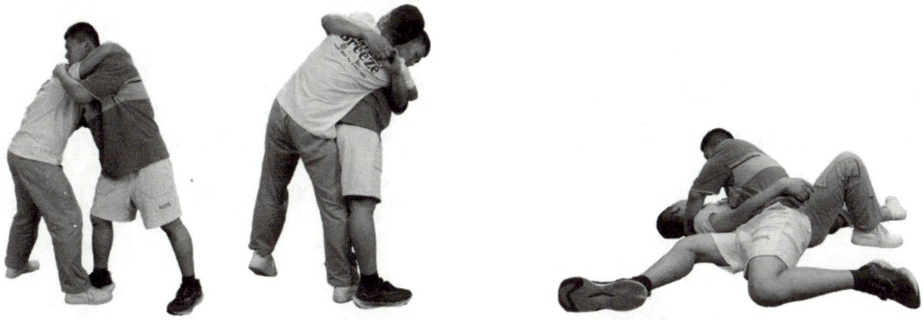

图9-5-16 抱肩颈过背摔

4. 挟臂抱躯干过背摔

甲乙右势站立。甲开始时先用右手握乙的右手腕向自己的右侧拉，并快速换左手握乙的左前臂继续向自己的右侧拉；同时上右步于乙的右脚前，背右脚于乙的右脚前；用右手抱乙的腰，转体填腰，降低身体重心，屈膝将乙背在腰上，伸膝蹬双腿、提腰，背起对方，左手拉，向右甩脸，将乙从背上摔出，并控制住乙于垫上。(图9-5-17)

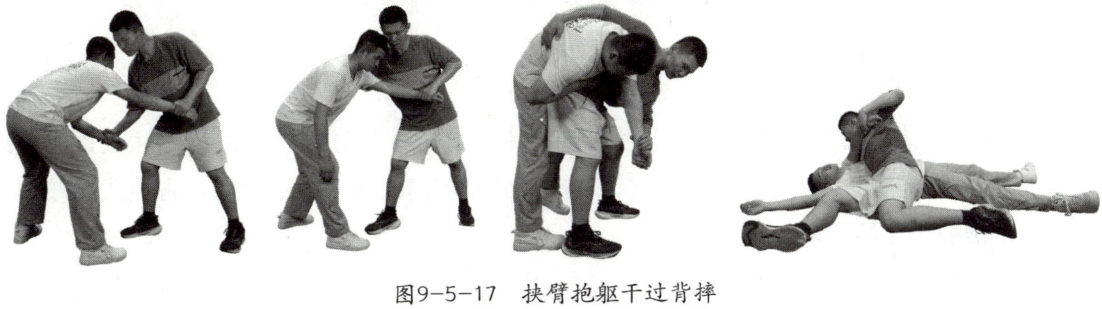

图9-5-17 挟臂抱躯干过背摔

（七）过肩摔

过肩摔是指以腰为支点将对方从肩上摔过的技术，是摔跤中常用的技术之一。

1. 握臂过肩摔（单臂背、揣）

甲乙右势站立，甲用右臂将乙右臂夹在自己右腋下或右手握住乙左上臂，上右步于乙右脚前，背右步于乙右脚前或乙的两脚之间；同时转体屈膝，降低身体重心，右肩插于乙右腋下，将身体贴紧对方，上体前倾，两臂向下拉，向右甩脸，发力蹬双腿，将乙从肩上摔过成压桥姿势。（图9-5-18）

图9-5-18　握臂过肩摔（单臂背、揣）

2. 抱单臂挡K（自由式摔跤动作）

甲乙右势站立互相插捧，甲先用左臂将乙右臂夹在自己左腋下，上左步于乙右脚外侧；同时用右臂从乙右腋下插入并上夹住乙右上臂，上右腿从外侧别在乙的右大腿后面，身体向右前下方用力，向左侧转体甩脸，双手下压乙单臂，将乙从背上摔成压桥姿势。（图9-5-19）

图9-5-19　抱单臂挡K（自由式摔跤动作）

（八）过胸（桥）摔

过胸摔是指搂抱对方，将其从胸上摔过的技术，过桥摔与过胸摔非常相似，只是成桥向后摔倒对方，动作幅度更大一些。过胸（桥）摔是分值较高的技术，一般用在古典式摔跤中。

1. 正抱躯干过胸（桥）摔

甲乙右势站立，甲乙互相搂抱对方肩颈，甲上右步于乙两脚之间，左脚跟步或左脚上步于乙右脚外侧，两膝微屈，两臂勒紧乙上体并将乙的躯干抱住，然后甲主动后倒；同时

两腿蹬地发力，用腹部撞击乙腹部，抬头后仰挺胸，当甲后脑部快要着地时，向左转体将乙摔倒在垫上并控制住。(图9-5-20)

图9-5-20　正抱躯干过胸（桥）摔

2. 后抱腰过胸（桥）摔

甲利用接臂转移或潜入转移之机转到乙身后抱住乙腰，两膝微屈，降低身体重心，甲两臂勒紧乙腰部，主动后倒，同时两腿蹬地发力，用腹部撞击乙臀部，后仰抬头挺胸挺腹，将乙仰面摔倒。(图9-5-21)

图9-5-21　后抱腰过胸（桥）摔

注：甲穿浅色上衣和长裤，乙穿深色上衣和短裤。

3. 捧臂过胸（桥）摔

甲乙右势互相插捧，甲用左臂将乙的右臂夹在左腋下，用右臂从乙左腋下插出并向上捧；同时甲上右步于乙两脚之间，左脚上步于乙右脚外侧，两膝微屈，右臂猛力向上捧；同时甲主动后倒，两腿蹬地发力，用右侧腹部撞击乙腹部，抬头向左侧后仰挺胸甩脸，发力将乙两脚捧离地面时向右过胸将乙摔倒。(图9-5-22)

图9-5-22　捧臂过胸（桥）摔

注：甲穿浅色上衣和长裤，乙穿深色上衣和短裤。

第十章
休闲运动

第一节　攀岩

○ 思政小课堂

攀岩是集智力与体力、激情与挑战、创造与想象、时间与空间、观察与反应、判断与灵敏于一体，有着一定危险性的运动。它不仅体现个体的思维敏捷能力，还体现团体的互助合作能力，在学习过程中能够培养学生的使命感、责任感、团队感。攀岩对人的身体、心理和精神的锻炼是独一无二的，可以提高身体素质、增强心理承受力、锻炼攻坚克难的精神。

一、攀岩概述

攀岩最早是人类为了挑战自然环境而利用原始的攀爬本能，在运用岩石构成的峭壁、裂缝、海触崖等自然岩壁上进行攀登采集而兴起的运动，是从登山运动中衍生出来的竞技运动项目。随着社会工业的发展出现了人工岩壁，使攀岩发展成为一项运动、一项娱乐活动。攀登人工岩壁能够有效规避风险，满足人们的心理需求，达到锻炼身体的目的，所以被绝大多数爱好者所接受。在现代生活中被青少年钟情的具有挑战刺激的自然岩壁攀爬，又被归类为极限运动。攀岩者在各种高度和角度不同的岩壁上，需要完成移动、转身、引体向上、腾挪，甚至跳跃等具有挑战刺激的动作。因此，攀岩运动是集健身、娱乐、观赏、竞技于一身，并融智慧、勇气、力量、时尚于一体，具有挑战和刺激的一项体育运动。

攀岩运动在18世纪的欧洲兴起，20世纪中叶成为独立的运动项目，其主要以攀登自然岩壁为主。1947年，苏联成立了攀岩委员会，次年举办首届攀岩锦标赛，此后攀岩运动开始逐渐在民间盛行，并于1976年举办了首届国际攀岩比赛。1980年，法国相继举办各种形式的攀岩比赛。1983年，法国人发明了人工岩壁，标志着攀岩运动进入发展期。1985年，法国人弗兰西斯·沙威格尼发明的可以自由装卸的仿自然人工岩壁，把自然岩壁呈现在城市中。人工岩壁的出现大大提高了攀岩运动的观赏性。1987年，中国登山协会派出教练员与运动员赴日本学习攀岩，开启了中国攀岩运动的发展。1989年，首届世界杯攀岩赛举办，运动员分阶段参加各个国家举行的积分赛，根据每站得分进行年度排名，成绩优异者为世界杯得主。1991年和1992年，相继举办首届世界攀岩锦标赛和首届世界青年攀岩锦标赛。1993年，国际奥委会正式承认攀岩为奥运会项目，2016年，国际奥委会确认攀岩成为2020东京奥运会正式比赛项目。攀岩运动能充分满足人们亲近自然、挑战极限、超越自我的需求，有着运动场地的唯一性、探险运动的危险性、极限运动的挑战性、竞技运动的观赏性、大众运动的参与性和复杂运动的创造性等特点。按场地类型不同，攀岩运动分为自然岩壁攀登和人工场地攀登；按照攀登方式不同分为自由攀登和器械攀登；按照保护方式不同分为顶绳攀登、先锋攀登、自由保护器攀登和其他有保护措施的攀登；按照比赛项目不同分为速度攀登、难度攀登和攀石。

二、攀岩基本技术

（一）手法

攀岩时手的作用是保持身体平衡，促使上肢与下肢协调发力。按照岩壁上支点的凹凸位置、大小和方向，攀岩的手法分为握、拉、抓、抠、抠压、捏、摁、撑等用力手法。根据攀岩走向不同，同一支点处可使用多种手法。

（1）握：通过手掌和手指用力将手在支点上固定。（图10-1-1）

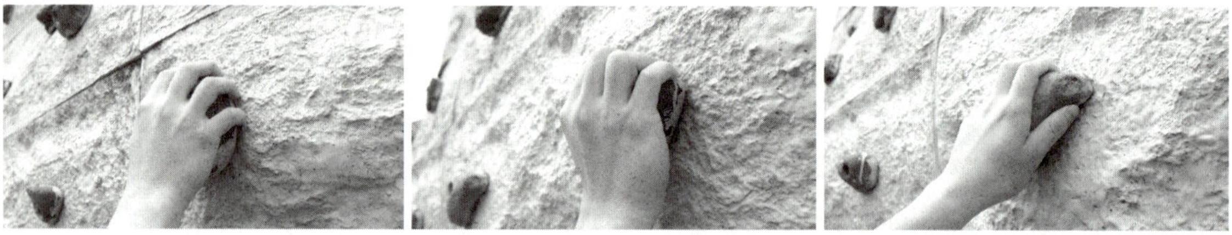

图10-1-1　握

（2）拉：抓住正上方支点，上下肢协调发力，使身体向上移动。（图10-1-2）

图10-1-2　拉

（3）抓：用手正向抓住支点。（图 10–1–3）

图10–1–3　抓

（4）抠：用手指第一、第二指关节处抠住支点。（图 10–1–4）

图10–1–4　抠

（5）抠压：用手指第一指关节挂住支点，第二指关节竖起并与支点开口垂直，大拇指指尖按压食指。（图 10–1–5）

图10–1–5　抠压

（6）捏：拇指与其他四指用力夹住支点。（图 10–1–6）

图10–1–6　捏

（7）摁：靠手掌与岩壁的摩擦力将手固定在支点上向心用力。（图 10–1–7）

图10–1–7　摁

（8）撑：靠手掌与岩壁的摩擦力在支点上离心用力，以手掌和前臂使身体重心向上或向左右移动。（图 10–1–8）

图10–1–8　撑

（9）推：利用侧面或下面的支点，以手臂的力量使身体侧向移动。（图 10–1–9）

图10–1–9　推

（10）搂：手指弯曲，用小拇指一侧手掌与岩壁支点固定。（图 10–1–10）

图10–1–10　搂

（11）戳：当抓握指洞支点时，将手指深入支点内，大拇指按压支点。（图 10–1–11）

图10–1–11　戳

（12）胀：将手塞进岩壁缝隙或两支点之间，通过曲屈手掌或握拳，使其产生摩擦力固定手臂，移动身体。（图 10–1–12）

图10-1-12 胀

（二）脚法

想要提高攀岩水平，需学会合理运用腿部和脚部动作。腿部相对于手部具有更强的力量、耐力和爆发力，因此在攀岩过程中要充分发挥腿部优势。人的脚部能够触及支点的只有四处：脚尖正前、脚尖内侧、脚尖外侧和脚跟，而且只能踩入一趾左右的宽度，不能过多，否则会限制脚部左右旋转、移动、换脚和转体等动作。在攀爬中，身体主要依靠脚部发力来完成各种攀岩技术动作。攀岩的脚法具体如下。

（1）脚尖正踩点：脚趾并拢踩住支点，脚尖发力，身体重心移至支撑脚上。（图10-1-13）

图10-1-13 脚尖正踩点

（2）脚尖外侧踩点：脚的小拇指发力，踩住支点，脚尖外侧紧贴岩壁。（图10-1-14）

图10-1-14 脚尖外侧踩点

（3）脚尖内侧踩点：脚的大拇指发力，脚尖内侧紧贴岩壁。（图10-1-15）

图10-1-15 脚尖内侧踩点

（4）踩摩擦点：依靠岩壁小斜角，用前脚掌与岩壁的摩擦作为支点，固定脚的位置。（图10-1-16）

图10-1-16　踩摩擦点

（5）脚尖钩点：拇指上翘，用脚背钩住支点，通过膝关节的回收力将身体钩住。（图10-1-17）

图10-1-17　脚尖钩点

（6）脚尖挂点：脚尖挂在支点上部，维持身体平衡，使身体移动。（图10-1-18）

图10-1-18　脚尖挂点

（7）脚跟钩点：用脚跟钩住支点，通过膝关节的回收力钩住身体。（图10-1-19）

图10-1-19　脚跟钩点

（8）脚跟挂点：将脚跟置于支点上部，脚背绷直下压挂住支点，通过脚跟向下发力挂住身体。（图10-1-20）

图10-1-20　脚跟挂点

（9）胀脚：将前脚掌置于岩壁缝隙中，通过脚趾抓地旋转脚尖，脚在缝隙中得到固定。（图10–1–21）

图10–1–21　胀脚

（三）常用技术动作

1. 异侧侧拉

异侧侧拉能够最大限度地节省上肢力量。当身体侧向岩壁时，手和脚对侧使用，踩点脚用脚尖外侧轻踩支点，另一侧腿伸直控制身体平衡，身体重心处于手部支点下方。通过脚部和腿部发力蹬起，转动腰腹向上移动，当到达脚蹬发力最高点时，运用上肢力量把身体重心拉向目标点。这种技术适用于当下肢支点与手的支点垂直，且抓握方向处于向上，而目标支点与手点垂直正上方较近区域时使用。（图10–1–22）

图10–1–22　异侧侧拉

2. 同侧正拉

双手各抓握一个支点，目标点对侧脚踩点。运用上下肢协同向目标点发力，使身体重心整体向下一目标点移动。当移动到发力抛物线顶点时，快速用对侧手抓握目标点。这种技术适用于当手部支点较小，且脚的支点较近、较高，而目标支点较远时使用。（图10–1–23）

图10-1-23　同侧正拉

3. 换手

通过身体的移动依次替换抓握的手，用无名指换抓握支点手的食指，中指换抓握支点手的中指，食指换抓握支点的无名指。这种技术适用于当脚的支点置于手的支点下方区域，且抓握支点较小需换手时使用。（图10–1–24）

图10-1-24　换手

4. 换脚

换脚技术在攀登过程中经常使用。通过换脚调整身体姿态保持平稳，减轻上肢负担。通过脚尖在支点上的旋转给另外一只脚腾出位置。（图 10-1-25）

图10-1-25 换脚

5. 反扣

手和脚对侧使用，脚尖外侧紧贴岩壁。身体重心处于手部支点的下方，运用脚的力量蹬起，转动腰腹固定重心上移，当脚达到发力顶点时，出手抓扣目标支点。这种技术适用于手的支点与脚的支点相对，抓握方向朝下，且两点距离较近，而目标支点较远时使用。（图 10-1-26）

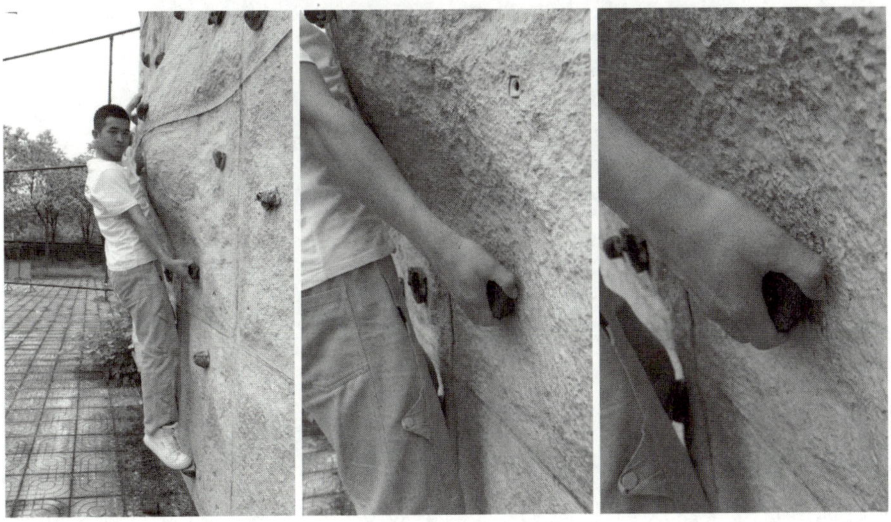

图10-1-26 反扣

6. 窜跃

双手同时抓住支点，一侧脚踩点支撑身体，另一侧脚踩住高于一侧踩点岩壁的位置，通过上下肢的爆发力，使身体重心迅速提高，离开岩壁飞跃到下一目标支点。这种技术适用于当上肢与下肢支点处于垂直时，且手的抓握方向向上，或目标支点在身体一侧，而又与手部支点较远时使用。（图10-1-27）

图10-1-27　窜跃

7. 脚挂手点

双手各抓握一个支点，手和脚对侧使用。用一侧脚跟挂住手部支点，同时脚跟钩挂发力使身体向上移动，钩挂脚达到发力顶点时，用脚跟和同侧手固定身体位置，寻找另一侧目标支点。这种技术适用于身体下方区域没有支点，且目标支点处于身体上方区域，而又较远、较小时使用。（图10-1-28）

图10-1-28　脚挂手点

8. 挂脚顶胯

手和脚同侧通过膝关节发力，使身体重心向脚部支点斜上方移动，当脚部移至最大限制时上肢带动躯干移动，直至身体重心移至脚部支点正上方位置，移动时上下肢协同发力把身体移至目标位置支点。这种技术适用于当下肢支点与目标位置支点处于同侧方向区域，且手部抓握方向向上，而下方脚部支点和目标位置支点远离手部支点时使用。（图10-1-29）

图10-1-29　挂脚顶胯

9. 脚钩挂手点

双手各抓握一个支点，手和脚对侧使用，用一侧脚跟挂住支点，另一侧脚脚尖钩住另一支点，使身体重心向上移至发力脚顶点时，分别由两脚脚跟、脚尖和对侧手固定身体，另一侧手移至目标支点抓握。这种技术适用于当下肢没有支点，且目标支点处于身体两侧较远区域时使用。

10. 翻撑上点

双手各撑握一个支点，通过上肢瞬间爆发力快速将身体向上移动超过双手撑握点变换手型，用一侧脚踩住移动方向手部支点，站立寻找下一目标支点。这种技术适用于角度较小的仰角岩壁，且下肢位置没有支点，而目标支点较远且小，处于手部抓握点上方位置时使用。（图10-1-30）

图10-1-30　翻撑上点

11. 转膝侧身

双手抓握同一支点，两脚各踩一支点，根据目标支点位置，向内旋转同侧脚，膝关节转动，身体贴紧岩壁，运用四肢的拉力固定身体。这种技术适用于攀登过程中的间歇休息，可进行交替轮换休息。（图 10–1–31）

图10–1–31　转膝侧身

12. 折膝别腿

双手抓握同一支点，两脚各踩一支点，根据目标支点位置，向内旋转同侧脚，膝关节转动，身体贴紧岩壁，使身体重心支点低于脚的位置，膝关节内旋发力，重心反向移动。这种技术适用于抓握支点较小，脚部支点位置较高，且目标支点位于两侧较远位置时使用。

13. 引体抓点

双手抓握同一支点，运用上肢爆发力做引体向上，快速移动抓握下一目标支点。这种技术适用于目标支点较大，且下肢没有支点时使用。（图 10–1–32）

图10–1–32　引体抓点

14. 膝挂肘

用一侧手抓握支点，一侧大腿挂入另一侧抓握手臂。通过旋转身体重心固定，从而寻找抓握下一目标支点。这种技术适用于抓握支点较大，且目标支点较小且远时使用。(图10–1–33)

图10–1–33 膝挂肘

15. 单腿平衡

分别用两脚脚尖和脚跟踩支点，脚跟踩点腿弯曲，将身体向上移动，重心移至弯曲腿支撑脚上，另一侧脚紧贴岩壁，用身体重力和脚对支点摩擦力的剪切力，使身体保持平衡。这种技术适用于岩壁倾斜角度较小，且脚部支点较大，可做间歇时使用。(图10–1–34)

图10–1–34 单腿平衡

三、攀岩比赛规则简介

(一)国际攀岩联合会

国际攀岩联合会(International Federation of Sport Climbing，IFSC，以下简称“国际攀联”)，是负责国际竞技攀岩各方面事务的国际组织，是竞技攀岩所有事务的最终权威。只有国际攀联的成员协会或由国际攀联特别认可的组织才有资格申请组织赛事。只有国际攀联的成员协会才有资格为其运动员申请注册参加赛事。须由国际攀联批准的赛事包括世界杯分站赛，世界锦标赛及各洲际锦标赛，世界青年锦标赛及各洲际青年锦标赛。

（二）比赛项目

1. 难度赛

（1）定义。以运动员在一条或两条路线上的攀爬表现决定其名次。

（2）岩壁。在高度不低于 12 米的专门设计的人工岩壁上进行。岩壁条件应能够满足设计如下规格的线路：长度不小于 15 米；宽度不小于 3 米（除非经裁判长特别许可）。

（3）线路观察。预赛轮：每条线路都必须有线路演示：在热身区滚动播放线路演示视频，不迟于比赛开始前60分钟开始播放；或如果不具备视频播放条件，不迟于第一位运动员出场前30分钟开始现场演示。半决赛轮和决赛轮：比赛开始前运动员集体观察线路，时间为6分钟。在线路观察期间，运动员可以：在不离开地面的情况下，触摸（且仅限于）线路上的起步支点；使用望远镜观察线路；手工绘制线路图并注释；但不得使用任何记录设备；线路观察时间结束，运动员必须按照国际攀联官员的指示返回到隔离区或转换区。

（4）比赛程序。有资格进入半决赛或决赛的运动员必须在该轮比赛的正式出场名单中指定的时间内到隔离区报到，在规定时间内没有到隔离区报到或没有进入隔离区的运动员不得参加该轮比赛。半决赛和决赛应在隔离条件下进行。

最短时间间隔：预赛轮中，任一运动员从结束第一条线路的攀爬，到开始第二条线路的攀爬，不少于50分钟；以及如果相继轮次的比赛在同一天进行，从前一轮次最后一位运动员结束攀爬，到下一轮次隔离区关闭之前，不少于两（2）个小时。

每位运动员须按照正式出场名单中的顺序开始攀爬，如果运动员未能在相应的时间内开始比赛，则不得重新安排出场。

任一轮次中，如果运动员人数大于22人：每条线路的支点都必须进行清理，间隔人数应尽可能均匀分布，不得超过 22人，建议不超过20人；清理线路安排应在出场名单中标明。

决赛轮：先介绍进入决赛的运动员；任一类别的比赛时间不应超过90分钟。

2. 攀石赛

（1）定义。以运动员完成线路的数量决定其名次。

（2）岩壁。须在专门设计的人工岩壁上的一组短线路（boulders）上进行，攀爬时不需要绳子保护，包括预赛轮，每个分组 5 条线路；决赛和/或半决赛轮，每个类别4条线路；特殊情况下，裁判长可以在任一轮次中取消最多1条线路。

（3）线路观察。预赛轮和半决赛轮：没有单独的线路观察时间；

决赛轮：每条线路有2分钟的集体线路观察时间；线路观察期间，运动员可以触摸（且仅限于）标记的起步支点，禁止使用任何记录设备；线路观察时间结束后，运动员须按国际攀联官员的指示返回隔离区或转换区。

每条线路的照片或草图可公布在隔离区或转换区。

（4）比赛程序。攀石赛所有轮次都必须在隔离条件下进行。有资格参赛的运动员必须在该轮比赛的正式出场名单中指定的时间内到隔离区报到，在规定时间内没有到隔离区报到

或没有进入隔离区的运动员不得参加该轮比赛。如果相继轮次的比赛在同一天进行，从前一轮次最后一位运动员结束攀爬，到下一轮次隔离区关闭，应有至少2个小时的时间间隔。

预赛轮和半决赛轮由一系列的轮换时间组成，每位参赛运动员：按照正式出场名单中的出场顺序开始攀爬，如果运动员在相应的时间内未能开始攀爬，不得重新安排出场；按照规定的线路顺序攀爬每一组线路；每两条线路之间的休息时间等于轮换时间；每一个攀爬时间结束时，正在攀爬的运动员必须立即停止攀爬，并进入指定的转换区。转换区的设置应使运动员无法观看到尚未攀爬过的任何线路；每一个攀爬时间开始时，正在休息的运动员须开始其下一条线路的攀爬，若已结束攀爬该组线路，则须离开比赛区域。裁判长须确保运动员在其结束攀爬该组线路后的下一轮换时间结束后再离开转换区。

决赛轮：须先介绍进入决赛的运动员；每个类别中：所有运动员按照正式出场名单列出的顺序攀爬每一条线路；一位运动员结束攀爬后，应返回独立的转换区，下一位运动员开始攀爬；所有运动员都结束了一条线路的攀爬之后，整体转移到下一条线路。

3.速度赛

（1）定义。以运动员完成一条标准线路所用的时间决定其名次；

（2）比赛形式。必须满足以下条件：符合《国际攀联速度赛许可规则》设计要求的岩壁；使用经国际攀联批准的自动计时系统；使用经国际攀联批准的自动保护系统为运动员进行上方保护；在特殊情况下，裁判长可以允许使用人工顶绳保护方式，每条线路由两名保护员站在侧面进行保护。其包括预赛轮：由单一阶段组成，包含两条赛道，左边“A”道和右边“B”道，运动员成对出场攀爬；决赛轮：当预赛轮有有效成绩的运动员人数大于等于 4 时，决赛轮包含两（2）至四（4）个淘汰赛阶段；预赛轮开始之前应有一个练习时段，具体时间安排须在技术会议上宣布。

（3）比赛程序。进行线路清理的时间为：练习阶段后，和所有类别的预赛轮次结束后。

如果安排有练习时段，运动员在每条线路上有一次练习机会，出现抢跑时不中断练习。练习时段应包括抢跑信号和计时装置的演示；作为预赛轮的预演形式进行，每位运动员按照公布的预赛轮出场顺序进行练习。裁判长可以根据比赛的具体情况调整练习时段的时间和形式。

预赛轮每位运动员在每条赛道上只有一次攀爬机会，除非：发生技术故障或对方出现抢跑时，允许重爬一次；或在指定时间内没有到过渡区报到，则不允许其进行该轮比赛；每位运动员都必须在裁判长指定的比赛区域内等待，直到完成两条赛道的攀爬尝试；若运

动员在第一条赛道上抢跑，则不允许其攀爬第二条赛道。当抢跑发生时，没有抢跑的运动员重新单独攀爬，且须在下一对运动员出场之前进行。

决赛轮须分为多个阶段进行，每个阶段均包含一定数量的对决赛，任一阶段比赛的胜出者进入到下一阶段。决赛轮阶段的数量以及每个阶段的对决数目，取决于决赛轮的名额的多少。决赛轮任一对决的胜出者由以下方式决定：如果一位运动员未起步或无资格比赛，另一位运动员胜出（无须进行对决）；如果两位运动员都完成起步：当两位都有有效时间时，用时少者胜出；如果一位运动员抢跑，另一位运动员胜出；如果两位运动员的有效时间相同，或都没有有效时间（出现抢跑的情况例外），则进行重赛来区分并列。如果重赛后仍然并列，则比较其预赛排名。

如果两位运动员都未起步，那么都不会被认定为胜出；半决赛前，须先介绍进入半决赛的运动员；半决赛阶段落败的两位运动员进行决定第 3 名和第 4 名位置的对决（即“小决赛”）；半决赛阶段胜出的两位运动员进行决定第 1 名和第 2 名位置的对决（即“大决赛”）。大决赛应在小决赛之后进行（如果有多个类别同时进行，则在所有的小决赛之后）。仅在大决赛中有运动员抢跑的情况下，获胜的运动员可以选择是否再独自攀爬。每位运动员都必须在裁判长指定的比赛区域内等待。

第二节　皮划艇

思政小课堂

皮划艇起源于作为生产生活的交通工具——独木舟，已有上万年的历史，而其作为一项运动也有着100多年的发展史。皮划艇在人类对自然生存环境的挑战中应运而生，人类在不断地挑战极限、超越自我中获得快乐和自信。学生对皮划艇动作的熟练掌握，既提高了身体素质并达到健身健美的效果，同时能够提升专注力和应变能力，形成处事不惊、遇事不慌的生活态度。

一、皮划艇概述

皮划艇英文名称为Kayak（原意指爱斯基摩人的独木舟）和Canoe（原意也是指独木舟），它们均是作为古代的一种交通工具。根据材质的不同可分为皮艇和划艇两种：皮艇源于格陵兰岛上的因纽特人用鲸鱼皮、水獭皮包在骨头架子上，用两端有桨叶的桨划动制作的一种小船；划艇则源于加拿大，故又称为加拿大划艇。在竞技运动中，两种不同的分类存在着较大差异：皮艇是由划船者坐在艇中，通过划动双叶桨获得动力；而划艇则是由划船者单腿跪在艇中，通过划动单叶桨获得动力。此外，两者在船体形态、握桨方式及其运用的技术动作等方面也不完全相同。

19世纪60年代，英国将皮划艇作为竞技体育正式比赛项目，并于1867年由苏格兰人麦克格雷戈创建了“英国皇家皮划艇俱乐部”，举办了第一次皮划艇比赛，由此皮划艇运动逐渐兴盛起来。1924年，在丹麦首都哥本哈根成立了国际皮划艇联合会（International Canoe Federation，ICF，以下简称“国际划联”），现总部位于意大利的佛罗伦萨。1936年在柏林举行的第11届奥运会上，皮划艇静水（男子）被列为奥运会正式比赛项目，皮划艇静水（女子）项目于1948年进入伦敦奥运会。1990年在北京第11届亚运会上，皮划艇静水成为亚运会正式比赛项目。1954年北京市举办的水上运动会设男子1000米和女子500米皮艇比赛项目。1973年中国划船运动协会（1979年更名为“中国船艇协会”）成立，并于1974年加入国际皮划艇联合会。1981年，中国皮划艇协会成立，总部设在北京。

二、皮划艇基本技术

随着时代的变迁，人们不断追求皮划艇带来的速度感，对桨和艇型不断改进完善，使其能够把人的身体技能发挥到极致。皮划艇技术属于周期性的运动动作，周而复始进行划桨。运动员的手臂、躯干、上肢和身体各环节总是沿着一定的轨迹运动，动作轨迹与划桨技术的合理性存在着内在的联系。皮划艇基本技术可分为以下四个部分：插桨、拉桨、出桨和推桨，根据项目的不同分为皮艇基本技术和划艇基本技术。

（一）皮艇基本技术

1. 选桨与握桨

队员进行选桨时，双手虎口正握桨杆置于头顶，两肘关节弯曲约90°，桨杆与两肩平行，双手距离桨颈约15厘米。

队员握桨时，用右手紧握操纵转桨，左手空握随右手转动，双手左右交换抓握桨杆。(图10–2–1)

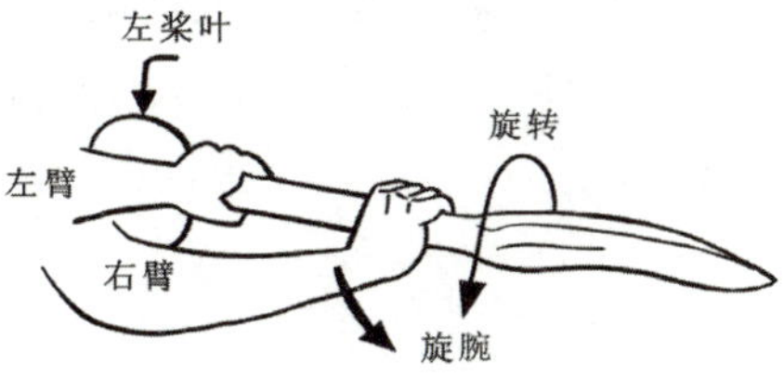

图10–2–1　选桨与握桨

2. 坐姿

队员自然正坐于皮艇船舱内中心线处维持艇身平衡。两腿膝关节成120° ~ 130°弯曲，身体躯干向前倾斜5° ~ 15°，两眼正视前方。(图10–2–2)

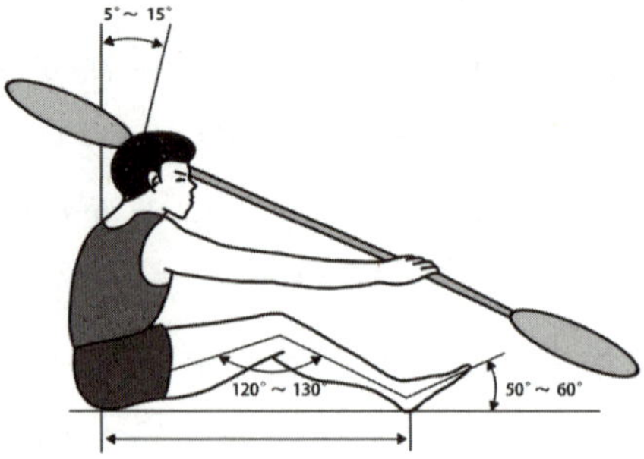

图10-2-2　坐姿

3. 划桨

队员划桨时以相同的动作左右交替并按照一定的运动轨迹重复划动，完成单个周期性动作要达到高度协调。

（1）入水。

入水时桨叶贴近船体与水面成40°～50°夹角，左边躯干前侧，右边略有后拉，带动左臂顺势向前舒展，使桨在尽可能的远处迅速插入水中。拉桨一侧的肩向上，手臂前伸转体，推桨手与额头持平。

（2）包水与拉桨。

包水与拉桨紧密结合。包水时，通过突然憋气和躯干的发力，上肢协调配合，手臂自然伸直，桨叶贴近艇身，上方手固定高度配合划桨手用力；拉桨时，身体转动配合两肩和手臂的推拉获得动力，使动力通过坐板和脚蹬传送给皮艇。保持桨叶处于垂直方向的时间越长，艇身获得的动力就越多，动作要协调一致。

（3）恢复：出水、放松和稳定。

出水：拉桨臂拉至髋关节处结束，此时迅速提肘，手腕外翻，使桨叶侧向划出水面减小阻力，桨叶出水应迅速、果断。

放松：当拉桨臂将一侧桨叶划出水面时，另一侧桨叶入水前处于放松恢复阶段。放松时，运动员双肩下沉、肌肉松弛，此时拉桨手迅速向上挥桨复位至肩部上方。

稳定：恢复的最后环节，队员屏住呼吸，肌肉进入紧张状态，为再次入水做好准备。皮艇与划艇的划桨周期如图10-2-3所示。

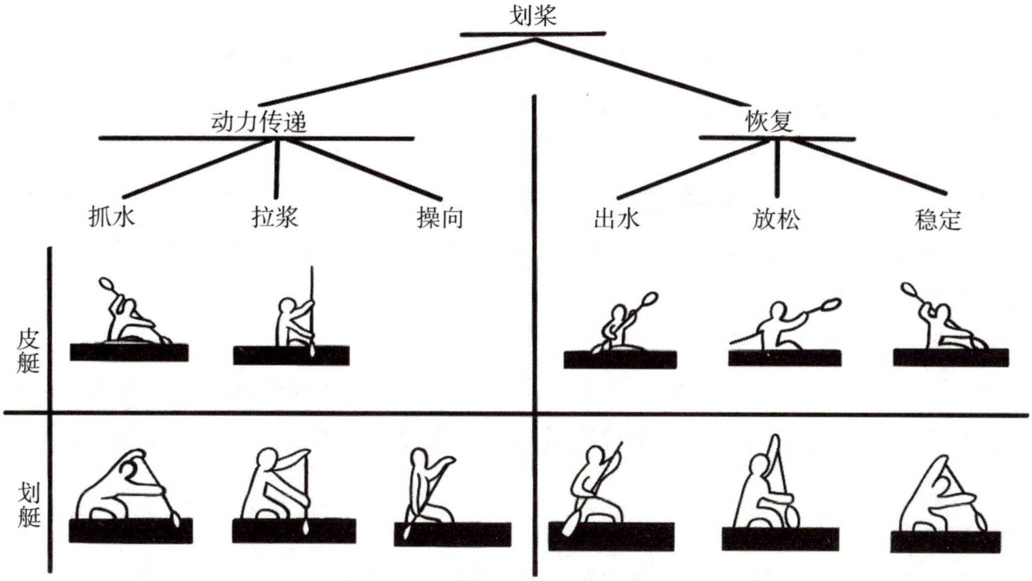

图10-2-3 皮艇与划艇的划桨周期

（二）划艇基本技术

1. 选桨与握桨

单人与双人划艇长度不同，需要队员根据用途选桨。一般情况下，单人划艇桨的长度与队员身高一致，双人划艇桨的长度与队员前额齐眉。握桨时，推桨手和划桨手正握桨杆距离桨颈15 ~ 20厘米处。

2. 跪姿

跪姿能使队员在艇内保持较好的稳定。通常队员使支撑腿的脚、跪腿的膝和脚形成稳定的三角形，支撑脚稍向内扣，膝关节朝向正前方。跪腿成90°，身体前倾，小腿向异侧偏移，脚跟提起，脚趾着地。跪垫高7 ~ 10厘米，身体重心位于划艇的几何中心之上。（图10-2-4）

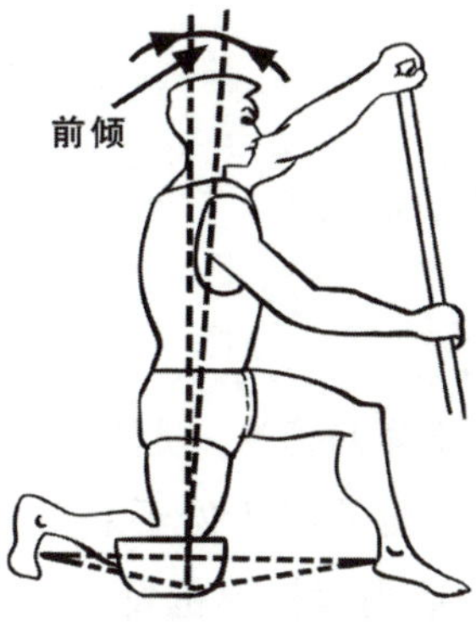

图10-2-4 跪姿

3. 划桨技术

划艇分左、右桨，划桨动作是单侧划行，相对于皮艇更难控制平衡。划桨有入水、拉桨、转拨桨、出水、恢复和稳定六个阶段。

（1）入水。

入水是从桨叶尖端接触水面至桨叶浸入水中的过程。入水时，队员的躯干前倾，转体伸肩。两臂伸直，推桨臂的肘部抬高，肩稍后移，手在头的上方。桨杆与水平面约成45°角，将桨叶快速插入水中。

（2）拉桨。

桨叶入水后，推桨手迅速前推，拉桨手的肩后移，用抬体和转体的力量直臂向后拉桨。拉桨至跪腿旁开始屈臂，到上体抬至接近垂直时拉桨结束。拉桨动作要尽可能长时间地保持动力的传递。

（3）转拨桨。

在单人划艇上，由于桨手始终在艇的一侧划桨，力偶作用会造成艇的转动，因此，在每一桨结束时，桨手用J形划法控制划艇的方向。桨手以推桨手的下压和转动T形桨把，拉桨手手腕内转上提，顺时针转动杆，好像桨手把水拨离开划艇，从而使划艇保持在直线航行。

（4）出水。

转拨桨动作结束，双手继续向前上方提桨，桨叶迅速出水。出水动作必须快而轻柔，使桨叶出水干净利落。

（5）恢复。

桨叶出水后，队员上身挺直，开始转动上体，并把桨继续向前上方推出。复位阶段应强调肌肉的放松和呼吸，这是使划桨动作连贯且协调的重要阶段。

（6）稳定。

在恢复阶段的最后环节，队员屏住呼吸，全身肌肉再次紧张，准备下一次桨叶入水。

三、皮划艇比赛规则简介

（一）静水比赛

1. 出发规定

通过抽签方式决定参赛艇参加预赛的道次。起航应不受任何缺席者的影响。取齐员负责协调各艇在起点的位置，应使参赛艇的船头处于起航线上。发令员在认为可以发令时喊“10秒内将出发”，之后在10秒内的适当时机鸣枪发令。

2. 比赛途中规定

比赛进行时，禁止非参赛的船艇进入整个或部分航道，甚至浮标外区域。在1000米以内的比赛中，参赛队员必须在从起点至终点的本航道内划行。队员应尽可能地保持在其航道的中心线上划行，两名队员之间距离不得小于5米。在比赛过程中，由于本身原因而翻船的，允许队员不依靠他人帮助重新上船继续比赛，但不得越出本航道，并应在下一组比赛开始前划到终点才有效。

3. 通过终点规定

艇首到达终点线的时间为到达时间，艇中的队员必须全部通过本航道的终点线才算有效。此时，终点裁判长应用音响设备发出到达信号。比赛艇通过终点线，艇上应有航道牌，如因故航道牌失落，队员应向终点裁判长说明情况并报告航道号码，等待航道裁判员的决定。

（二）激流回旋比赛

1. 出发规定

一般情况下，队员在出发区准备就绪，采取静止出发方式，由一名扶船员帮助出发。预赛出发顺序由国际划联根据队员的世界排名确定；半决赛的出发顺序根据预赛成绩确定；决赛的出发顺序根据半决赛成绩确定，成绩好的队员后出发。

2. 通过水门、罚分与漏门等规定

队员必须按照水门号码顺序和标出的正确方向通过各个水门。水门的设置由总裁判长、裁判长、技术组织者和赛道设计者确定。队员的整个头部及艇身全部或部分通过水门杆之间连线，艇、桨及身体的任何部位不触及门杆并以指定方向通过水门时，视为正确通过，不罚分；如队员、艇、桨在通过水门时触及门杆，视为碰杆，罚2分；如队员没有通过指定水门或方向错误，视为漏门，罚50分。比赛过程中桨折断或丢失时，队员只能使用艇上的备用桨。当艇底向上，队员（男子双人划艇中任一队员）脱离艇时可视为翻艇。

3. 计算成绩和公布成绩

两轮比赛时间（以秒为单位）+罚分=成绩。队员在比赛中脱离艇则被取消该轮比赛成绩。

第三节　软式棒垒球

○ 思政小课堂

软式棒垒球类似于棒球和垒球，其竞争性和趣味性可与正规的棒球和垒球相媲美。软式棒垒球是一项阳光运动，集跑、跳、投、打于一体，既能锻炼学生的身体素质，开动脑筋，提高学生的快速反应能力，又能培养学生相互配合的能力。这项运动有益于身体健康，可以磨炼意志，趣味性强、易于开展。多年来，我国软式棒垒球始终坚持“两条腿走路”：一方面，拓展特色体育项目的深度，加大教师专业化培训力度，提升软式棒垒球赛事广度；另一方面，扎实推进学校体育项目建设特色化，不断加强项目管理科学化，持续完善特色课程体系化。

一、软式棒垒球概述

软式棒垒球运动是由竞技棒球运动衍生出来的棒球启蒙运动，一经推出，便在全球得以迅速普及。起初，在棒球训练中为了提高击打手的击打技术，采用“T座击球训练法”进行训练，即将球放在一个倒置的T型球座上击打固定球。随着“T座击球训练法”在基层训练中的普及，在棒球规则基础上又创造出新的运动模式，即软式棒垒球运动；使竞技性、观赏性、娱乐性更好地融入比赛之中，从而推动了软式棒垒球运动在全球范围内的发展。近年来，经过我国长期的努力，软式棒垒球项目受到更多人的认可和喜欢，各类竞赛活动也相继开展。为了更好地促进软式棒垒球项目的发展，满足不同人群的运动喜好，并且让学生能够从小对软式棒垒球项目产生浓厚的兴趣，教育部门积极推动软式棒垒球进校园项目，并在全国中小学校园中进行推广。与棒垒球项目相比，软式棒垒球项目的最大特点是比赛规则简化、场地条件要求低、可参与人数多，最重要的是器材相对安全，球是软的，击球棒也是软的，非常适合在校园内开展。

二、软式棒垒球基本技术

（一）传球技术

1. 握球方法

（1）三指握球法。

食指、中指自然分开约一指宽，紧贴球的上面，大拇指关节内侧贴球的下侧。（图10–3–1）

图10-3-1　三指握球法

（2）四指握球法。

食指、中指、无名指自然分开约一指宽，贴球上侧，大拇指关节内侧贴球下侧。将球贴于指根部，手掌、虎口不要触球（图10-3-2）。根据自己的手型采用三指或四指握球方法。

图10-3-2　四指握球法

2. 准备姿势

侧身对准传球方向，两脚平行站立，自然分开与肩同宽，双手合于胸前，目视传球方向。（图10-3-3）

图10-3-3　准备姿势

3. 提膝伸踏，分手引肩

提膝时，重心移至右脚后，右脚蹬地，左脚向前伸踏，重心前移。左脚伸踏的同时分手，手套掌心指向传球方向，与肩同高，持球手后引上扬，手腕放松，掌心朝下。（图10-3-4）

图10-3-4 提膝伸踏，分手引肩

4. 转体出球

转髋、转肩、手臂上扬，肘部高于肩。利用转体的力量，身体向前下压，带动手臂，手指拨球，将球送出。（图 10-3-5）

图10-3-5 转体出球

5. 自然跟随

球离手后，自然放松，手臂经体前至身体左侧前摆（比赛时应遵循宁低勿高的原则，提高防守成功率）。（图 10-3-6）

图10-3-6 自然跟随

（二）接球技术

1. 接地滚球技术

两脚开立、屈膝，上体前倾压低，手腕放松、伸直，手套触底，置于两脚前方，持球手在手套上方起保护作用。另外，初学者还可以根据掌握技术情况，采用单膝跪地方式接球，膝关节对准来球方向，提高防守成功率。正面接地滚球如图10–3–7所示。

图10–3–7　正面接地滚球

体侧正、反手接地滚球动作方法：戴手套的手触底，与地面垂直，身体侧转，降低重心。体侧正手、反手接地滚球如图10–3–8、图10–3–9所示。

图10–3–8　体侧正手接地滚球

图10–3–9　体侧反手接地滚球

2. 接平直球技术

两脚开立，略宽于肩，双膝微屈，上体略前倾，重心保持在前脚掌，目视来球方向，双手置于胸前，肘关节自然放松下沉。（图10–3–10）

图10–3–10　接平直球技术

3. 接高飞球技术

手套置于额前上方，两脚前后或左右开立，略宽于肩，双腿屈膝保持重心稳定，上体前倾，目视来球方向，持球手在手套一侧起护球作用。（图 10-3-11）

图10-3-11　接高飞球技术

（三）击球基本技术

1. 握棒动作

双手展开，手指并拢，将棒柄置于第二指关节处，贴近棒柄根部，双手握棒做好击球准备。（图 10-3-12）

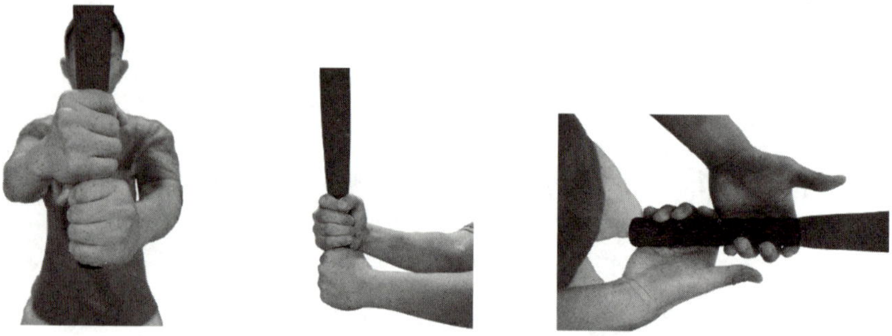

图10-3-12　握棒动作

2. 站位姿势

两脚分开比肩略宽，两脚平行站立，前脚脚尖对准T座球托，手持球棒瞄准球，调整两脚与球托之间的距离。（图 10-3-13）

图10-3-13 站位姿势

3. 准备姿势

膝关节微屈，稍内扣，重心放在两脚之间，双手将棒置于右肩上方，眼睛盯住球。击球前，可挥棒调整球棒与球的距离，两脚跟随并转髋掌握击球动作。

4. 引棒伸踏

引棒时，身体重心移至左脚，右腿提膝，脚跟抬起，脚尖内扣微触地，上身向右侧转体。(图10–3–14)

图10-3-14 引棒伸踏

5. 转体挥棒

右脚蹬地，脚跟抬起，膝关节内扣，转髋，转腰，手臂顺势挥出击球。(图10–3–15)

图10-3-15　转体挥棒

6. 击球随挥

击中球后继续向前推送，自然翻腕，顺势放松，棒头挥至左肩右上方。(图10-3-16)

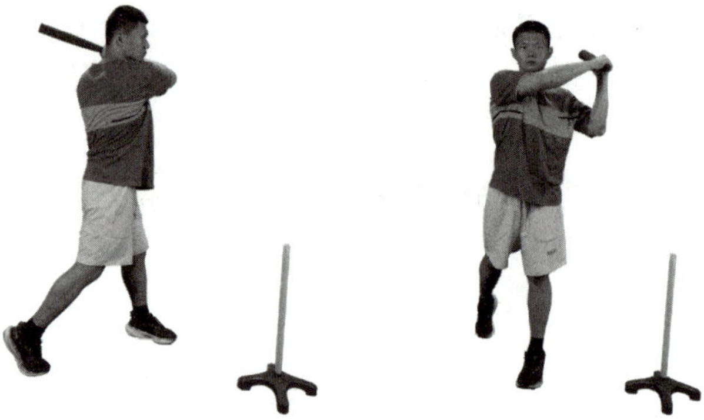

图10-3-16　击球随挥

（四）跑垒基本技术

1. 跑一垒技术

击球后沿跑垒线外侧冲向一垒，进垒时脚应踏垒线外侧垒包。(图10-3-17)

图10-3-17　跑一垒技术

2. 连续跑垒技术

当跑垒员需要停在二垒或三垒时，应该提前调整步幅，小步进行减速，身体重心随之后移制动，防止冲出垒位被触杀。（图 10-3-18）

图10-3-18 连续跑垒技术

3. 垒上跑垒起动技术

跑垒员采取站立式起跑姿势，后脚踩在垒垫上，时刻观察击球员的击球情况，根据球的位置及防守站位，在球击出后快速起动。（图 10-3-19）

图10-3-19 垒上跑垒起动技术

4. 垒间跑垒制动技术

当跑垒员停在二垒或三垒时，通过调整步幅的方式进行减速，身体重心后移制动，防止冲出垒位被触杀。（图 10-3-20）

图10-3-20 垒间跑垒制动技术

三、软式棒垒球基本战术

（一）基本站位

防守队员要相互联系守护阵型，守位时各就各位，从外野往本垒回传。（图 10-3-21）

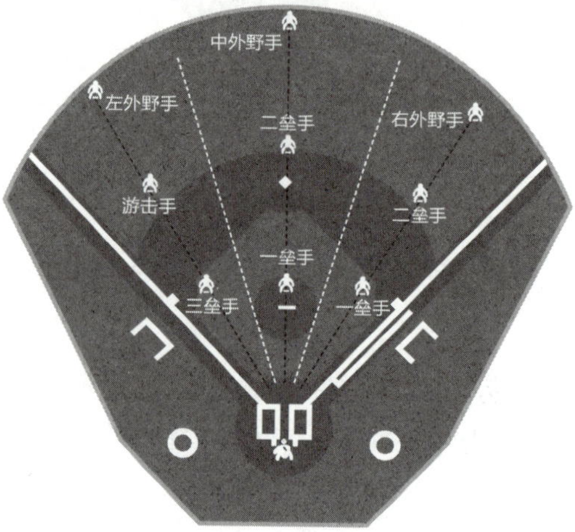

图10-3-21　基本站位

（二）常见战术

1. 垒上无跑者时左中方向长打

目的：防止跑者进二垒或三垒。

守位情况：①投手：往三垒和本垒中间点跑，接应回传的垒包；②捕手：守好本垒；③一垒手：到二垒补位；④三垒手：站在三垒垒包的左侧，守好三垒；⑤左外野手：去追传出的球；⑥中外野手：接应左外野手；⑦右外野手：到二垒附近守位。（图 10-3-22）

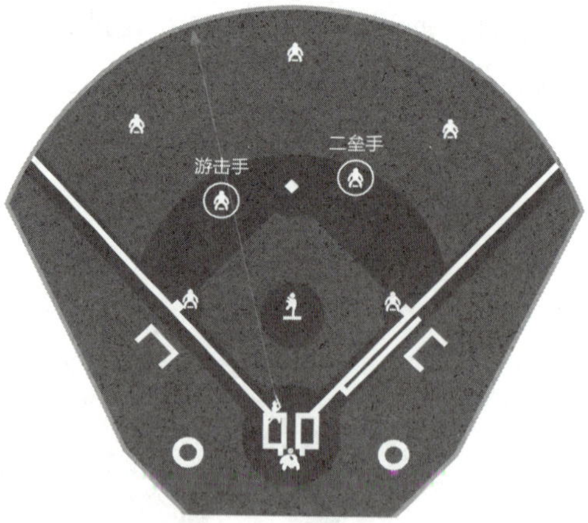

图10-3-22　垒上无跑者时左中方向长打

注：游击手去追往左中上方向的球，投出中传球；二垒手前柱左中方向和三垒之间的直线上，站到游击手后方7～8米的地方接应。

2. 垒上无人，球被打到左外野线边

目的：防止打者进入三垒。

守位情况：①投手：接应三垒；②捕手：接应一垒；③一垒手：到二垒补位；④三垒手：守好三垒；⑤游击手：追球；⑥左外野手：追球；⑦中外野手：接应左外野手；⑧ 右外野手：接应二垒手。（图 10-3-23）

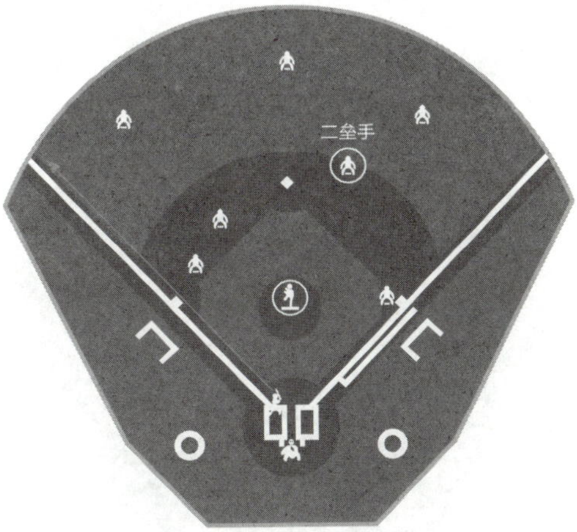

图10-3-23 垒上无人，球被打到左外野线边

注：二垒手蹲在游击后方下指示。

3. 一垒有人，球被打到左外野手前

目的：防止跑者回到本垒。

守位情况：①投手：接应三垒；②捕手：守好本垒；③一垒手：守好一垒；④二垒手：守好二垒；⑤三垒手：守好三垒；⑥左外野手：处理被击出的球；⑦中外野手：接应左外野手；⑧ 左外野手：接应二垒手。（图 10-3-24）

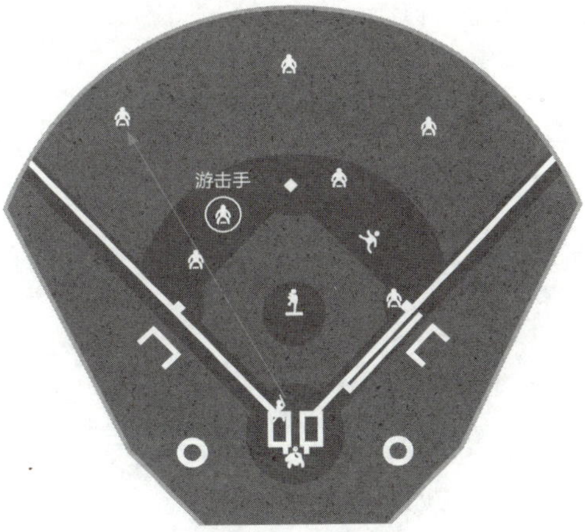

图10-3-24 一垒有人，球被打到左外野手前

注：游击手往能够中间传球回三垒的方向移动。

4. 一垒有人，遇到左中方向深远打击

目的：防止跑者进三垒或本垒。

守位情况：①捕手：守好本垒；②二垒手：前往左中方向和三垒之间的直线上，站在游击手后方约8米处接应；③三垒手：站在三垒垒包的左侧，守好三垒；④游击手：到左中方向，负责中间传球；⑤左外野手：追球；⑥中外野手：接应左外野手；⑦右外野手：往二垒方向移动。（图10-3-25）

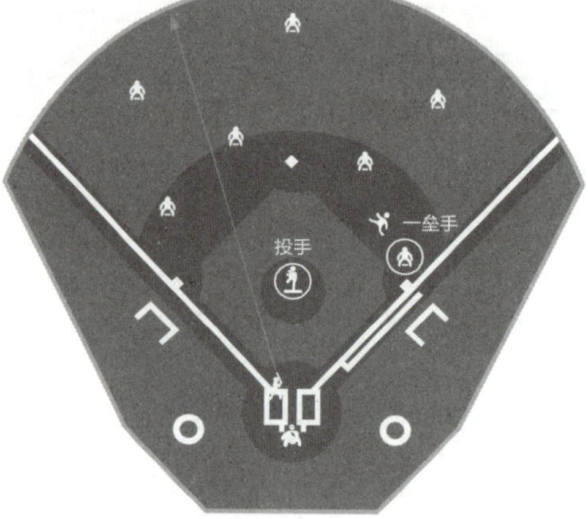

图10-3-25　一垒有人，遇到左中方向深远打击

注：投手往三垒和本垒的中间点跑，接应要回传的垒包；一垒手中间传球。

5. 二垒有人，被击出三游之间滚地球

目的：防止跑者回本垒。

守位情况：①投手：接应本垒；②捕手：守好本垒；③一垒手：守好一垒；④二垒手：守好二垒；⑤三垒手：准备中间传球；⑥左外野手：追球；⑦中外野手：接应左外野手；⑧ 右外野手：往二垒方向移动。（图10-3-26）

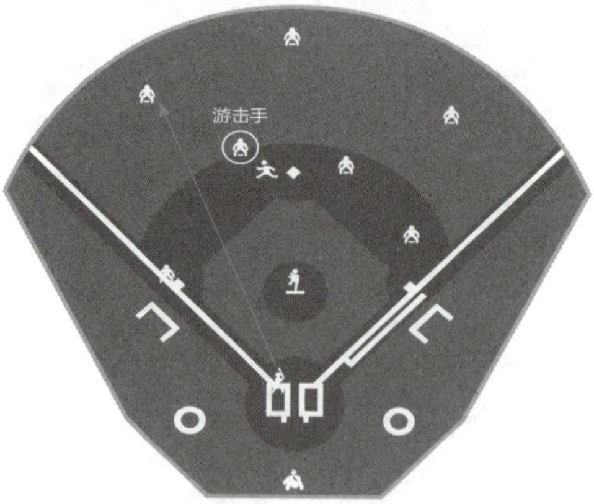

图10-3-26　二垒有人，被击出三游之间滚地球

注：游击手追球顺势到三垒补位。

6. 一、三垒有人，被击出左外野飞球

（1）防止跑者回垒。

目的：由于对方会触垒待跑，因此要防止跑者回垒。

守位情况：①投手：接应本垒；②捕手：守好本垒，准备出发；③一垒手：守好一垒；④二垒手：守好二垒；⑤左外野手：追球回传本垒；⑥中外野手：接应左外野手；⑦右外野手：接应二垒，往右中方向二垒的后方移动。（图10–3–27）

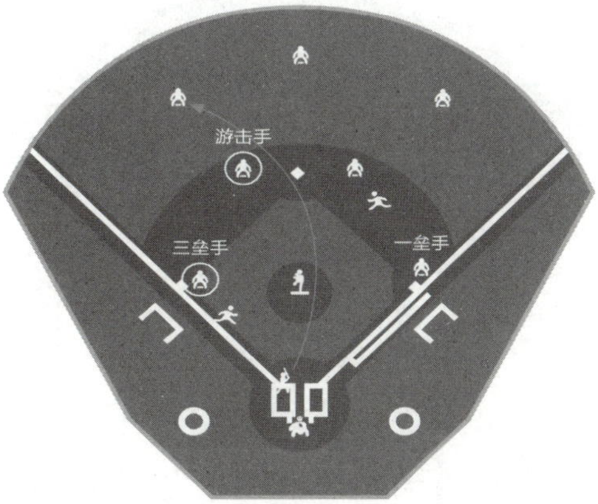

图10–3–27 一、三垒有人，被击出左外野飞球（1）

注：游击手追球并对左外野手发出指示；三垒手前去中间传球并确认跑者是否离垒；一垒手中间传球。

（2）防止跑者进垒。

目的：按照捕手的指示防止跑者进垒。

守位情况：①投手：走到三垒界线的附近，当中间传球员；②一垒手：守好一垒（夹杀跑者）；③二垒手：到一垒跑者的行进路线中间传球，防止跑者上二垒；④游击手：同三垒手；⑤左外野手：指示三垒手或游击手；⑥中外野手：靠近二垒，投手往二垒传球时负责接应；⑦右外野手：接应一垒手。（图10–3–28）

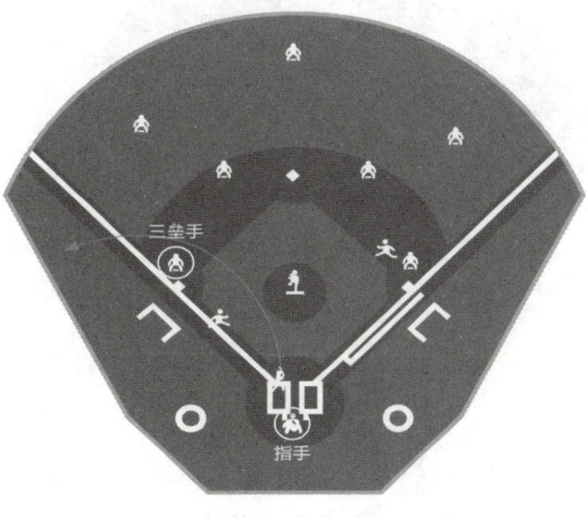

图10–3–28 一、三垒有人，被击出左外野飞球（2）

注：三垒手接球后马上传给投手，指手守好本垒，下指示。

7. 二垒有人，被击出中外野手前安打

目的：防止跑者回本垒。

守位情况：①投手：接应三垒；②捕手：守好本垒；③三垒手：守好三垒；④游击手：追球，指示中间传球员；⑤左外野手：接应中外野手；⑥中外野手：接球；⑦右外野手：接应中外野手。（图10–3–29）

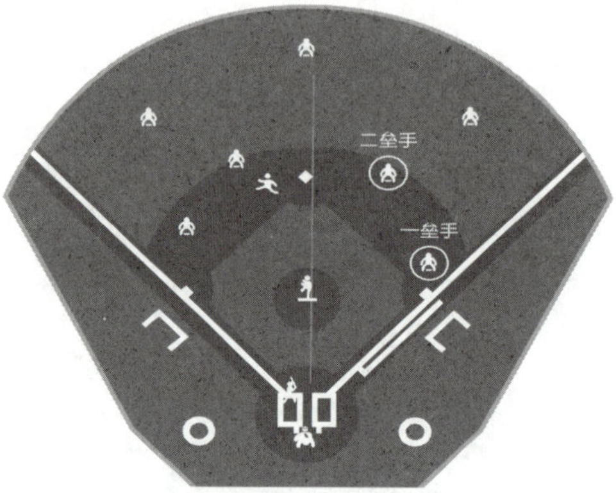

图10–3–29 二垒有人，被击出中外野手前安打

注：二垒手去一垒补位（防止击球跑垒员过垒包上二垒）；一垒手中间传球。

8. 二、三垒有人，被击出中外野方向飞球

目的：当球的位置不是很深远时，防止跑者回本垒。

守位情况：①投手：到本垒后方接应；②捕手：守好本垒，指示一垒手；③二垒手：守好二垒，确认跑者是否触垒待跑；④三垒手：守好三垒，确认跑者是否触垒待跑；⑤游击手：追球，指示回传球方向；⑥左外野手：接应中外野手；⑦中外野手：接球；⑧ 右外野手：接应中外野手。（图10–3–30）

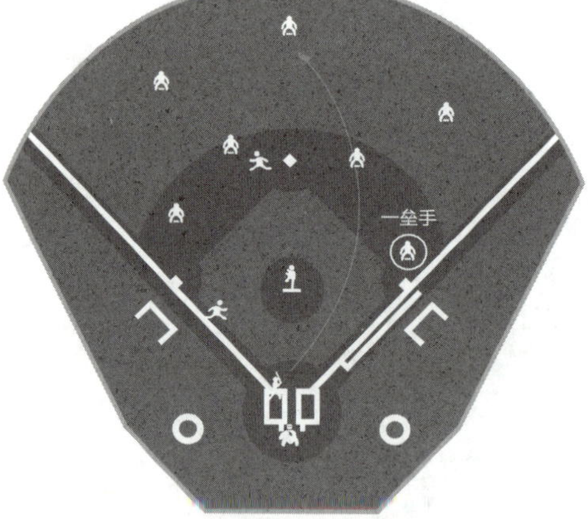

图10–3–30 二、三垒有人，被击出中外野方向飞球

注：当中间传球员回传本垒来不及时，一垒手要依指手的指示传三垒。

9. 垒上无人，被击出右中方向长打

目的：防止打者进垒。

守位情况：①投手：接应三垒；②捕手：守好本垒；③一垒手：追着击球跑垒员，跑到二垒补位；④二垒手：到右外野手和三垒相连的线上，中间传球；⑤三垒手：守好三垒；⑥左外野手：进到内野往三垒前进；⑦中外野手：比右外野手还早追到球就负责处理，反之指示回传位置；⑧ 右外野手：比中外野手还早追到球就负责，反之指示回传的位置。（图 10-3-31）

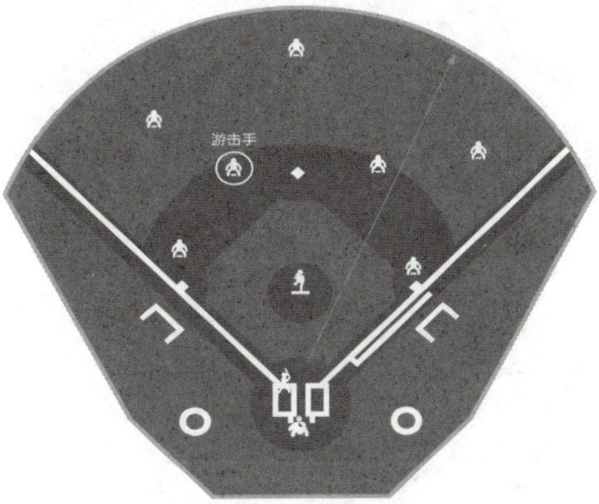

图10-3-31 垒上无人，被击出右中方向长打

注：游击手和二垒手到同一条线上，跟在二垒手后方约 7~8米处。

10. 一垒有人，被击出右中方向长打

目的：防止跑者回本垒。

守位情况：①投手：往三垒和本垒中间点跑，接应要回传的垒包；②捕手：守好本垒；③一垒手：中间传球；④三垒手：守好三垒；⑤左外野手：到三垒后方接应；⑥中外野手：追球；⑦右外野手：追球。（图 10-3-32）

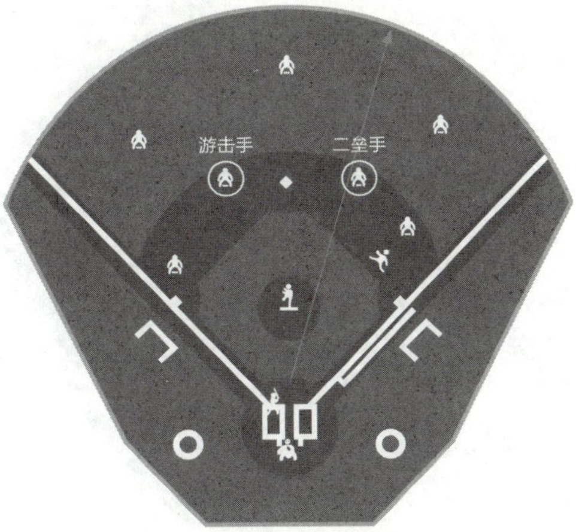

图10-3-32 一垒有人，被击出右中方向长打

注：游击手跟在二垒手后方之后到二垒补位；二垒手负责中间传球。

11. 一垒有人，被击出右野线边长打

目的：防止一垒上的跑者跑回本垒。

守位情况：①投手：往三垒和本垒的中间点跑，接应要回传的垒包；②捕手：守好本垒；③一垒手：追逐二垒手，跟在后方约8米处；④三垒手：守好三垒；⑤游击手：到二垒补位；⑥左外野手：接应三垒；⑦中外野手：接应右外野手；⑧ 右外野手：接球。（图10-3-33）

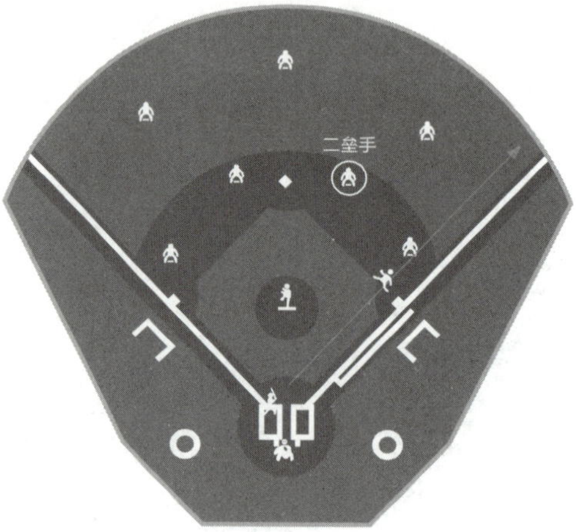

图10-3-33　一垒有人，被击出右野线边长打

注：二垒手站在右外野手和本垒之间，负责中间传球。

12. 二垒有人，被击出右外野深远高飞球

目的：防止跑者上三垒。

守位情况：①投手：接应三垒垒包；②捕手：守好本垒；③一垒手：守好一垒；④三垒手：守好三垒；⑤游击手：到二垒补位；⑥中外野手：接应右外野手；⑦右外野手：接球。（图10-3-34）

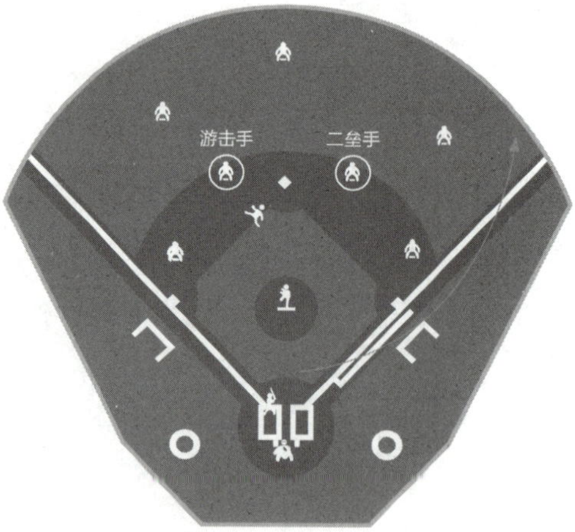

图10-3-34　二垒有人，被击出右外野深远高飞球

注：游击手负责中间传球；二垒手追球，并指示传哪个垒包。

13. 三垒有人，被击出右外野深远高飞球

目的：防止跑者回本垒。

守位情况：①投手：接应本垒；②捕手：守好本垒，指示中间传球员，以阻挡的方式死守本垒；③二垒手：追球；④三垒手：守好三垒，确认跑者是否离垒；⑤游击手：到二垒补位；⑥中外野手：接应右外野手；⑦右外野手：接球。（图10–3–35）

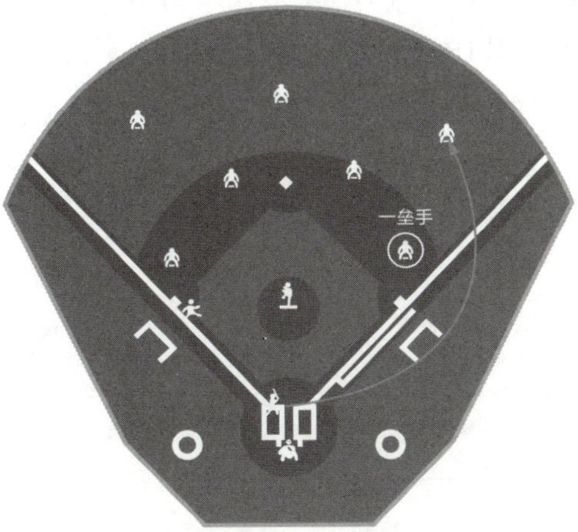

图10–3–35　三垒有人，被击出右外野深远高飞球

注：一垒手负责中间传球。

14. 二、三垒有人，被击出右外野高飞球

目的：防止跑者回本垒。

守位情况：①投手：接应本垒，指示中间传球员；②一垒手：到右外野手和本垒之间，负责中间传球；③三垒手：守好三垒；④游击手：到二垒补位；⑤中外野手：接应右外野手；⑥右外野手：接球。（图10–3–36）

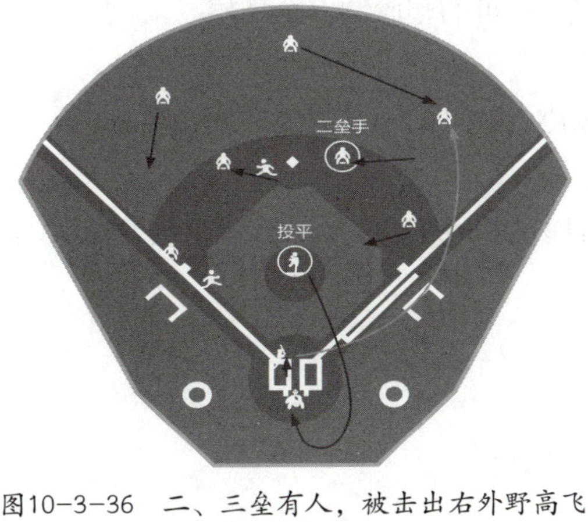

图10–3–36　二、三垒有人，被击出右外野高飞球

注：二垒手追球；投平接应木垒。

四、软式棒垒球比赛规则简介

（一）比赛场地与器材

1. 比赛场地

比赛场地分为界内区和界外区。界内区域为直角扇形，界外区域为扇形直角线外5米的“L”形地区，其他为无效区。(图10-3-37)

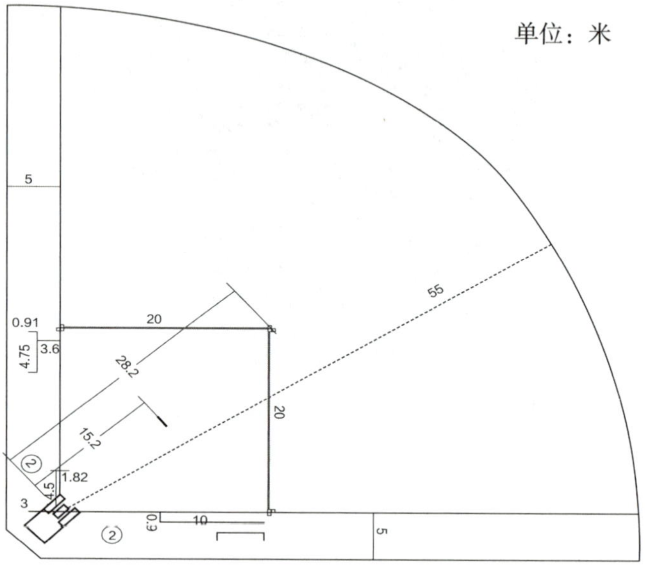

图10-3-37　软式棒垒球比赛场地示意图

2. 器材

(1) 球棒。

球棒应使用中国垒球协会认可的塑胶制安全球棒。

(2) 比赛球。

比赛球应使用中国垒球协会认可的塑胶制安全软式垒球。

(3) 运动服。

同队队员必须穿着同样的棒垒球服，球衣号码数字需小于100，尺寸需大于7×15厘米。

（二）比赛规则

1. 教练员、队员和替补队员

(1) 教练员。

①教练员必须穿着整齐的运动服，包括与球队同色系列相配的队服及球鞋等。

②进攻队的教练员担任跑垒指导员时，需站立于球场的跑垒指导区内。

（2）上场队员名单。

①上场队员名单应依照击球次序填写开场队员姓名、性别、背号、防守位置。

②所有替补队员的姓名及背号需列于开场队员的下方。

③只有列在比赛秩序册上的合格队员，在比赛中才能作为替补队员。

④主教练或教练员必须在“上场队员名单”上签字。

（3）队员。

①球队组成：投手（F1）、接手（F2）、一垒手（F3）、二垒手（F4）、三垒手（F5）、游击手（F6）、左外场手（F7）、中外场手（F8）、右外场手（F9）、自由人（F10）。（图10–3–38）

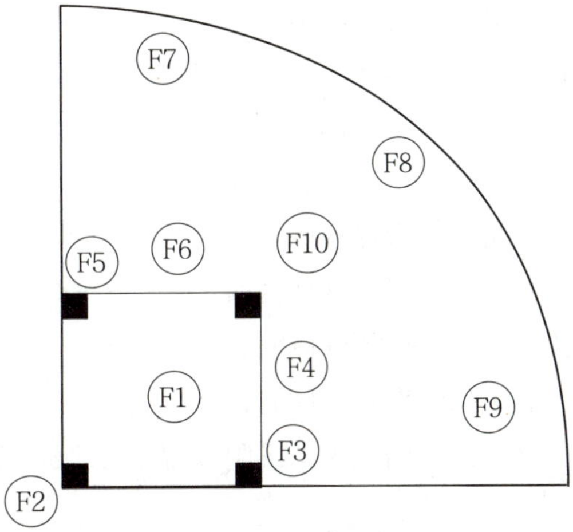

图10–3–38　球队组成

②除了接手以外，防守队员在击球员击球时，必须位于界内区域。

③接手在击球员击球之前，必须在接手区内。

④球队必须保持规定人数，才可开始比赛或继续比赛。

（4）替补队员。

①不是开场队员，其余都是替补队员。

②替补队员进场未通知司球裁判，该队员为不合法替补，司球裁判在未接受对方队申诉前，不得判定。

③替补队员进场未通知司球裁判，该队员击出一击或安全进垒后，对方申诉，所有的跑垒员（击球员）必须返回原垒位，判该队员为不合法替补，判罚离场并宣告出局，其间所有出局均有效。

④若不合法替补出场后，无合格的替补队员上场，则判该队弃权。

⑤死球时，任何队员都可被替补。

⑥被替补出场的队员，除担任跑垒指导员外，不得再进场比赛。

⑦开场队员被替补下场后，还有一次再上场机会。

2. 比赛

（1）攻守选择。

除主办单位另有规定外，比赛的攻、守采用掷币的方式来确定。

（2）界内球。

合法击出的球如遇下列情况，视为界内球：

①停在本垒至一垒或本垒至三垒间界内地区时，或在该区域上空被碰触时；

②在界内地区反弹通过一、三垒垒包时，无论球落于何处；

③触及一（一垒及三垒外侧垒包除外）、二、三垒垒包时；

④在界内区碰触裁判员、队员身体或衣服时；

⑤腾空球先落在一、三垒垒包后的界内地区时；

⑥腾空球从界内地区上空直接飞越本垒打线（围网）；

⑦腾空球击中垒线标杆时。

（3）界外球。

合法击出的球如遇下列情况，视为界外球：

①停在本垒至一垒或本垒至三垒间界外地区时；

②在界外地区反弹通过一、三垒垒包外侧时；

③腾空球先落在一、三垒垒包后界外地区时；

④在界外地区碰触裁判员、队员的身体或附属品、衣服以及其他非比赛场上的障碍物时；

⑤碰触站在击球区的击球员，或第二次碰触其手持的球棒时；

⑥触棒后直接飞向接手的身体或装备，且不高于击球员的头顶，被防守队员接住时；

⑦击中的球碰触投手板后，在到达一垒或三垒前滚动到界外地区。

（4）正式比赛。

①攻方9名队员依次完成击球后，为半局结束，进行攻守交换。每半局结束时的残垒，为次局进攻开始局面。

②每场比赛为五局或一小时，如逾时间，需完成最后一局比赛。若第五局下半局先守队得分多于先攻队时，最后半局不必赛完，即可提前结束比赛。

③在无须决定胜负的比赛中，最后一局终了，双方得分相同时，按平局计算。

（5）领先规则。

三局领先19分，四局领先10分，比赛即可结束。

（6）弃权。

某队如有下列情况时，司球裁判应判该队弃权，以0：45告负。

①球队未遵照比赛规定时间（一般为迟到15分钟）到场时。

②比赛开始后，除裁判员宣布“中止比赛”或“比赛结束”外，拒绝进行比赛者。

③未在上场队员名单上的队员擅自出场比赛时。

④如一方故意采用明显的延误或敷衍比赛策略时。

⑤经裁判员警告后，还故意违反比赛规则时。

⑥某队员或允许坐在队员席内的成员被罚出场或罚离场，而在一分钟内拒不执行时。

⑦被罚离场的队员、教练员或领队又在比赛场内被发现时。

⑧某队因有队员被罚出场、罚离场或因其他原因，致使该队有资格上场的队员数不足9人时。

（7）得分。

①跑垒员在任何一局比赛结束之前，依次合法地踏触一、二、三垒，并最终穿越得分线，则判攻队得一分。

②本垒没有触杀。如遇触杀，触杀无效，得分有效。为继续比赛局面。

③第九棒进攻时，遇封杀局面，被封杀队员出局。如有队员回到本垒，得分无效。回到本垒的队员返回原垒位，记为残垒。

④第九棒进攻时，遇触杀局面，被触杀队员出局。有队员回到本垒，如得分在前，触杀在后，得分有效；触杀在前，得分在后，得分无效，回到本垒的队员返回原垒位，记为残垒。

（8）击球员和击跑员。

①击球员是指进入击球区内，准备击球的队员。

②击跑员是指击球完成后，跑向一垒的队员。

③击球员的下一名击球手为预备击球员，预备击球员必须在预备击球区内等候。

（9）击球无效。

①击球员在裁判宣布暂停（Time）后将球击出，司球裁判应判击球无效（Invalid Batting）。

②击球无效成立时，全场所发生的一切攻守行为均属无效，击球员重新击球，场上跑垒员回到原来所在垒位。

（10）击球员出局。

①击球员使用本次比赛认可之外的球棒。

②击球员被裁判员判违规击球时。

（11）击跑员出局。

①击出界内球之后，击跑员在到达一垒之前，被触杀或封杀时。

②击出的高飞球在触及地面、其他物体或非防守队员之前被防守队员直接接住时。

③在界内区被击出的球触及时。

④为避免或拖延被触杀，而向本垒后退时。

⑤放弃上垒进入队员席。

⑥漏踏垒（申诉局面）。

⑦跑离“限制道”，裁判员认为“妨碍”。

⑧教练员和队员席人员协助跑垒。

⑨击跑员有意妨碍防守队员处理球或妨碍传球时；这种情况，依据裁判员的认定，可判决前位跑垒员出局，或击跑员和前位跑垒员两者同时出局。

⑩在垒上没有其他跑垒员的情况下，进攻方其他人员（教练员、准备击球员、队员席人员）妨碍防守时。

（12）跑垒员出局。

①离垒过早，跑垒员在击球员击到球之前已离垒。

②在比赛进行中，跑垒员离开垒位而被防守队员持球触杀时（球不在手套中，手套触杀无效）。

③当击跑员成为跑垒员，踏过一垒企图进二垒，在其返回一垒之前被防守队员持球触杀时。

④跑垒员为了躲避守场员持球触杀，而离开垒线0.91米以上的范围时。

⑤被迫进垒时，防守队员在跑垒员触踏垒之前已持球触垒。

⑥后位跑垒员超越前位跑垒员时。

⑦跑垒员因判断错误回到队员席时。

⑧本队人员（其他跑垒员除外）利用身体接触协助跑垒员时。

⑨跑垒员被击出的球击中身体。

⑩两个跑垒员同时站在一个垒上。

第四节　橄榄球

○ 思政小课堂

2021年7月30日，东京奥运会进入第七个比赛日的较量，中国女子七人制橄榄球队拿到小组赛首胜，以29：0大胜日本队，虽然七人制橄榄球在中国起步较晚，但是进步很快，中国女子橄榄球队在本次比赛创造了历史，晋级奥运会八强。中国女子橄榄球队员用她们的执着和坚忍创造了奇迹，她们也必然会在一次次的蜕变中继续成长。橄榄球运动具有改善呼吸系统、延年益寿和训练腿部力量的功效。积极参与橄榄球运动能够全面提高学生的力量、速度、耐力、柔韧及灵敏等身体素质，有效改善身体各个器官、系统的机能状况，培养学生沉着、冷静的性格，积极面对比赛中的得与失，更能塑造学生团结拼搏、积极进取的良好品质。

一、橄榄球运动概述

1823年，橄榄球运动起源于英国的拉格比。在一次足球比赛中，有一名球员因求胜心切，不顾足球竞赛规则将球抱起跑进球门。正是因为这一特殊举动，激发了观赛人士的灵感，认为抱球奔跑会使得比赛更加激烈，橄榄球运动便从足球运动中诞生了。1839年之后，橄榄球运动在英国各高校相继开展，为橄榄球运动的推广奠定了基础。1871年，英格兰橄榄球协会成立，持续推动橄榄球运动发展并积极完善规则，初步建立了橄榄球竞赛体系，并将这项运动传入欧洲。随着世界各国对橄榄球运动的普及，不同国家在原有橄榄球规则体系基础上进行了更新，演变出不同形式的橄榄球运动，主要可分为英式橄榄球和美式橄榄球。随着世界各国在橄榄球技术上相互交流、相互学习，技战术水平也有了显著的提升。2009年10月，在丹麦哥本哈根召开的国际奥委会第121次全会投票中，七人制橄榄球获得通过，成为2016年里约热内卢奥运会比赛项目。1996年5月24日，经原国家体育运动委员会批准，橄榄球成为我国正式开展的体育运动项目。1997年3月18日，中国橄榄球协会成为国际橄榄球理事会的正式会员。 1997年12月5日，亚洲橄榄球联合会通过决议，接纳中国橄榄球协会为该组织的第9个正式会员。1997年底，中国橄榄球协会开始组建国家队参与国际竞争。2010年6月9日，中国橄榄球协会正式成立。本书主要介绍英式橄榄球运动的技战术和规则。

二、橄榄球运动技术

（一）手处理球

1. 持球技术

手指按在球的最凸出的部分，手掌不触球，手指用力夹住球，手腕保持灵活。(图10–4–1)

图10–4–1 持球技术

2. 普通传球

当向左边传球时，右肩自然向前，身体重心从右侧移向左侧，腰部发力带动两臂摆动。传球时，手腕放松，球出手瞬间，有甩腕、手指推球的动作。(图10–4–2)

图10–4–2 普通传球

3. 摆动传球

以向左侧方向传球为例。传球前，两脚左右开立，略宽于肩，两膝微屈，挺胸收腹，身体略微前倾，保持身体的平衡和稳定，肩部与腕部放松站立持球。传球时，腰部向传球方向（左）扭转，重心移至右脚上，右肩向前移动，两臂屈肘向后摆动，通过右脚蹬地发力，使身体重心逐渐移至左脚。躯干协调发力，使两臂以肩关节为轴摆动发力，当球摆至体前最低点时，腕部伸张开始发力，最后通过手指力量把球弹拨送出。(图10–4–3)

图10–4–3 摆动传球

4. 交叉传球

持球队员横向拉开跑动，向垂直于接球纵向的交点会合，在会合点转身传球，由支援的同伴改变方向继续进攻。在交叉传球中，持球队员必须转向接球同伴，而且要把球交给他，使防守队员看不到球，把交叉和假交叉混合起来，真假难辨。对于跟进同伴，必须接近持球队员，从持球队员的手中把球取走，有时要比近传更稳。

5. 掩护传球

掩护传球是前锋常用的传球方法。掩护传球时，为了确保对传球的控制，当队员用右肩去冲撞对方时，双手持球置于左胸前。（图10–4–4）

图10–4–4 掩护传球

6. 接球技术

目视来球，双手伸出接球，举到头的高度，手臂与上身成口袋状。接住球的瞬间，两臂向后回收缓冲，两腋夹紧，防止掉球。（图10–4–5）

图10–4–5 接球技术

（二）跑动

跑动（持球队员）包括单手持球跑动和双手持球跑动。队员身体保持平衡，单手或双手持球（图10–4–6）。跑动的方法包括迂回跑、变向跑和假动作持球跑等。下面主要介绍迂回跑和变向跑。

图10-4-6　单手或双手持球

1. 迂回跑

以向左迂回跑为例。眼睛看向右侧（脸也转向右侧则更有效），右脚内侧用力蹬地向左转身，右脚交叉到左脚前，成弧线形跑开。

2. 变向跑

利用横向跨步，使身体左右晃动，以突破对方的方法。以向右变向为例，身体重心放低，以小步幅快速接近对方后，向左跨步吸引对方，然后左脚内侧用力横向蹬地，重心右移，向右加速摆脱对方。

（三）冲撞

1. 正面扑搂技术

当面对正面跑来的对手扑搂时，扑搂者停止移动，以半蹲姿势做好准备。用肩膀和手臂抵住对方，用两臂抱住对方的膝部，利用对方跑动的惯性把对方摔倒。当摔倒时，头部和身体要翻到对方的身上。（图10-4-7）

2. 顶住扑搂碰踢

当受到对方扑搂时，持球者先把球置于与冲撞方向相反的安全一侧，两脚用力蹬地，以稳定的站立姿势顶住扑搂碰踢，将球拿稳或迅速将球传出。（图10-4-8）

图10-4-7　正面扑搂技术

图10-4-8　顶住扑搂碰踢

三、橄榄球运动基本战术

（一）围绕传球战术

围绕传球战术是指持球队员传球后，立即变向加速从接球队员的身后进行侧向跑动，并接同伴回传球进行突破的方法。这种战术的有效性取决于队员之间传球时机的把握，以及接回传球队员的起动速度和奔跑速度。一般安排速度快、突破能力强的队员来实施围绕。围绕后，其他队员要跟进予以支援。

（二）隔位传球战术

隔位传球战术是指进攻队员没有按照依次传球，而是隔着队员进行传球的方法。这一战术一般在对方出现防守漏洞，而隔位的队员个人突破能力较强时，比较容易成功。

四、橄榄球运动防守原则

橄榄球运动防守最重要的原则是对位防守和“有球逼、无球松”的原则。在防守时，要求防守队员要站成一条直线，保持好间距，绝不能使对方在局部形成以多打少的局面；根据自己队员的防守能力和对方队员的进攻能力，确保进行一对一防守，或二对一、三对一防守。当进攻队员持球时，相邻的防守队员要对持球队员对面的本方防守队员进行支援，形成对持球队员的防守压力，不给对方轻易向前推进和有意识地传球与突破的机会。一定要确保所有防守队员协同作战。

五、橄榄球比赛规则简介

（一）比赛时间

英式橄榄球比赛时间为80分钟，分为上、下两个半场，半场之间休息10分钟。每队有15名参赛队员，其中前锋队员8名，后卫队员7名。

（二）得分

触地得分是英式橄榄球中得分最高的方式：进攻队员攻入防守方的得分区内持球触地，达阵得5分。除了触地得分是用手得分，其他三种得分方式（追加射门、罚踢射门、落踢射门）都是要靠脚来射门得分的。追加射门进球得2分，罚踢射门进球得3分，落踢射门进球得3分。比赛结束时，得分多的队伍获胜。

（三）开球

比赛开始或得分后，按规则踢出的第一个球即开球。英式橄榄球开球规定：每半场开始，由开球队员在中线中点处做定踢；一方得分后，由另一方在中线中点处或在该点后方做落踢。开球方的队员必须站在球的后方，对方队员必须站在本方半场的10码（1码≈0.914米）线后，所踢出的球要越过对方的10码线。

（四）基本进攻

比赛开始时在中线踢定位球开球。开球队的队员应站在中线后，防守队的队员应站在本方10码线后；守方队员必须在开球队员将球踢过10码线之后，方能抢球。每次得分后，由对方在中线重新开球，继续比赛。传球时，不得向前传，只能回传或横传。攻方队员超越持球队员接球时判越位，由对方队员在越位地点罚踢任意球。常用的传球方法是双手低手传球。持球队员受到对方冲抢或拦抱不能前进时，必须立即撒球，不得再向同队队员传球。双方队员都可争抢已被持球队员撒手的球。比赛中不得冲撞或阻挡不持球队员。

（五）越位

英式橄榄球比赛判定越位的规则：在比赛的一般状态下，无球的进攻队员处在带球者或踢球者的前方即越位；在司克兰、冒尔和争边球时，队员逗留或前进到特定的越位线前面即越位；越位后判给对方一次踢罚。

（六）争球

对阵争球时，各方出3名前锋队员，并肩各站成一横排，面对面躬身互相顶肩，中间形成一条通道，其他前锋队员分别站在后面，后排队员用肩顶住前锋队员的臀部，组成3-2-3阵型或3-4-1阵型。由犯规队的对方队员在对阵一侧1码（0.9114米）外，用双手低手将球抛入通道，不得有利于本队。当球抛入通道时，前排的3对前锋队员互相抗挤，争相踢球给本方前卫队员或后卫队员，前卫队员和后卫队员必须等候前锋队员将球踢回后，方可移动。罚踢指发生犯规后给予不犯规队踢球的权利。罚踢时，可采用任何一种踢球形式，可将球踢向任何方向，或将球踢出后再去获得球，还可向裁判员表示将罚踢改为攻踢球门，但射门必须采用定踢或落踢的形式。罚踢时，同队队员必须在球的后方，对方队员必须退到离球10米远且平行于球门线的地方或球门线上。

（七）出界

球出界时，由对方队员在球出界点抛球入场。双方前锋队员在距边线5～15码（4.572～13.716米）处，面对边线各排成一纵队，两队相距约2英尺（约0.6096米）。当抛球队员抛球到他们头上时，双方队员跳起争球。争球时既可将球接住，也可将球击拍给本队队员。

第五节　极限飞盘

○ 思政小课堂

极限飞盘是一项极具挑战性与观赏性的对抗型竞技运动。为了赢得比赛，队员须具备优秀的体能、快速的移动、敏锐的判断以及稳定的控盘技巧。这项运动很独特，比赛中没有裁判，要求队员自己在场上进行裁决，依靠的是诚信，靠实力取胜。若有争议则互相讨论解决。要实现这种裁判方式，队员之间须相互尊重，并尊重他们做出的裁决。这种尊重被称为“极限飞盘的精神”。

一、极限飞盘运动概述

1968年，美国新泽西州梅伯伍德地区哥伦比亚高中学生会成员乔尔·希尔弗发明了极限飞盘（ultimate frisbee）。最初，他们把它称作飞盘足球（frisbee football），每场比赛可以上场20～30名队员，可以持盘跑和摔抱等。之后，希尔弗等人对规则进行了修改，并制定了新的防守规则，比赛变成了七人制。此时的极限飞盘运动强调的是休闲娱乐，参与的人员也非专业运动员，无性别限制，更重要的是，运动员在比赛中不允许进行任何身体接触，并进行自我裁判。这就是极限飞盘运动的雏形。

1970年，哥伦比亚高中和麦尔布恩高中进行了世界上第一次校际间的极限飞盘比赛，最后，哥伦比亚高中以43：10获胜。1972年11月6日，新泽西的两所高校进行了第一次大学间的极限飞盘比赛，鲁特格大学以29：27击败普林斯顿大学赢得胜利。1975年，耶鲁大学举办了第1届由八所高校组成的美国大学极限飞盘联赛。

1974年，在瑞士成立了欧洲第一个飞盘协会；日本也在第二年成立了亚洲第一个飞盘社团；1976年，澳大利亚成立了大洋洲第一个飞盘协会。在此期间，飞盘运动的发展以欧洲最为迅速，1977年，比利时和奥地利相继成立了飞盘协会；1978年，芬兰和丹麦也在相继成立了飞盘协会和飞盘运动协会。随着飞盘运动的发展，极限飞盘运动也发展壮大起来。1980年，在法国巴黎举办了第1届欧洲极限飞盘冠军赛，芬兰、英格兰和瑞典队分获冠、亚、季军。

1984年，世界飞盘联合会（World Flying Disc Federation，WFDF）成立，推动了极限飞盘运动的发展，其于1986年在英国的科尔切斯特举办了第1届世界极限飞盘冠军赛。两年后，又在德国的科隆举办了第1届世界极限飞盘俱乐部冠军赛。2001年是极限飞盘运动发展具有里程碑意义的一年，日本举办的第6届世界运动会（以下简称“世运会”）正式将极限飞盘运动列为世运会的比赛项目，这标志着极限飞盘运动正式步入国际舞台。

二、极限飞盘基本技术

极限飞盘运动基本姿势是学习极限飞盘的基础，其由反手掷盘、正手掷盘和接盘三部分组成。

（一）反手掷盘

用手掌贴住飞盘的外沿，其余四指以握拳的姿势放在飞盘的底部，食指要同时接触飞盘的边沿及底面，将大拇指放在飞盘正面的凸起纹路上并向下压。握盘力度既不要太紧也不要太松，保证可以控制飞盘平行于地面。由于每个人的手掌大小不同、手指粗细也有差别，所以不存在一种完全适合所有人的握盘方式。握盘时需注意以下要点：一是手掌要紧贴飞盘边缘，保证对飞盘的控制；二是要能把飞盘端平，与手腕和前臂在一条直线上。（图10−5−1）

图10−5−1　反手掷盘

（二）正手掷盘

正手传盘握盘时，五指伸直，食指和中指并拢，用中指抵住飞盘的内缘，无名指和小指并拢紧贴在飞盘底部外侧协同中指、食指从内外夹紧飞盘，大拇指压在飞盘顶部的线槽上。握盘的错误动作主要有以下两种：一是中指未抵住飞盘内缘；二是中指与飞盘内缘存在空隙，造成手腕在转动飞盘时减少了飞盘在手中转动的时间，导致飞盘在出手时转速不够。（图 10-5-2）

图10-5-2　正手掷盘

（三）接盘

接盘动作可以分为两种，即夹盘接法（双手）和抓盘接法（双手或单手）。

最常见的接法是夹盘接法（双手），使用这种接盘方法时身体可以作为后援，具有较高的容错率，简单且不伤手，适合初学者。接盘时，双手向前伸出两掌的距离，打开 15 ~ 30 厘米夹盘的中心，接盘的高度在胸腹之间，接高盘时需起跳，接低盘时需蹲下或单膝跪地。此外，双手应保持一定的角度，手掌特别平行不利于接盘。当盘飞得特别快时，可以用胸部来缓冲，但是手要先碰到盘，否则盘接触胸部后会被弹飞。（图 10-5-3）

夹盘接法（双手）非常适合静态接盘，当组织区域进攻时，接盘者一般会调整站位让盘直飞向自己，这种接法也适合防守压力小且有风的天气情况。抓盘接法（双手）是使用双手抓盘的前端，将虎口作为挡盘的位置。接慢盘时也可以用双手抓盘的两侧。需注意，手指要尽量打开，并根据盘的高度来调整身体姿势。（图 10-5-4）

图10-5-3　夹盘接法（双手）

图10-5-4　抓盘接法（双手或单手）

三、极限飞盘基本战术

（一）进攻战术

竖排是极限飞盘中最基本的打法，初学者首先学习的战术也是竖排。简单来说，竖排就是把不跑位的队员留在场地中间，空出两侧边场进行跑位和传盘。竖排的出现是为了应对早先正面防盘打法。这种简单易学的结构可以让每个人以及整个队伍都明白，进攻需要空的场地，也需要横传。（图10–5–5）

图10–5–5 竖排战术

1. 基本竖排

基本竖排由5名队员组成：任意时刻的7名队员中减去了正在传接盘的两名队员。这些队员分布在内场，在传盘人前场方向10～30米处。队员基本上成一条直线，并彼此保持着方便跑位的距离。竖排中的队员要么准备跑位，要么刚刚清场，要么吸引着防守队员同时休息。

2. 长竖排

长竖排的队员间有明显的距离，每名竖排队员间距5米以上，整个阵型可以长达35米。这种阵型可以减少阻挡的发生，进攻在前场拉得更远，队员也更清楚谁会是下一个跑位的人，所以通常先学习这种竖排打法。这种战术的缺点在于跑位更容易被预判，下底跑位的威胁也小。

3. 短竖排

短竖排是为了更多地制造前场和边场的空间，把阵型压缩到10～25米，留出前场的额外空间给长传制造机会，此外这种打法不容易被协防干扰。在完成一个短推进之后，两到三个跑锋有几乎整个前场空间可以用来发挥，由此这种打法的优势就被显现出来。

（二）防守战术

1. 区域变换防守

区域变换防守就是针对强进攻出现的，变换是指防守阵型的切换。区域变换防守通常是先进行区域防守，阻挡一开始的进攻阵型，然后在打断节奏之后换成人盯人。然而只要能有效地发挥防守作用，任意两种防守阵型都是可以进行结合的。

变换防守的主要目的在于打断对方进攻的节奏，而且如果隐藏得足够好，变换时可以让进攻方找不到可以接盘的人，从而制造攻防互换。变换防守的起始阵型和区域防守一样，队员们按照一般的区域防守的位置进行防守。杯子依然冲刺到传盘人那里，隐藏着变换的防守阵型。如果是快速变换的打法，先让进攻方看到区域防守，在几次短传之后就变换阵型。之所以叫杯子战术，是因为他会有三名防守队员像杯子一样把持盘人包围起来在开放侧（open side）的区域会有一个开放侧边锋（open wing），在中间的线路上会有一个中场/中枢（center），在突破侧（break side）的区域会有一个锤子侧边锋（hammer wing），在队伍的最后排会有一个纵深防守者（deep defenser）。当执行杯子战术时，三名杯子全站在持盘人的正前方、反手侧以及正手侧，使得持盘人无法向前方反手侧和正手侧的方向去出盘。需注意的是，只有一名队员可以靠近持盘人并进行防守读数，剩下的两名队员要距离持盘人3米左右距离，否则会造成双重防守违例（double team）。（图10-5-6）

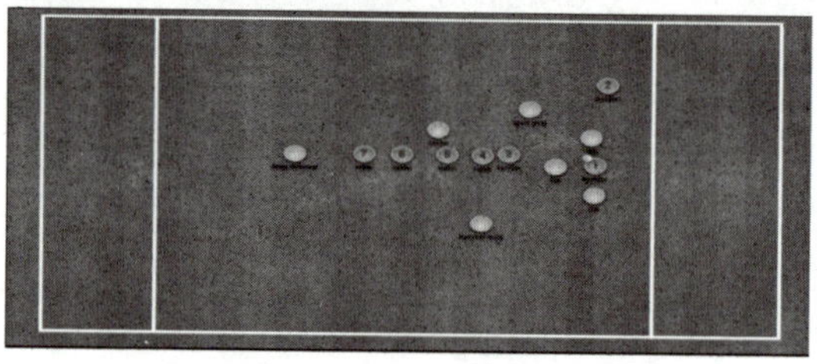

图10-5-6　区域防守之杯子防守

准备进行变换时，每个防守队员需要找一个对手来防守。在不明显漏人的情况下，距杯子较远的队员可以直接放弃防守的区域，跟防好进攻队员。杯子里面及附近的队员仍然维持几秒自己的站位，在没有潜在接盘人的时候或者计数较高的时候再进行变换。如果变换运行得好，进攻方会有几秒反应不过来，这样就没有人能够进行良好的跑位，从而引发攻守互换。变换防守的缺点之一是变换后的人盯人对位不一定匹配，所以需要队员注意换防，换防的时机在于变换后一开始的几次短传或者处于竖排中时。在开盘之前队伍就要决定好变换的时间和变换后的逼向。

2. 钳子防守

钳子防守是最有名的混合防守阵容。钳子阵容中的前面三名队员进行人盯人防守，后面四名队员防守跑锋可能跑向的区域。

钳子防守在20世纪80年代末被发明的，是针对松散进攻阵型跑回打法发明的，主要通过换防和协防来制造断盘机会，或者把计数逼高让传盘人绝望。钳子阵容是防不住优秀冷静的传盘手的，不过可以很好地打断开盘后的进攻套路，可以防止对方快速得分。钳子防守可以理解为含有一些区域防守责任的人盯人防守。几乎所有的队员都是在阻止跑位，而不是挡住传盘路线。不同于人盯人的地方在于，只有跑位的时候才进行对位防守，而且是根据跑位的区域来决定对位的，防守队员只负责防守某一两次跑位，不用全场跟着某个跑锋。钳子防守对于对位和换位的处理是非常聪明的。最简单的形式是双人钳子，两名防守队员左右或者前后站位，负责防守两名进攻队员。例如，当在得分线进攻时，有两名进攻队员在得分区后部，双人钳子左右站位站在进攻队员前面。此时进攻只能从两侧跑回接盘，所以跑位发生的时候那一侧的防守队员要跟上，另一名防守队员负责防守剩下的那名进攻队员，根据逼向情况调整自己的位置。保守一些的防守会让两名防守队员都站在开放侧，然后让防盘人防好破防侧。把双人钳子扩大到四名前场防守队员，就是一个常规的钳子防守阵容。四名队员防守住竖排中的后四名队员，前三名队员一对一防守控盘手。防守位置编号从0到6，0号位防盘，进行逼向，并在这一分比赛之内保持好逼向。（图10–5–7）

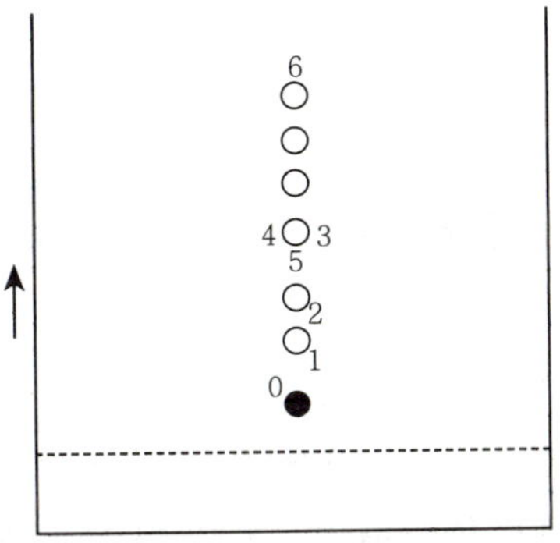

图10–5–7 钳子防守阵型中防守队员的站位与编号

四、极限飞盘比赛规则简介

（一）比赛场地

正式比赛场地为长方形，长100米，宽37米。得分区分别位于场地两端，长18米，宽37米。两条得分线划分了正式比赛场地与两个得分区，得分线属于正式比赛场地。标点是两条1米长线交叉所形成的点。其位置在正式比赛场地中，离两条得分线的中点20米远的地方。极限飞盘比赛场地示意图如图10–5–7所示。

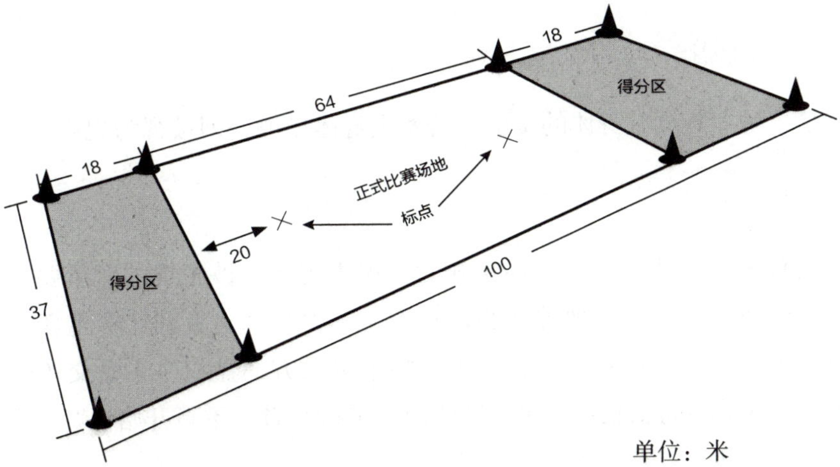

图10–5–7 极限飞盘比赛场地示意图

（二）比赛时间

一场比赛可分为上下两节，即上半场和下半场。当一队取得9分时开始中场休息。当比赛两队中任意一队先取得17分时，比赛结束。第一个得到17分的队伍获胜。

（三）开盘

每局开始，双方队员在各自半场的得分区排成一队，然后防守方把飞盘掷出，比赛开始。双方各有7名队员上场。

（四）得分

当进攻方成功将飞盘传到在得分区内的队友手上，进攻方便得一分，然后比赛再重新开始继续。

（五）传盘

飞盘可以以任意方向或者轨道传给队友，但是队员不能手持飞盘跑动。手持飞盘的队员必须在10秒钟内将飞盘传给其他对友。防守方自行对持飞盘队员进行监督并计算其持飞盘的时间。

（六）失误

如果一名进攻队员无论在界内或界外，在飞盘落地前接触了飞盘，且进攻队伍未能实际控制飞盘，即为失误。

（七）换人

替补队员可以在比赛得分后或者受伤暂停的时候自行替换场上队员。

（八）无身体接触

飞盘比赛禁止场上队员有身体的接触，若发生身体接触，即被视为犯规。

（九）犯规

当一方队员跟另一方队员发生身体接触时，视为犯规。被犯规的队员要立刻喊出“犯规（Foul）”，此时所有场上队员要停在当前位置，不得移动，直到比赛重新开始。如果犯规没有影响进攻方的盘权，比赛继续；如果影响了进攻方的盘权，飞盘交还给进攻方继续比赛。如果防守方队员不同意犯规，飞盘还给前一名持盘者，重新开始比赛。

参考文献

[1] 隆承宏，梁德全，蒋臻，等.大学体育与健康立体化教程[M].北京：北京体育大学出版社，2021.

[2] 史文清，苏庆永，马卫东.现代大学体育信息化教程[M].北京：北京体育大学出版社，2020.

[3] 杨太兴，张德胜，王伟瑄.大学体育[M].西安：西安电子科技大学出版社，2016.

[4] 王碧怡.大学体育与健康教程[M].2版.北京：北京体育大学出版社，2022.

[5] 李龙，张恳.大学体育模块教程[M].北京：北京体育大学出版社，2022.

[6] 袁守龙.大学体育与健康：图解示范+视频指导[M].2版.北京：人民邮电出版社，2021.

[7] 白明，刘娟，陈芳芳.现代大学体育教程[M].上海：上海交通大学出版社，2022.

[8] 全爱清.大学体育与健康教程[M].北京：高等教育出版社，2020.

[9] 肖树新，左晖.新编大学体育与健康[M].北京：北京师范大学出版社，2015.

[10] 康钧.田径全能技术与训练研究[M].北京：首都经济贸易大学出版社，2021.

[11] 蒋国荣.田径运动教学与训练研究[M].哈尔滨：哈尔滨出版社，2021.

[12] 张世榕.大学体育[M].北京：北京理工大学出版社，2020.

[13] 谢飞飞.大学体育：微课版[M].北京：人民邮电出版社，2019.

[14] 杨春越，左文琪，兰博.大学体育与健康[M].北京：北京工业大学出版社，2017.

[15] 李鸿江.田径[M].3版.北京：高等教育出版社，2014.